BF.Artbook Walk

글·그림 BF. 김혜린

SEOUL MEDIA COMICS

프롤로그

안녕하세요!

소녀와 동물, 풍경 그리기를 좋아하는 일러스트레이터 BF.입니다.

7년 전 가볍게 그렸던 강아지 소녀를 시작으로 천천히 작업해 온 연작이 한 권의 책으로 만들어질 소중한 기회를 얻게 되었습니다.

정말 감사합니다.

보리의 모델은 강아지이기도 하고, 아이이기도 하고 때론 어른이기도 합니다. 사랑하는 가족과 친구, 산책하며 보는 사람들, 도시의 동물들, 계절이 바뀌어 가는 풍경 등…

평범하지만 좋았던 순간들을 오래 기억하고 싶은 마음으로 작업했습니다.

여러분께 제 바람이 잘 전달되길 바라며,

이 책이 일상의 소소한 즐거움을 드린다면 기쁘겠습니다.

BF.드림

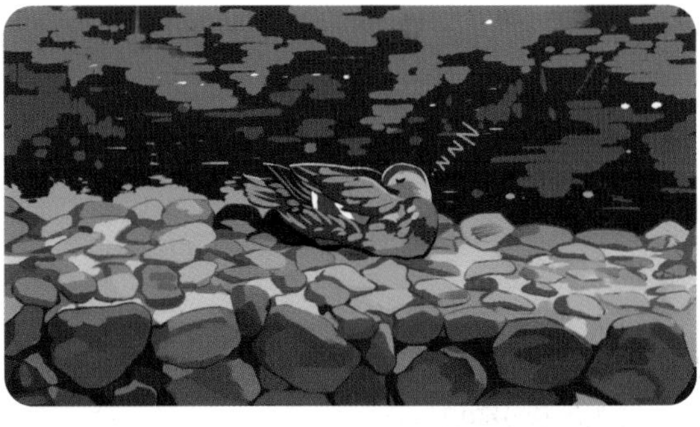

BF.Artbook **Walk**

Bori's walk note

Bori's walk note

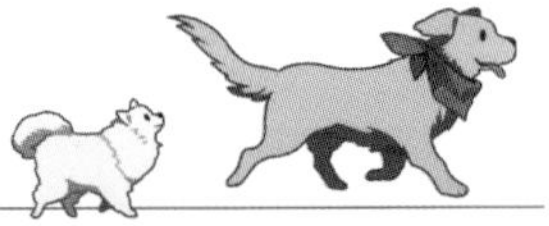

Ordinary days

Ordinary days

DAILY LIVING

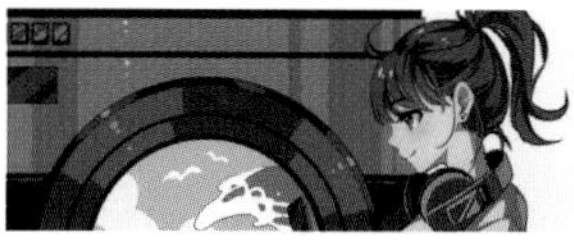

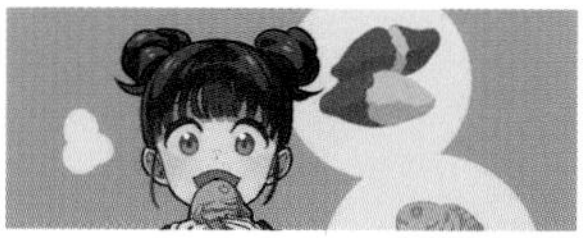

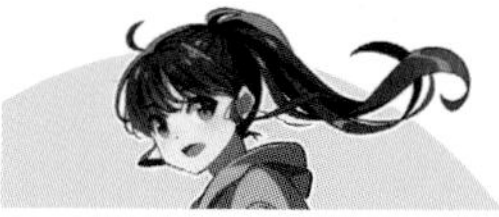

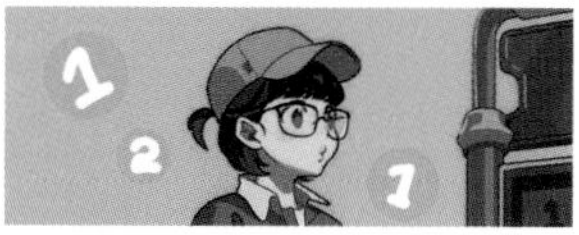

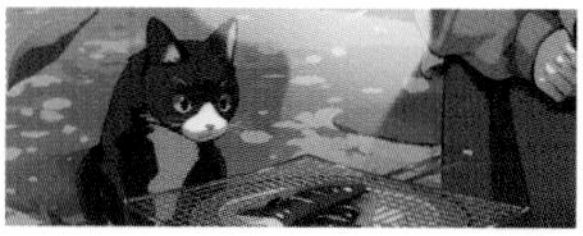

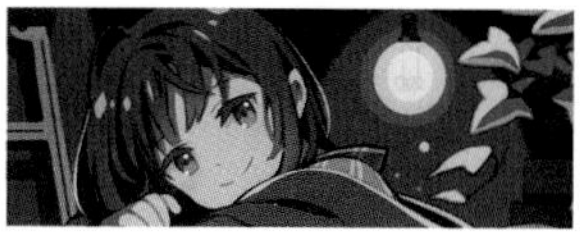

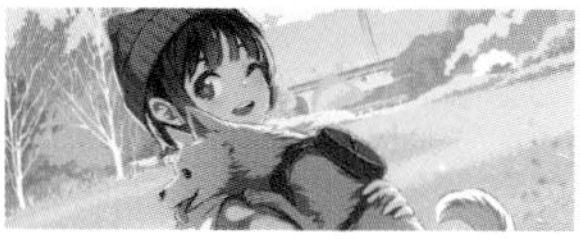

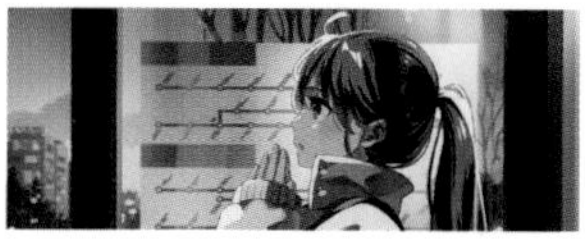

FLOWER BLOOM

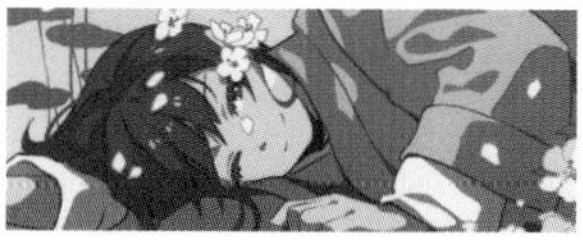

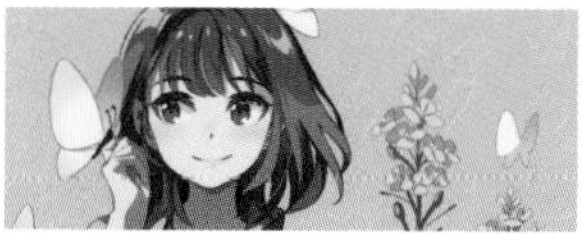

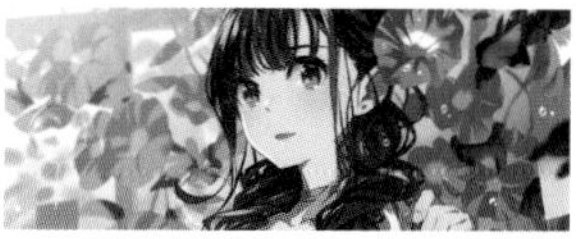

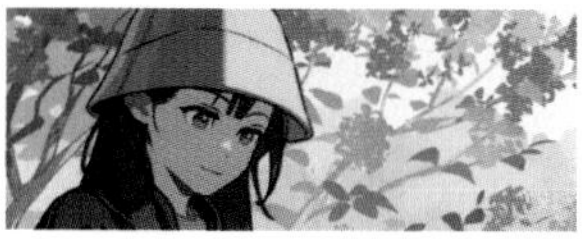

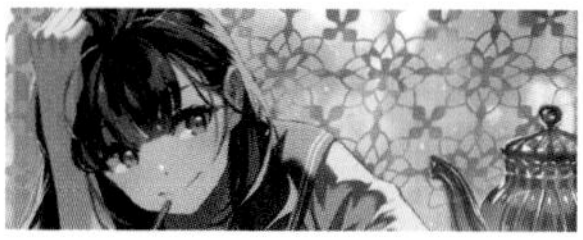

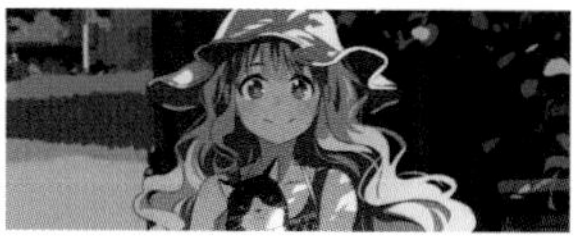

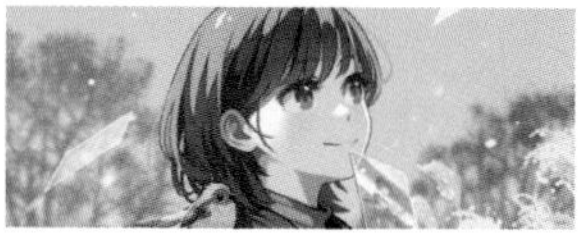

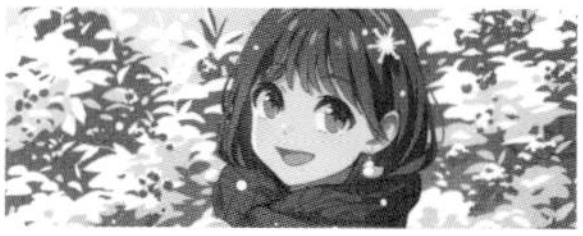

LOVELY ANIMALS

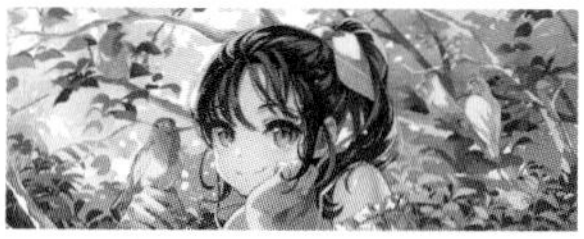

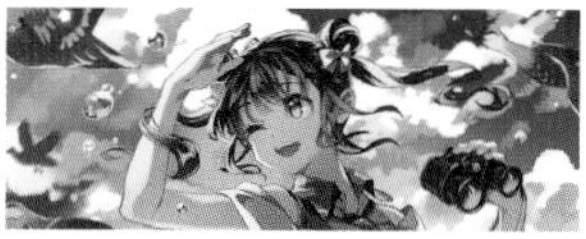

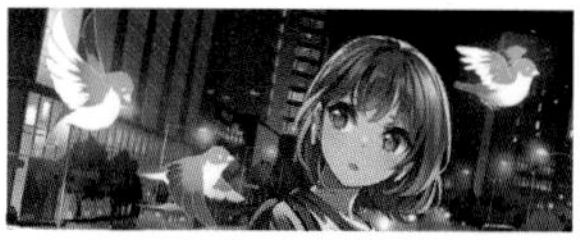

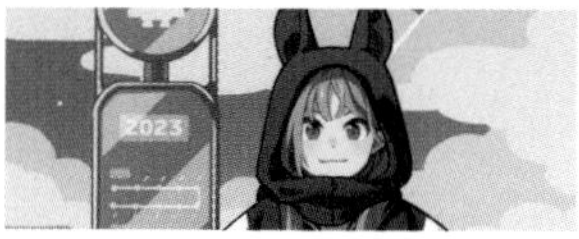

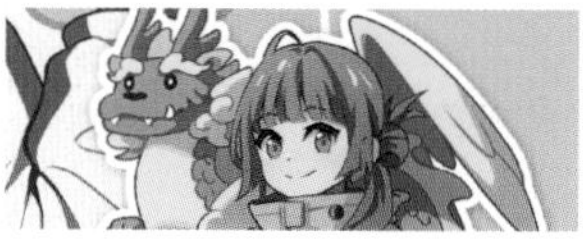

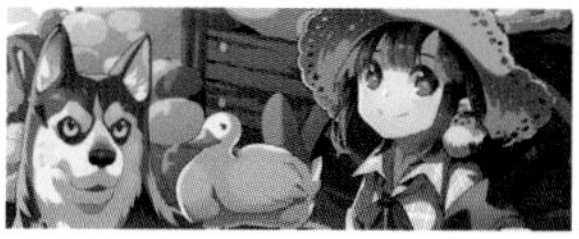

Cover Illust making

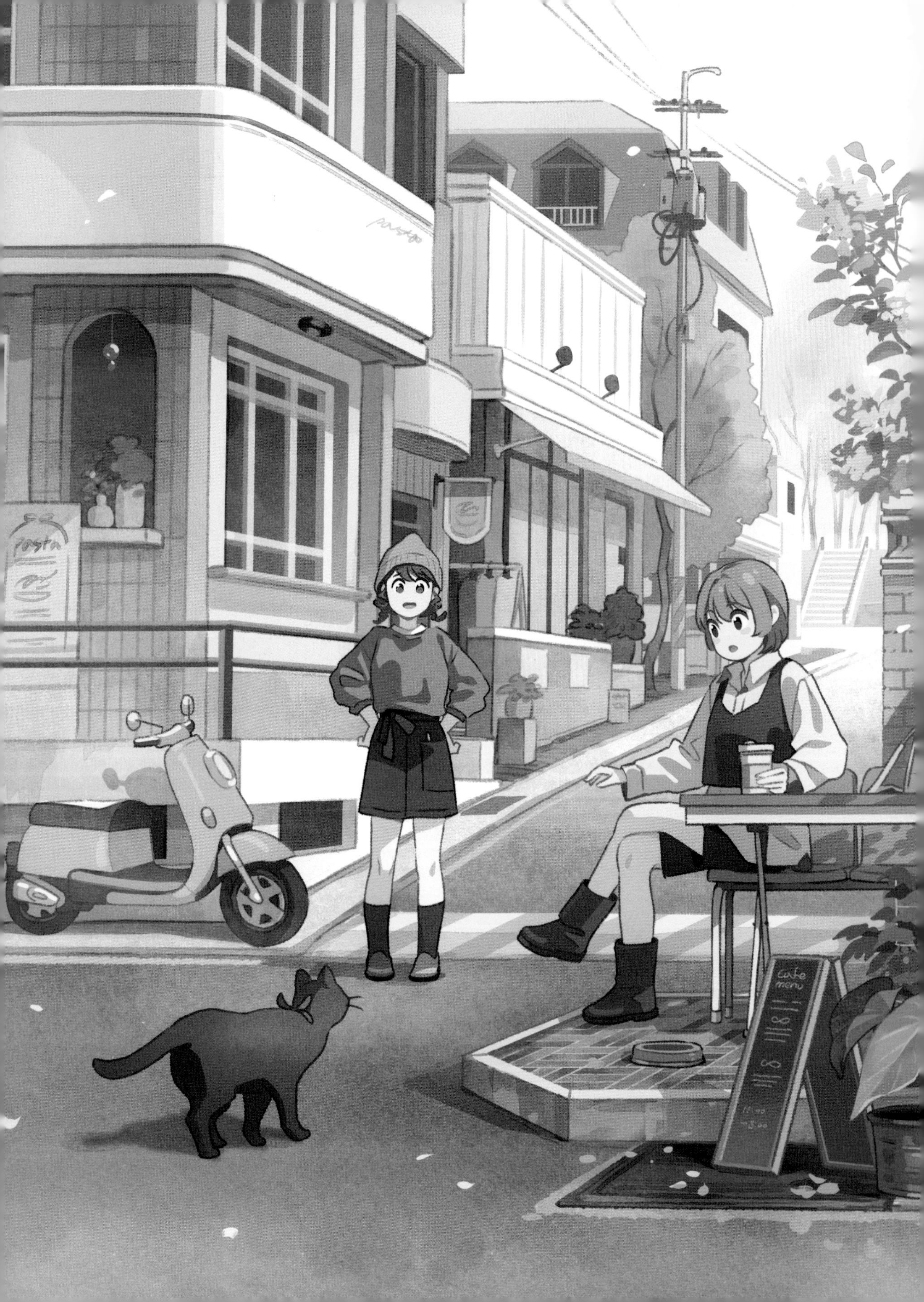
Pasta
Cafe menu

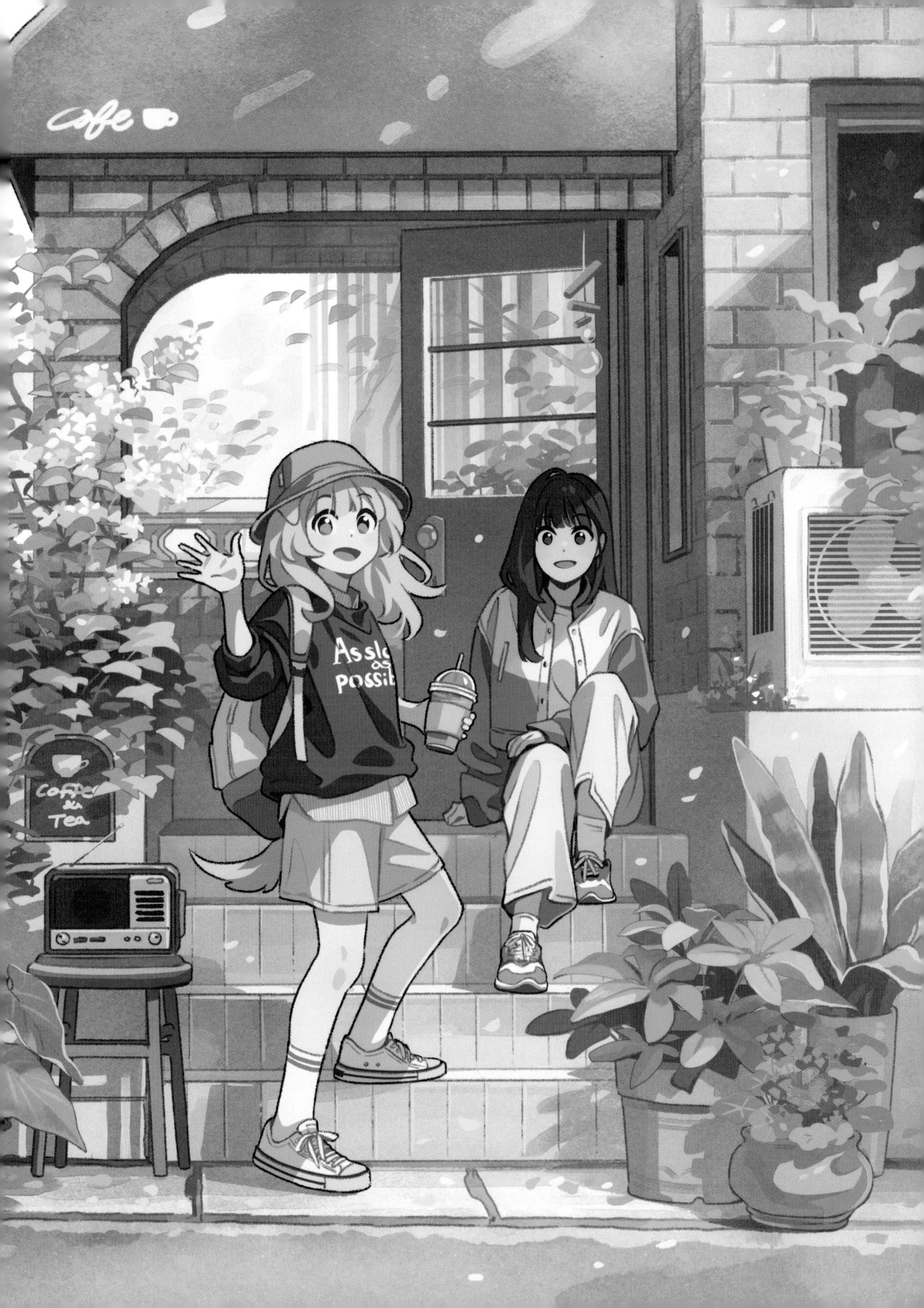
Cafe
Tea

Bori's walk note

Spring

Summer

Autumn

Winter

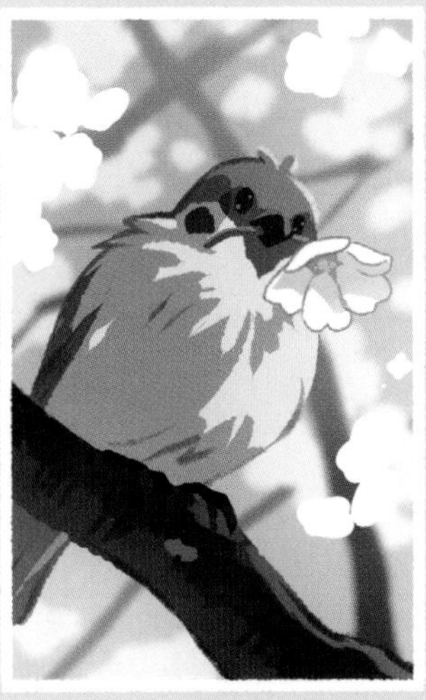

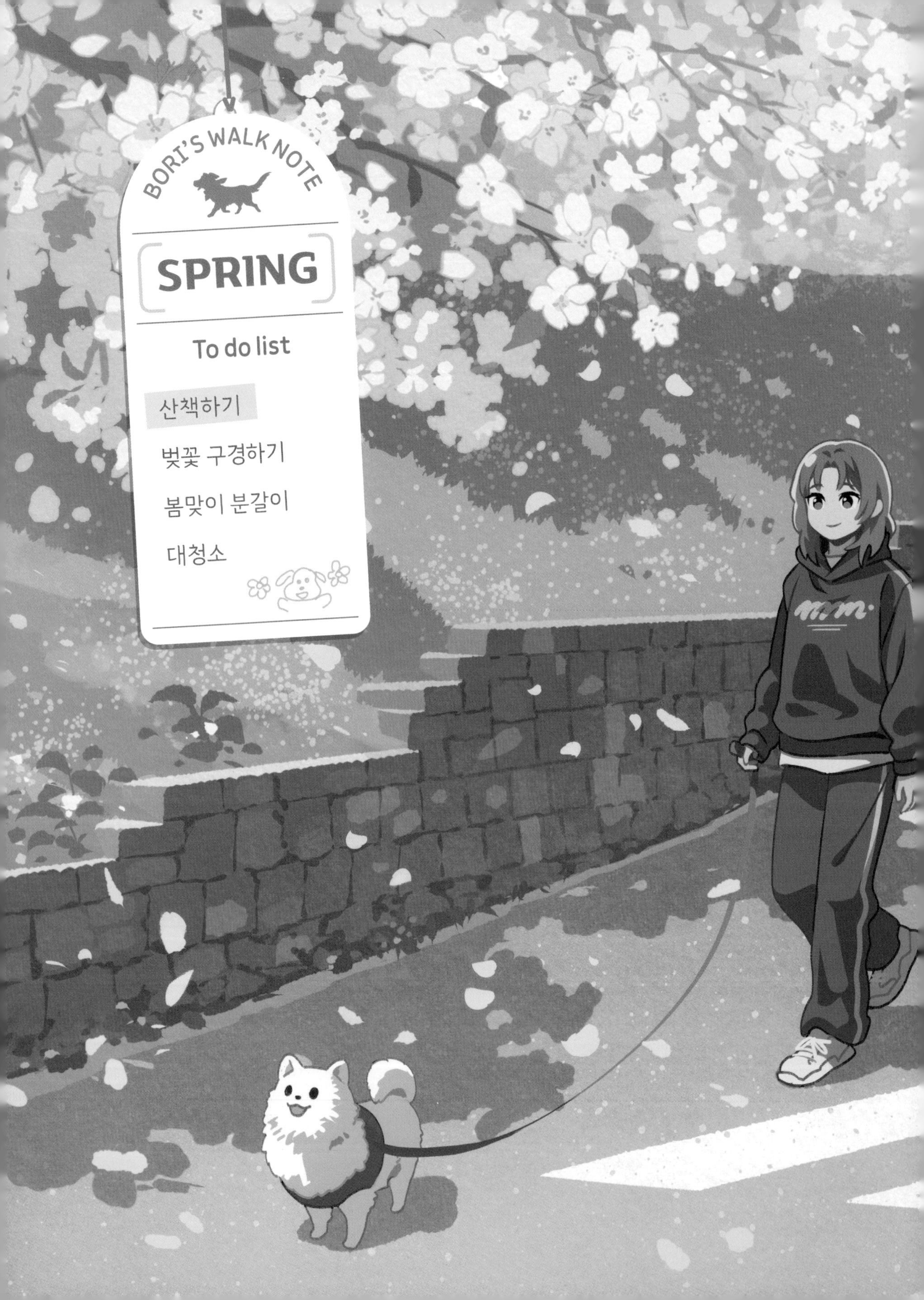
BORI'S WALK NOTE
SPRING
To do list
산책하기
벚꽃 구경하기
봄맞이 분갈이
대청소
mm

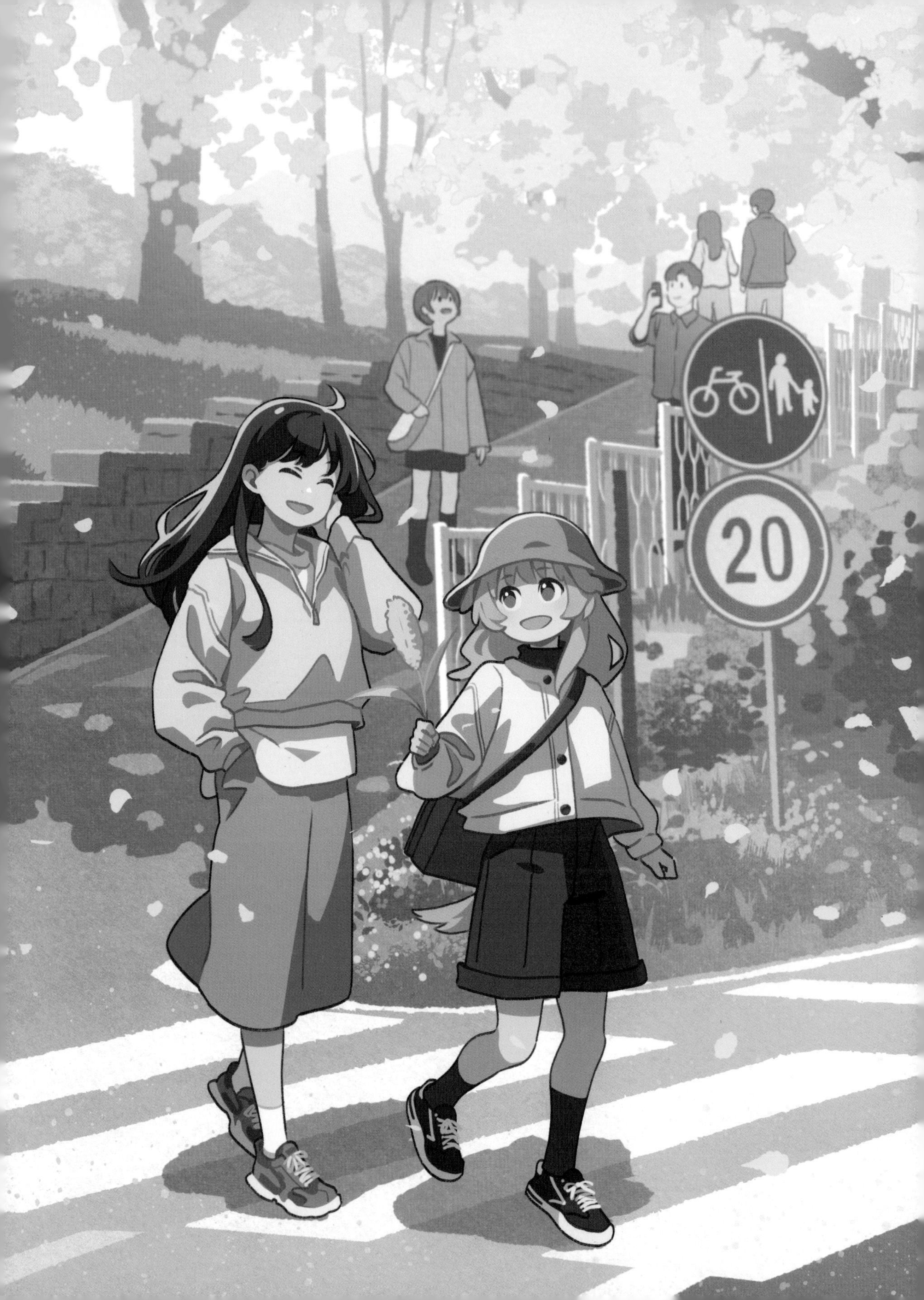
20

SPRING

오늘 만난 꽃

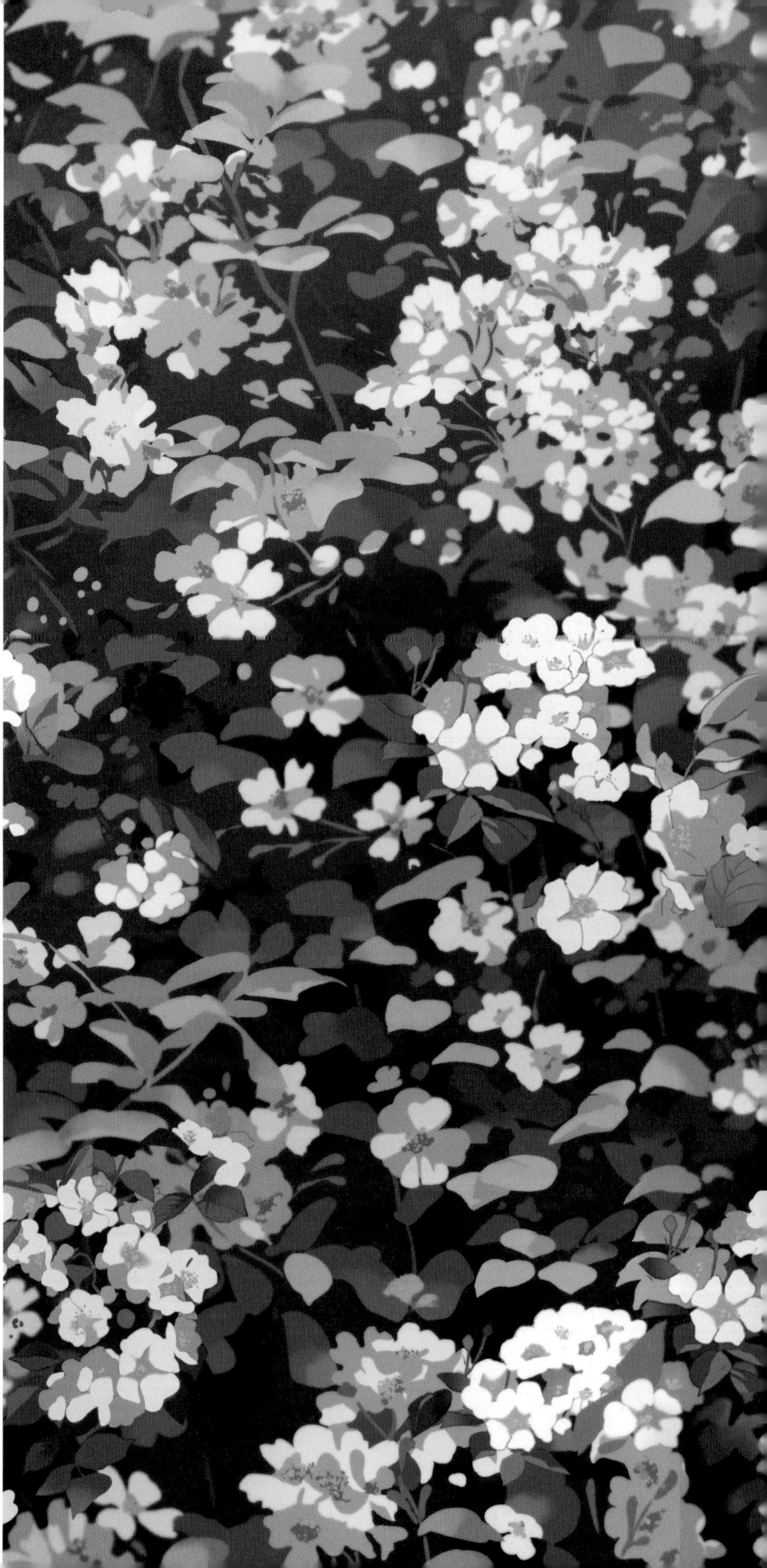

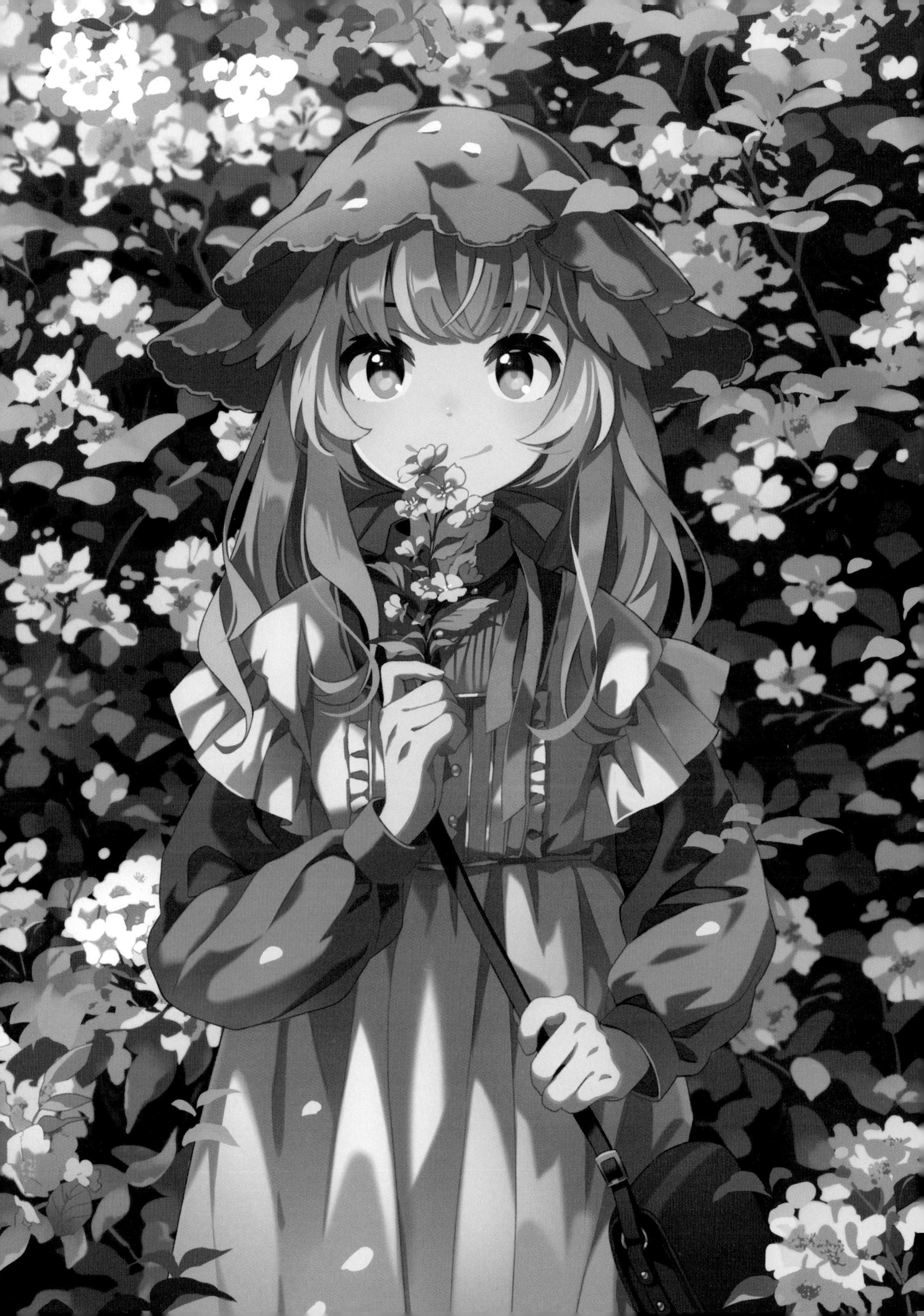

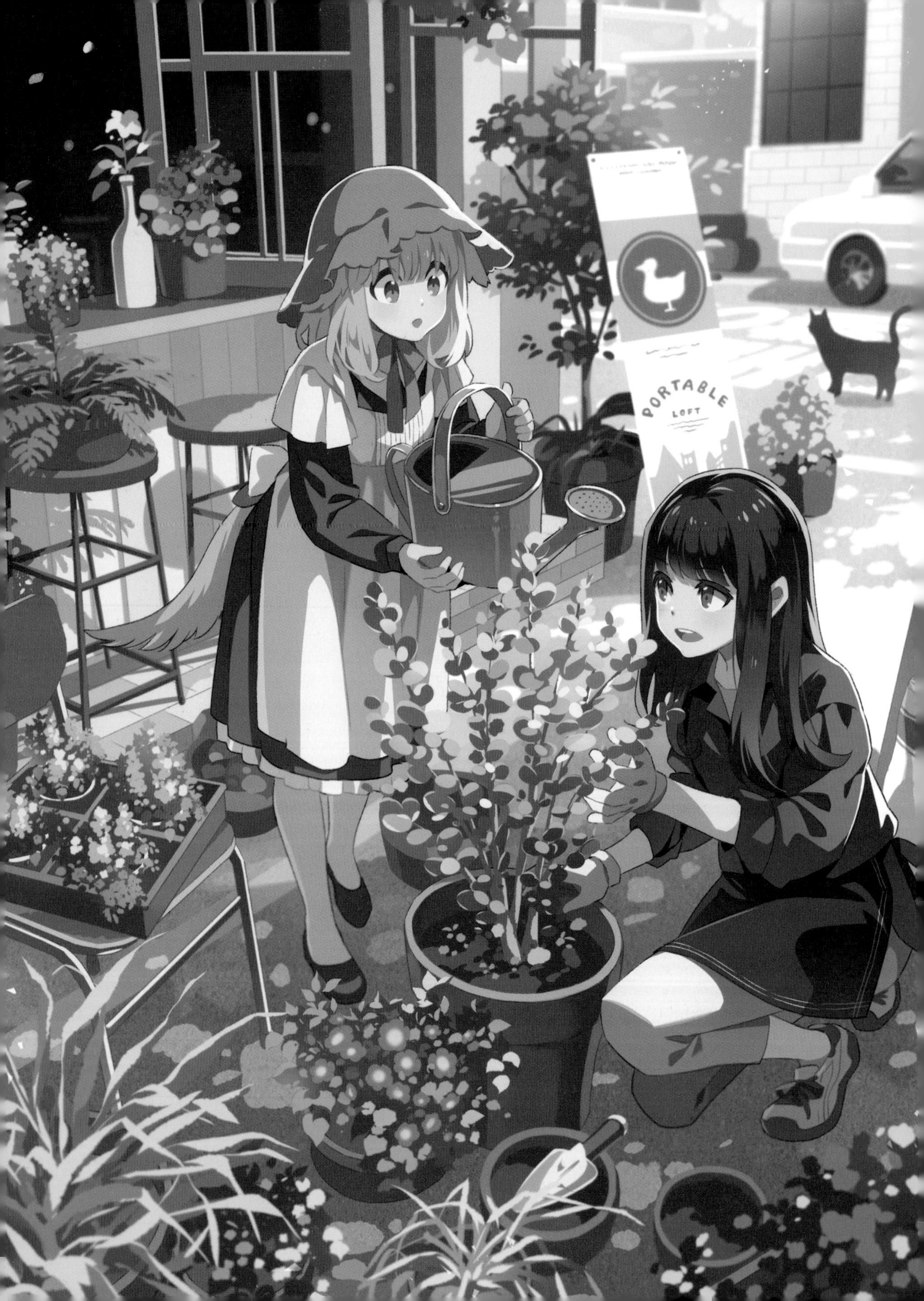
PORTABLE
LOFT

SPRING

봄맞이와 분갈이

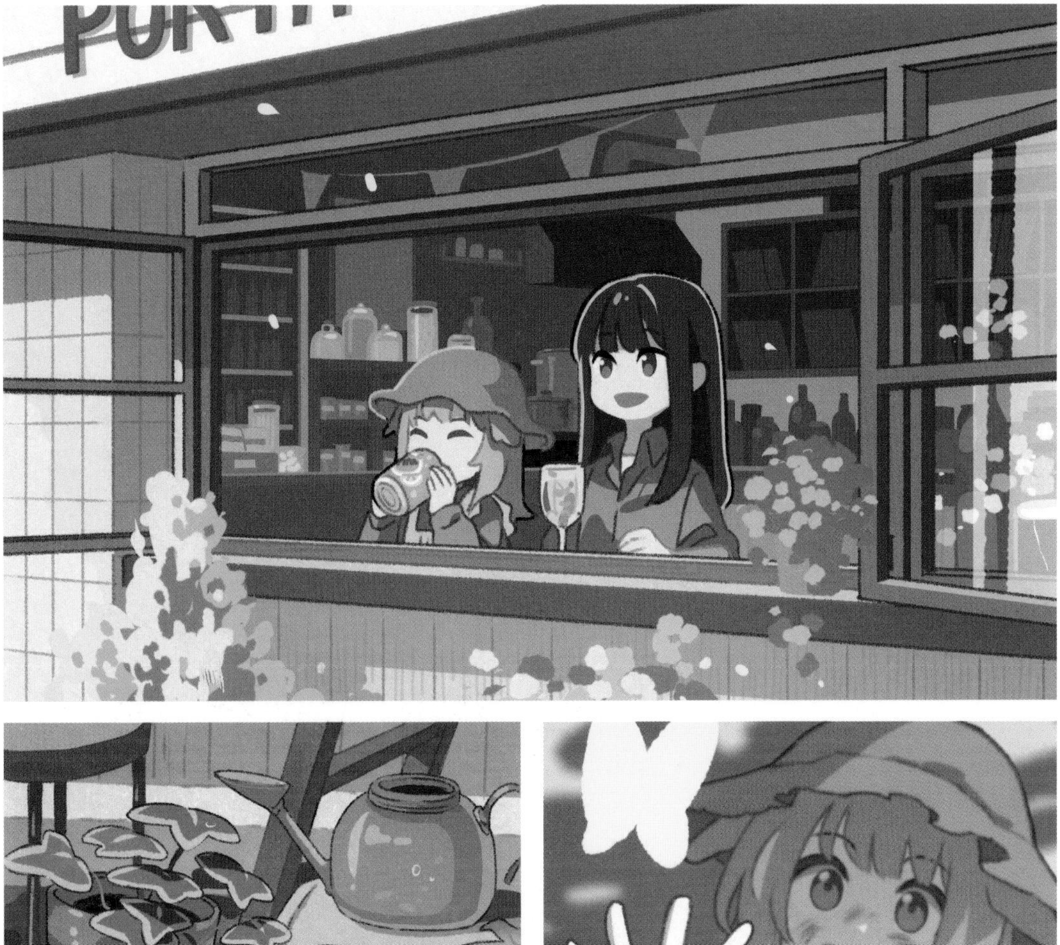

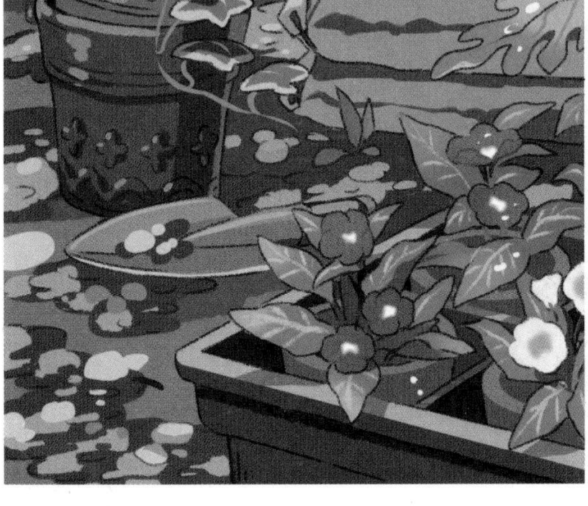

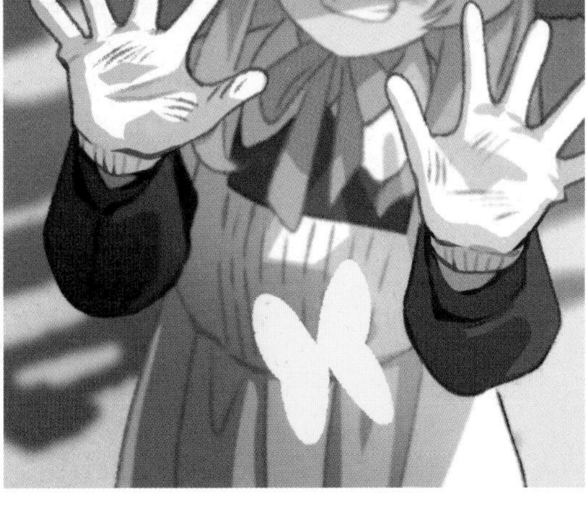

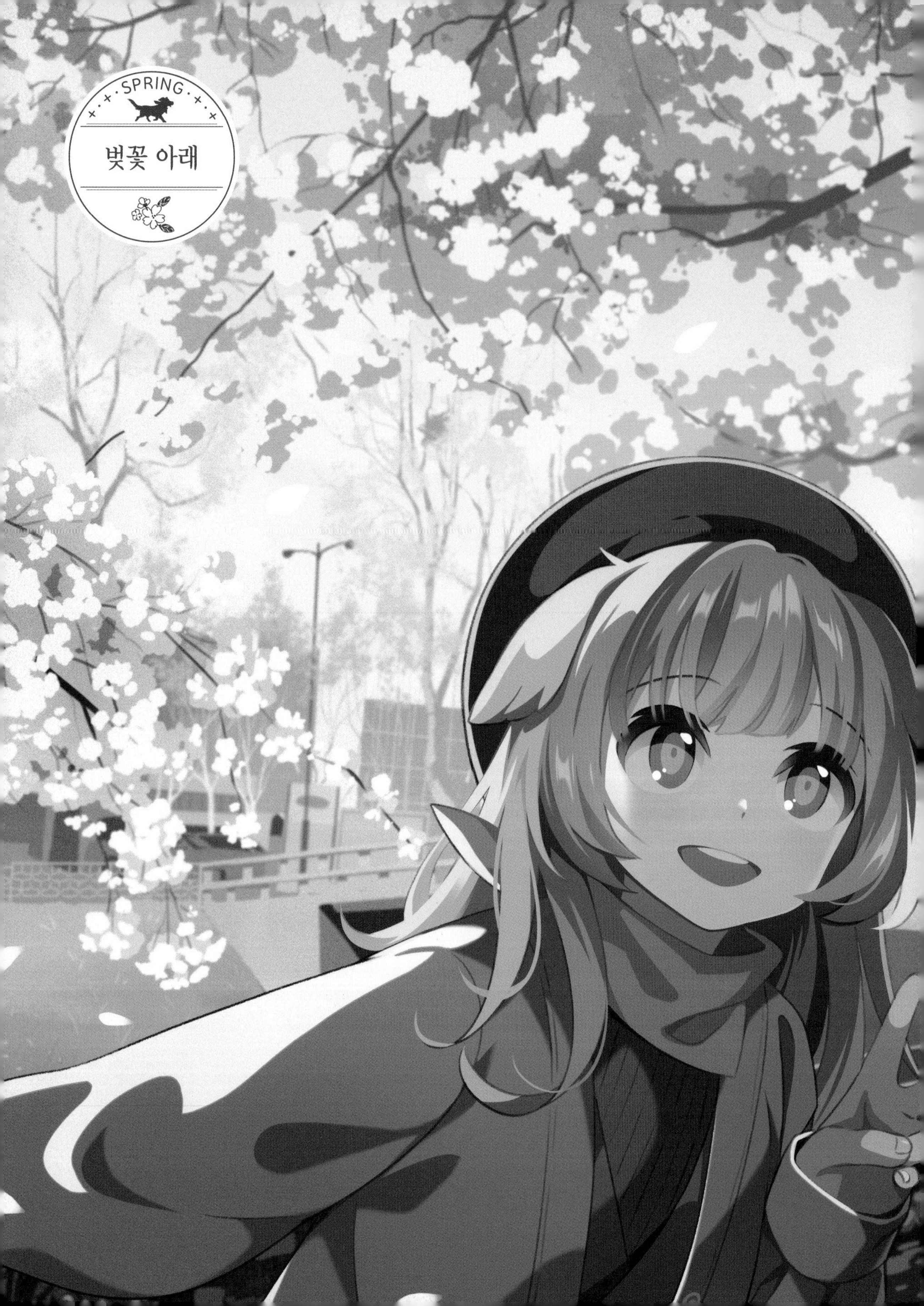
SPRING
벚꽃 아래

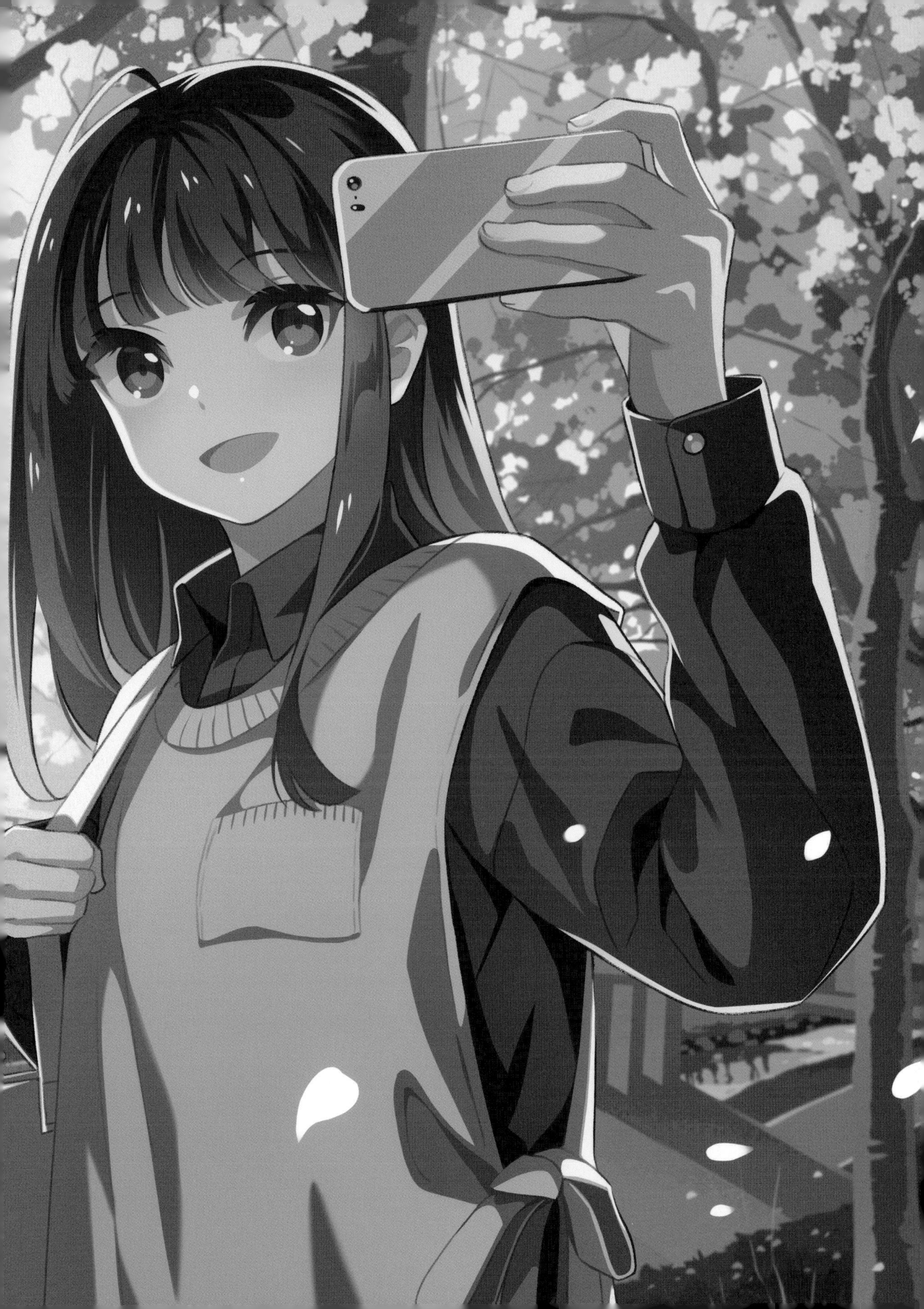

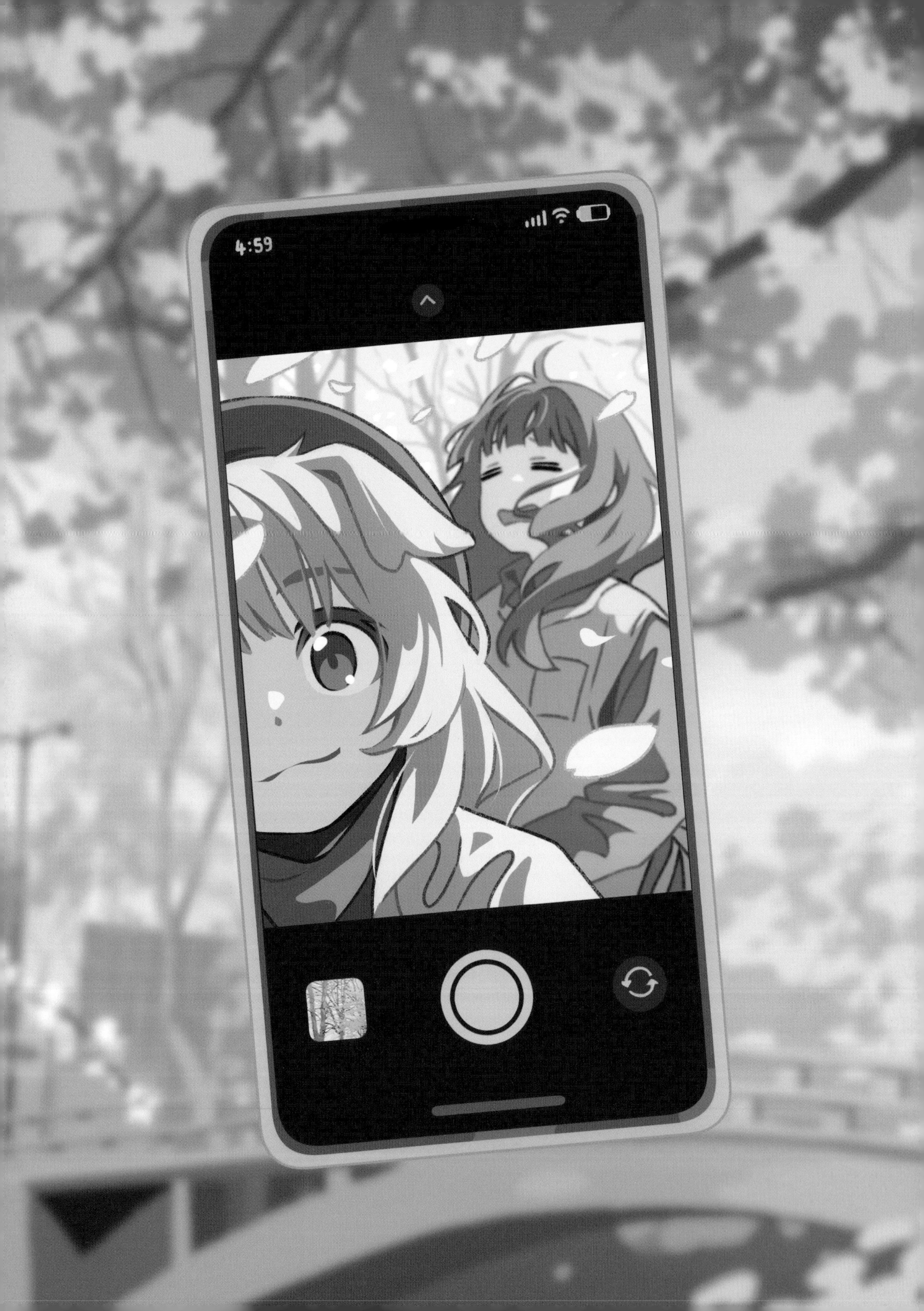
4:59

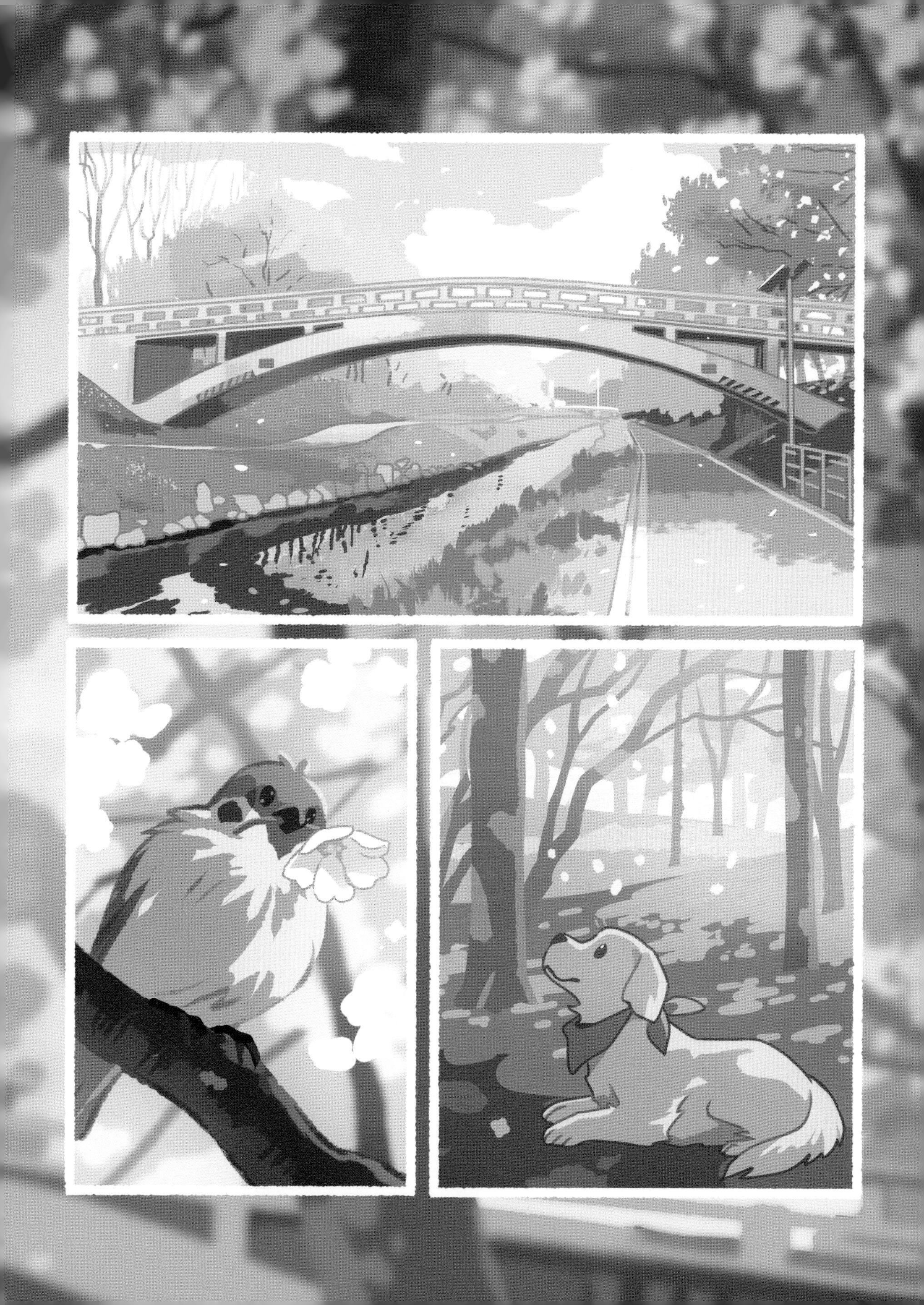

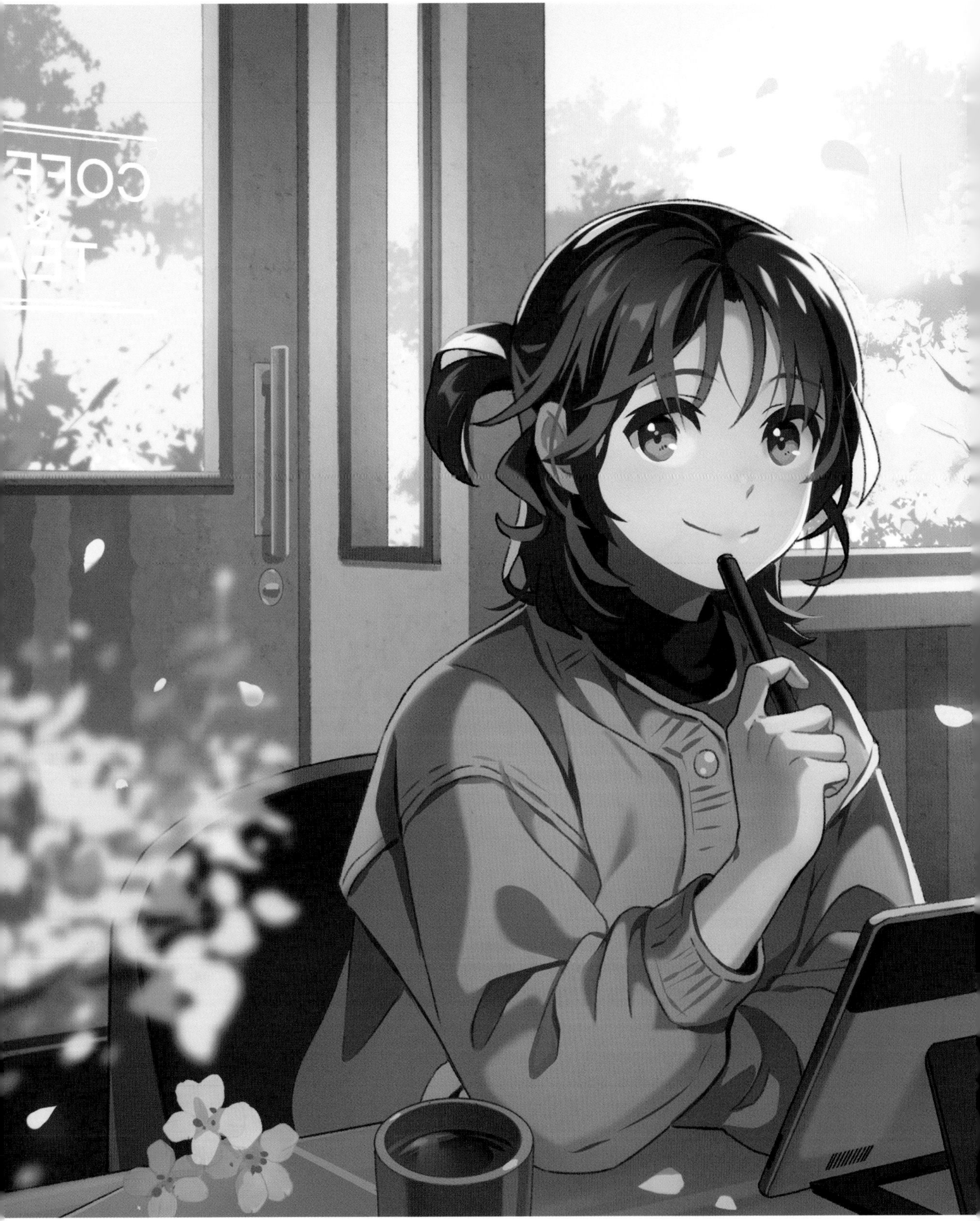

벚꽃 카페

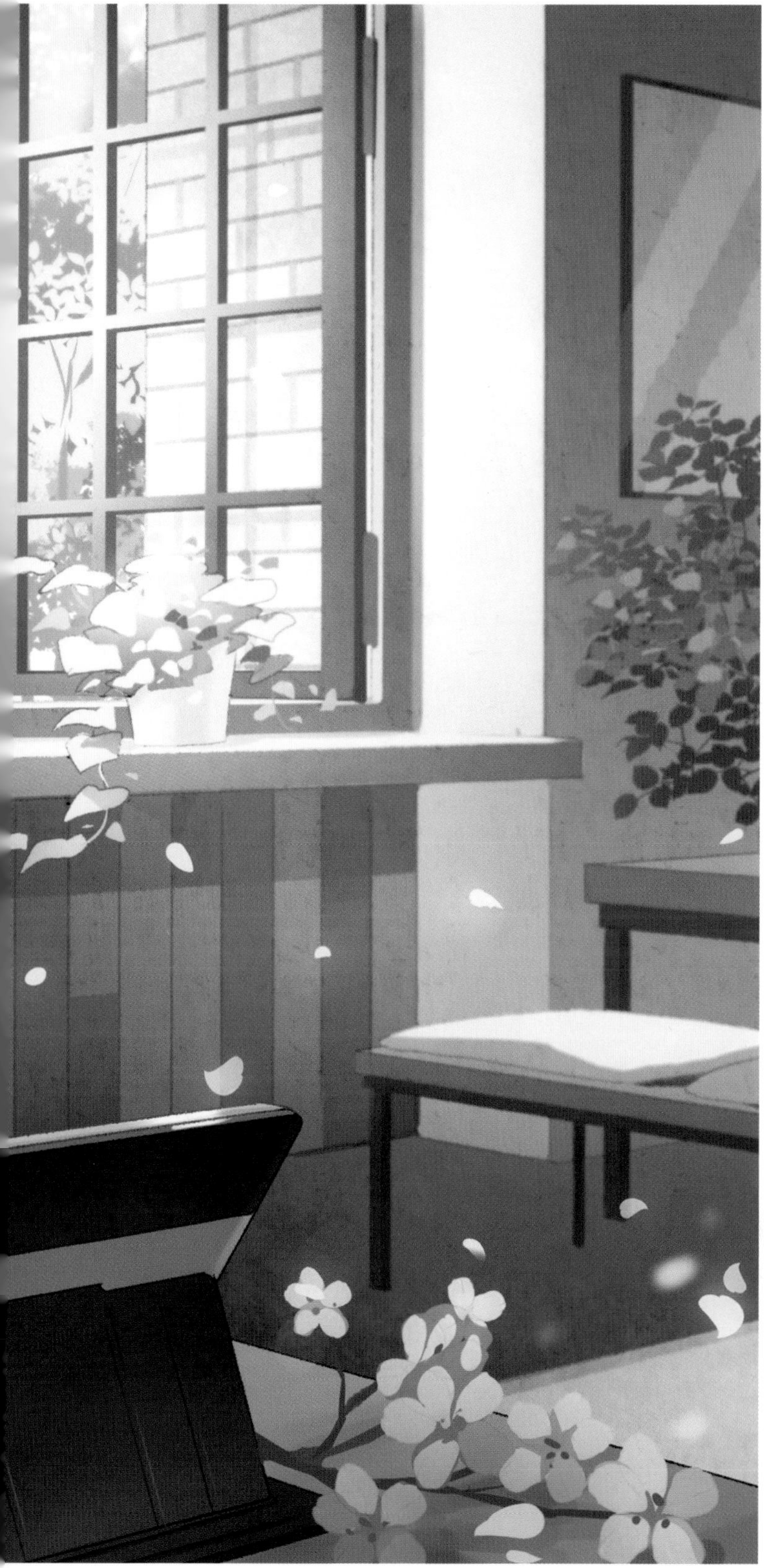

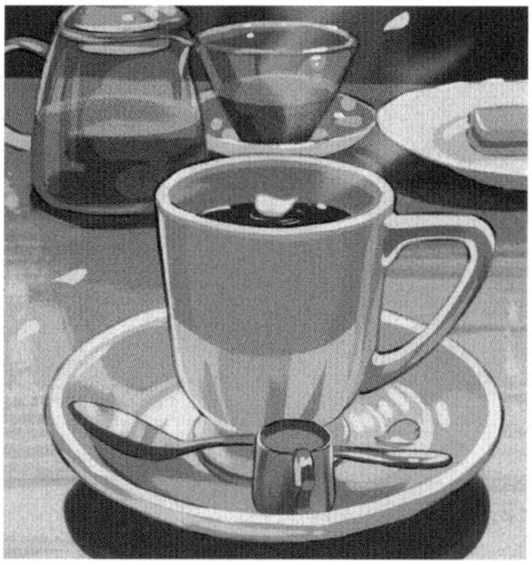

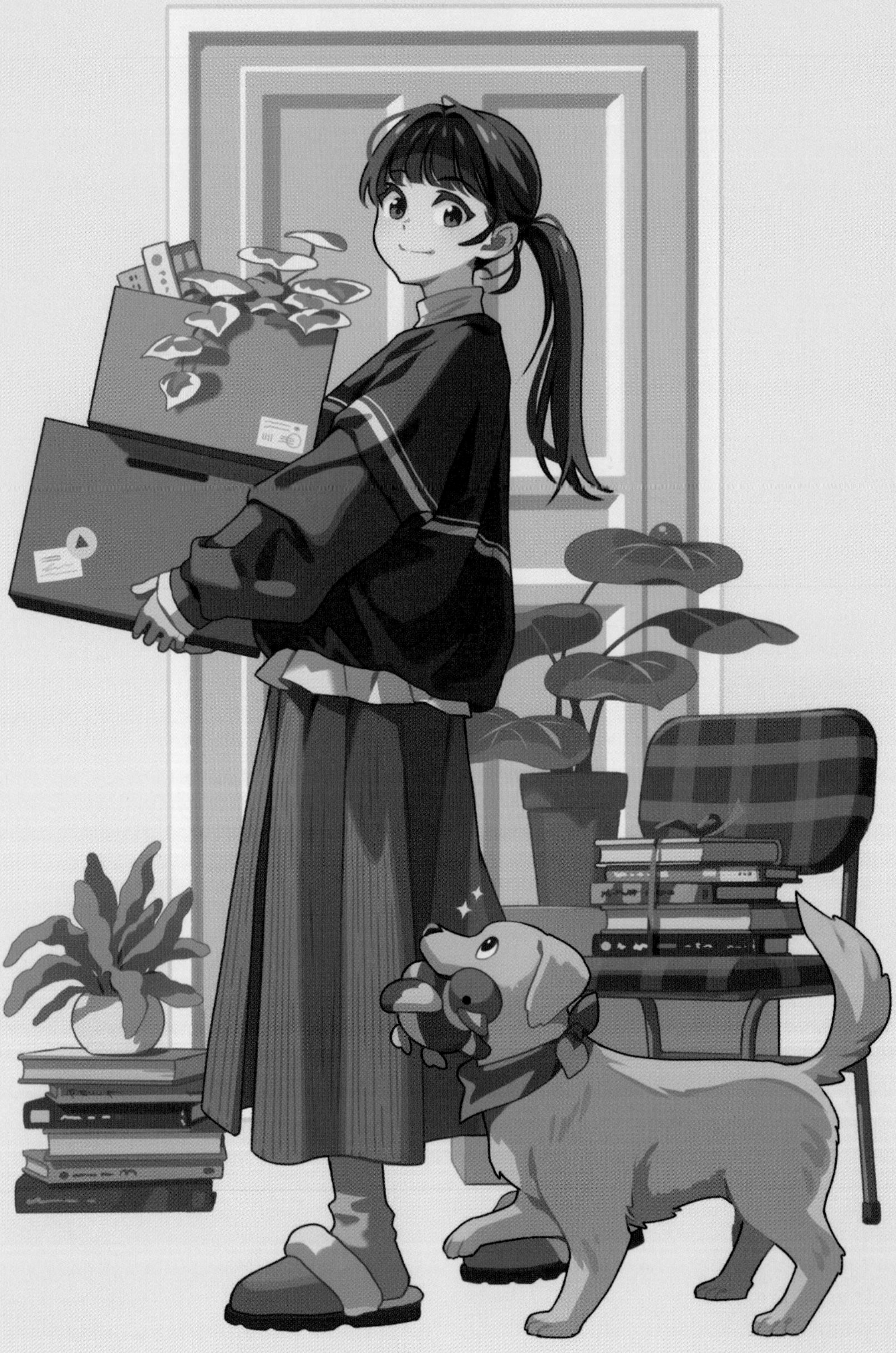

SPRING

봄맞이 대청소

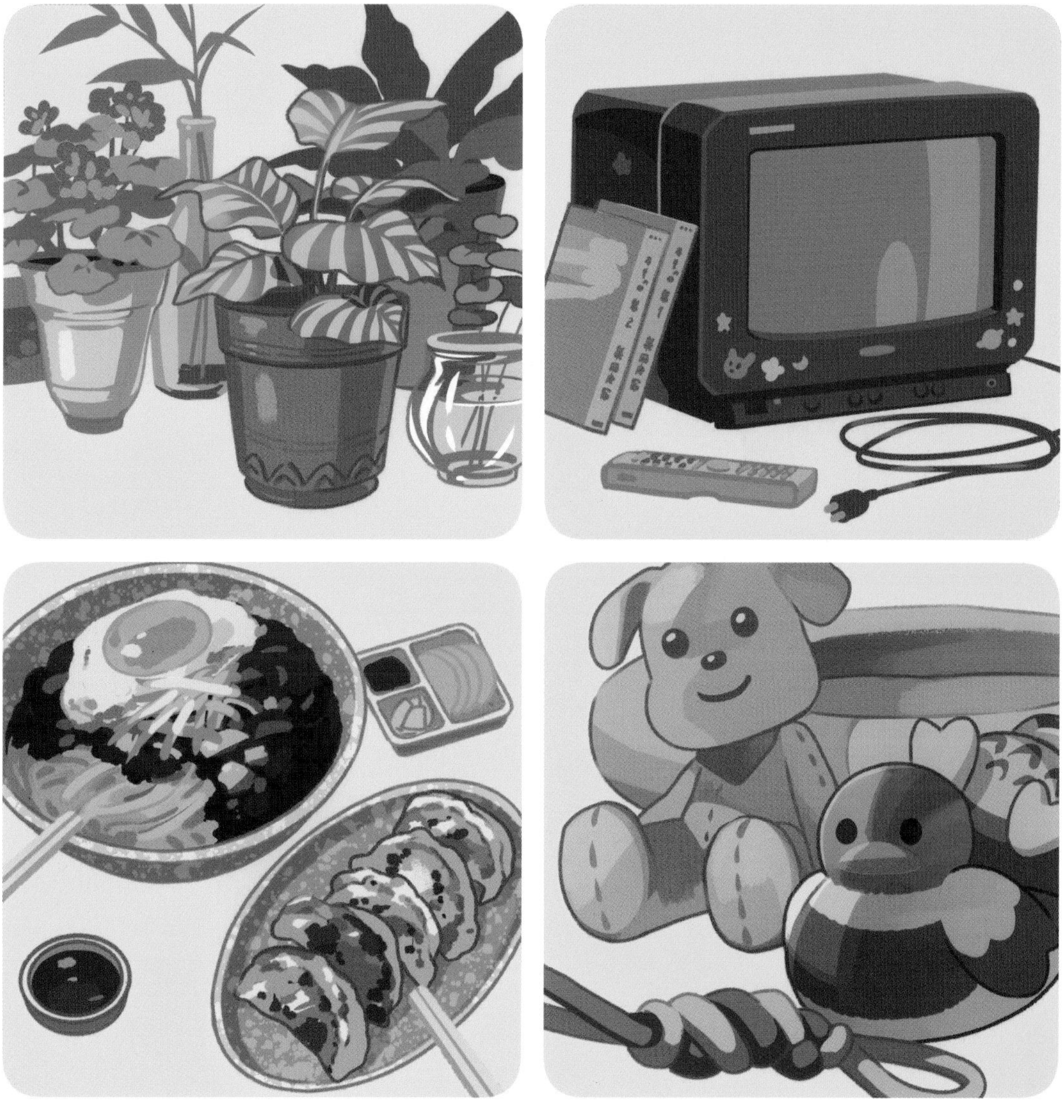

Date :   .

Character Note

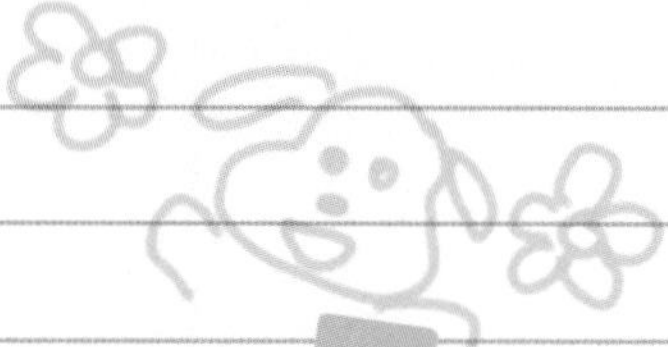

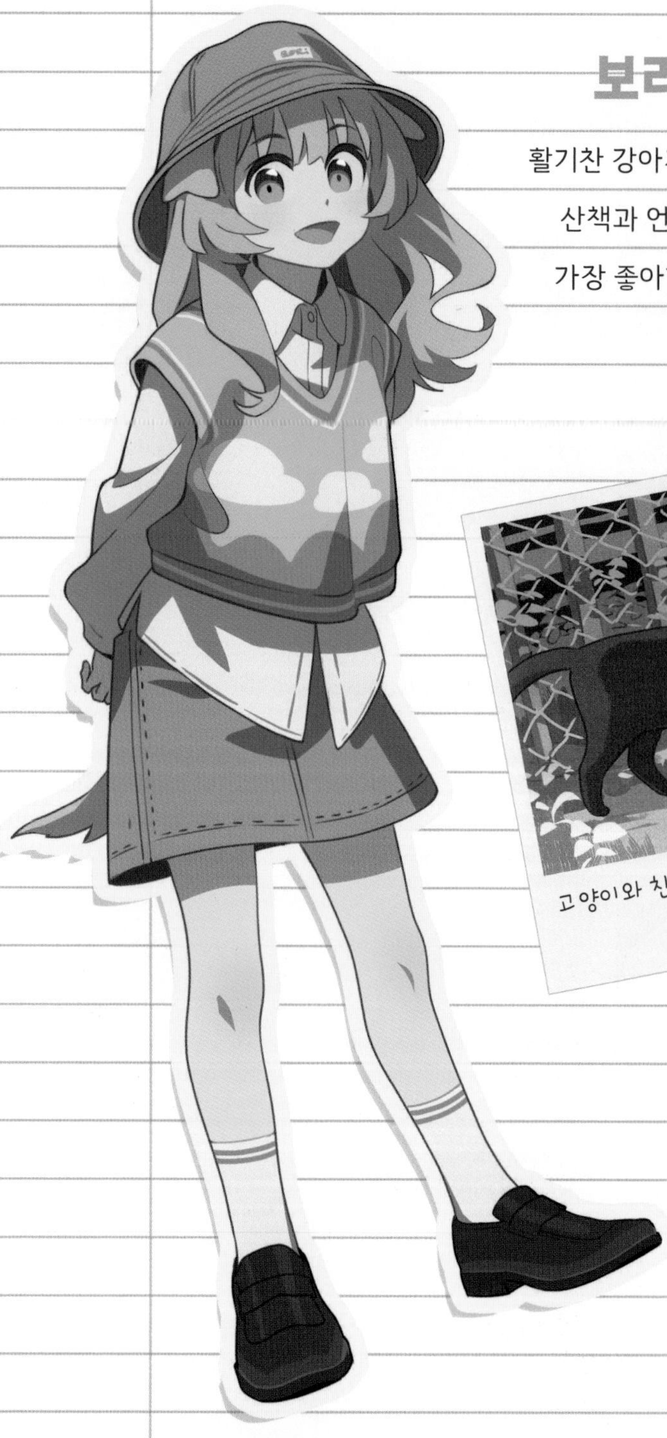

보리

활기찬 강아지 소녀.
산책과 언니를
가장 좋아한다.

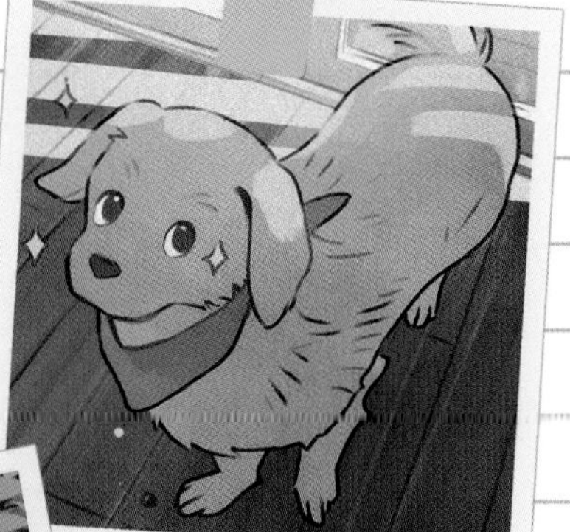

사실 보리는 멍멍이야!

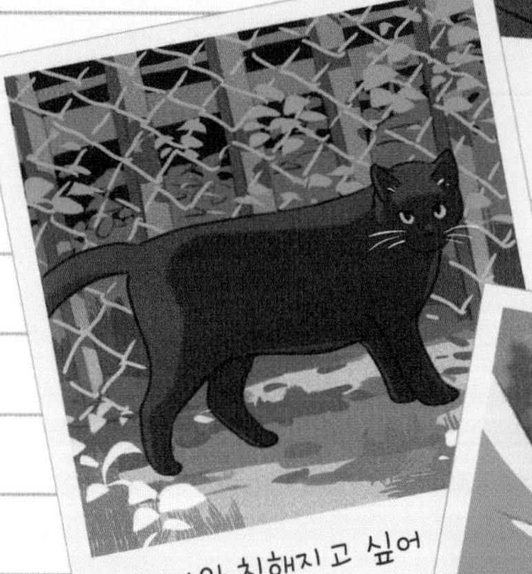

고양이와 친해지고 싶어

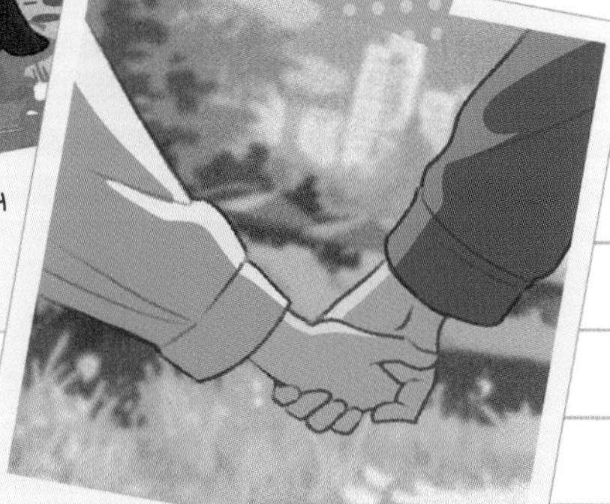

언니랑 함께하는 산책이
최고로 좋아!

집 밖에서는 모자를 자주 착용한다.
친하지 않은 사람에게는 그냥 개로 보이는 듯.

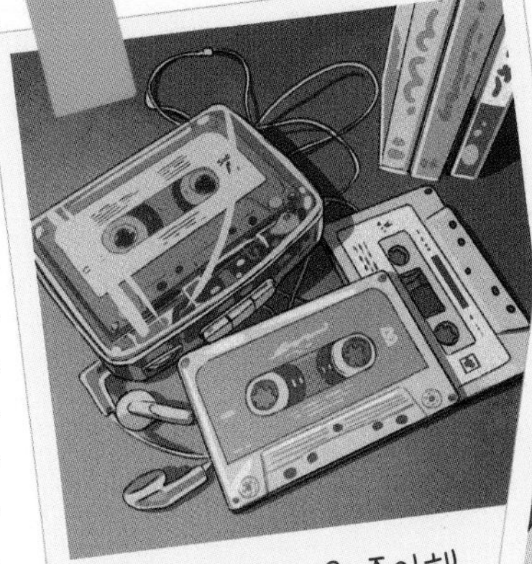

아날로그한 물건을 좋아해

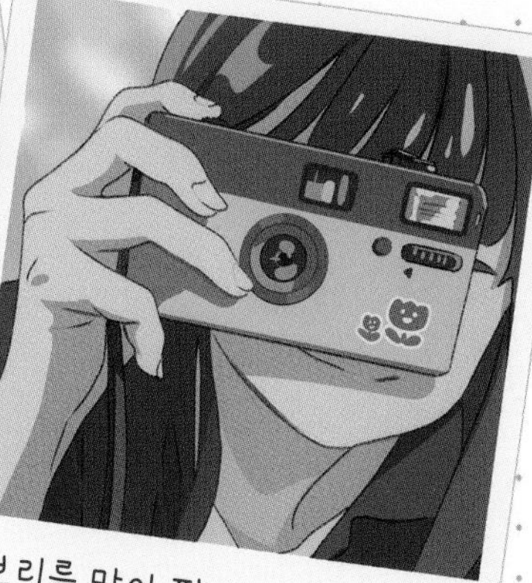

보리를 많이 찍어 줘야지

하늘

보리의 보호자. 느긋한 성격.

방학에는 이런저런 아르바이트를 한다.

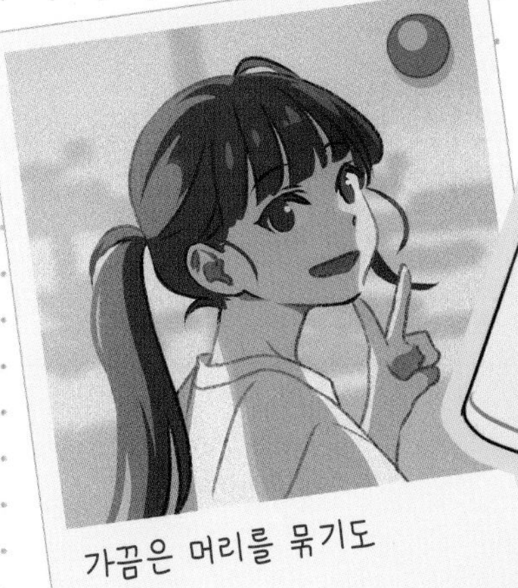

가끔은 머리를 묶기도

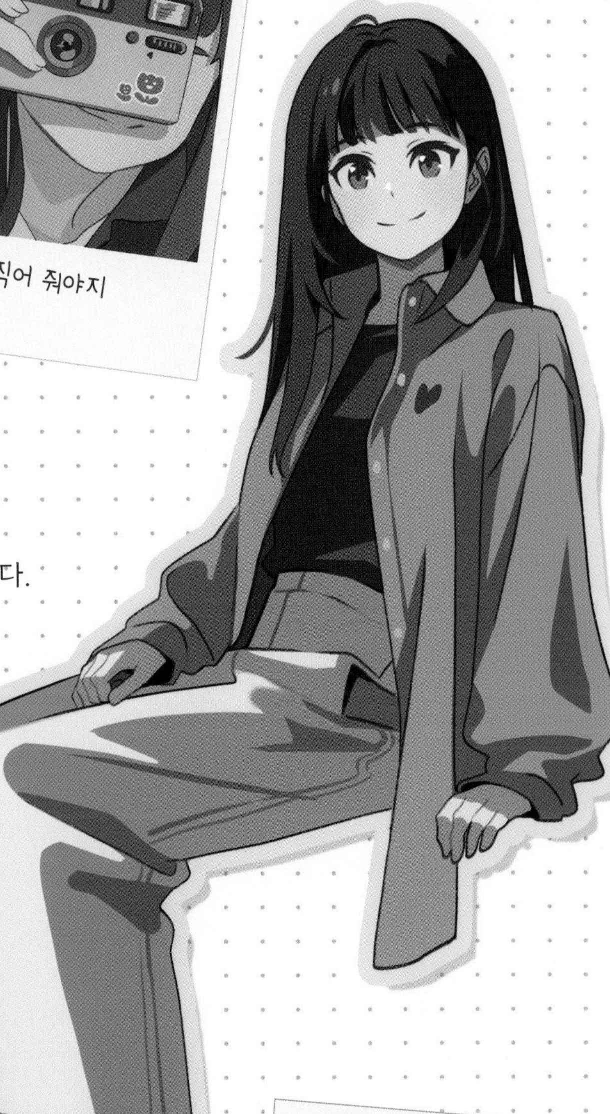

평범한 20대 학생으로
보였으면 하고 디자인했다.
움직이기 편한 옷들을 입는다.

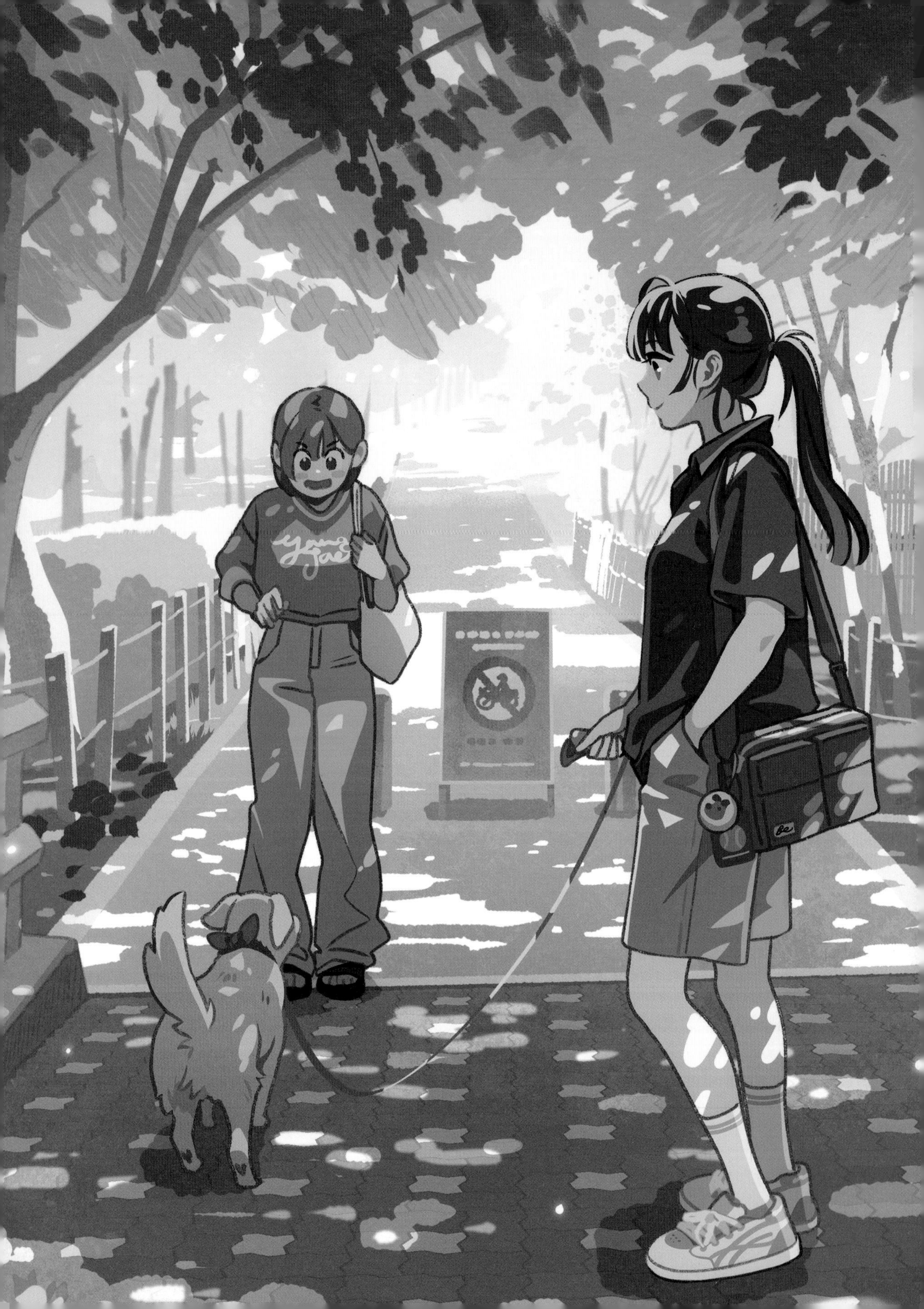

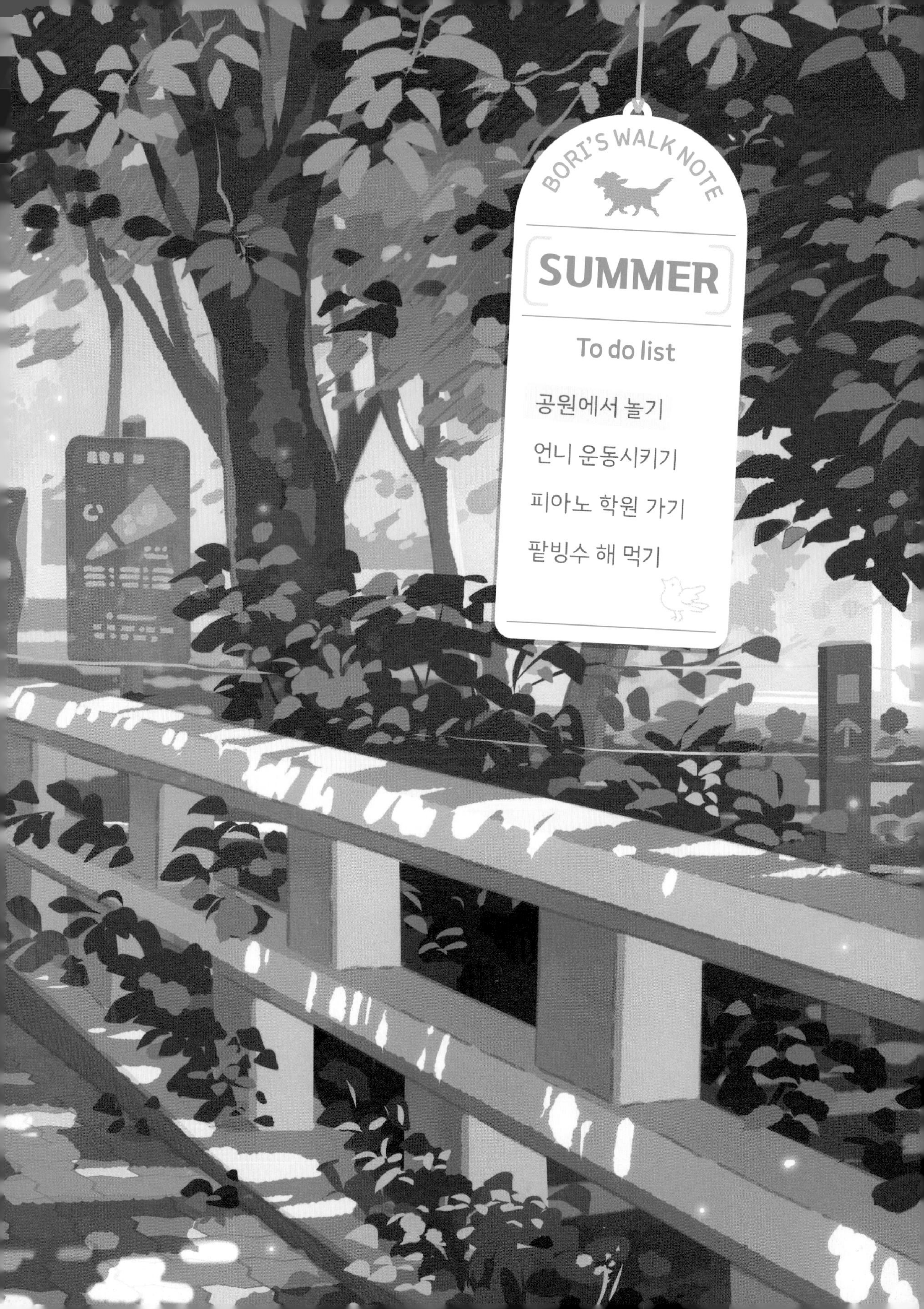
BORI'S WALK NOTE
SUMMER
To do list
공원에서 놀기
언니 운동시키기
피아노 학원 가기
팥빙수 해 먹기

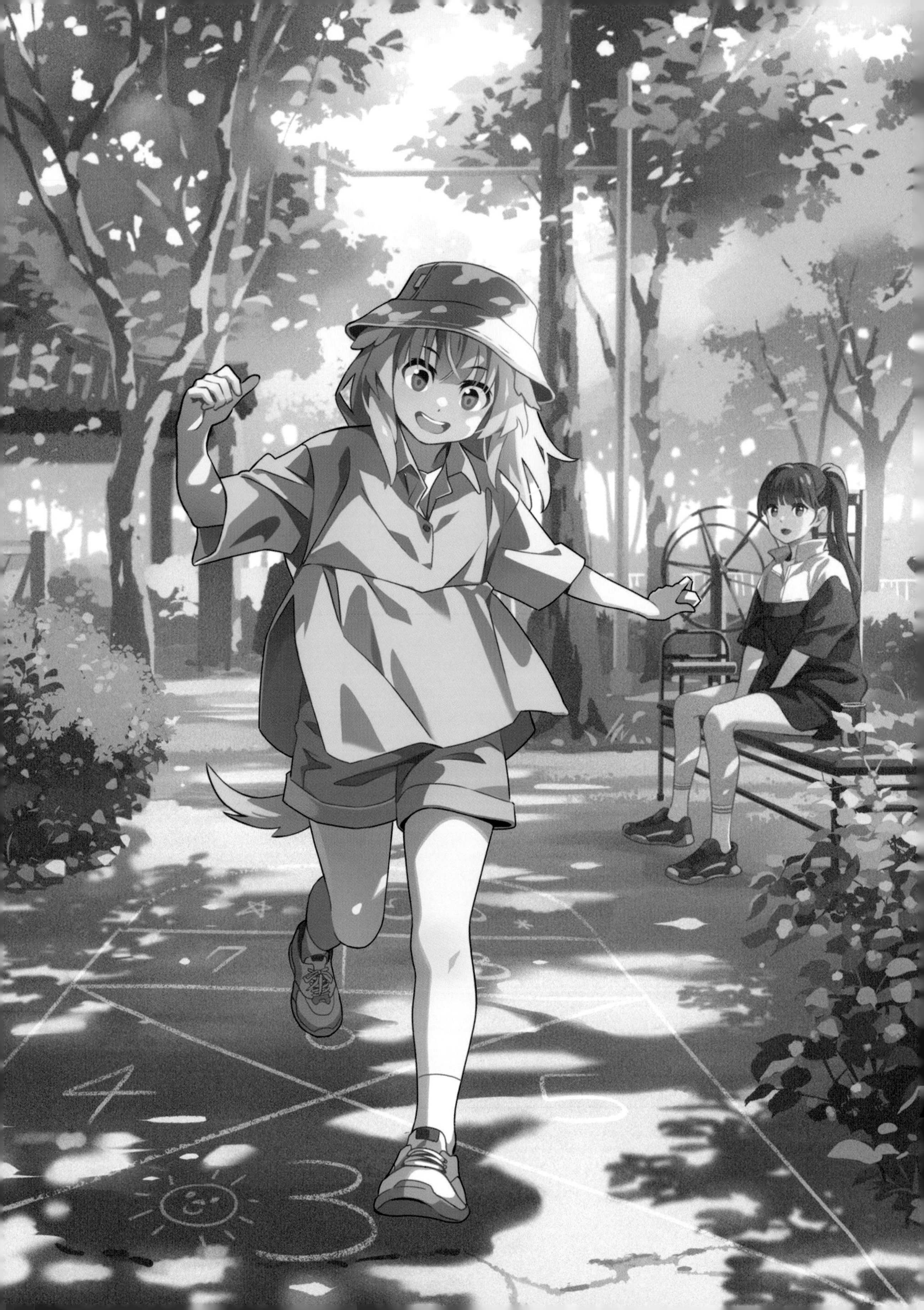

SUMMER

폴짝폴짝 땅따먹기

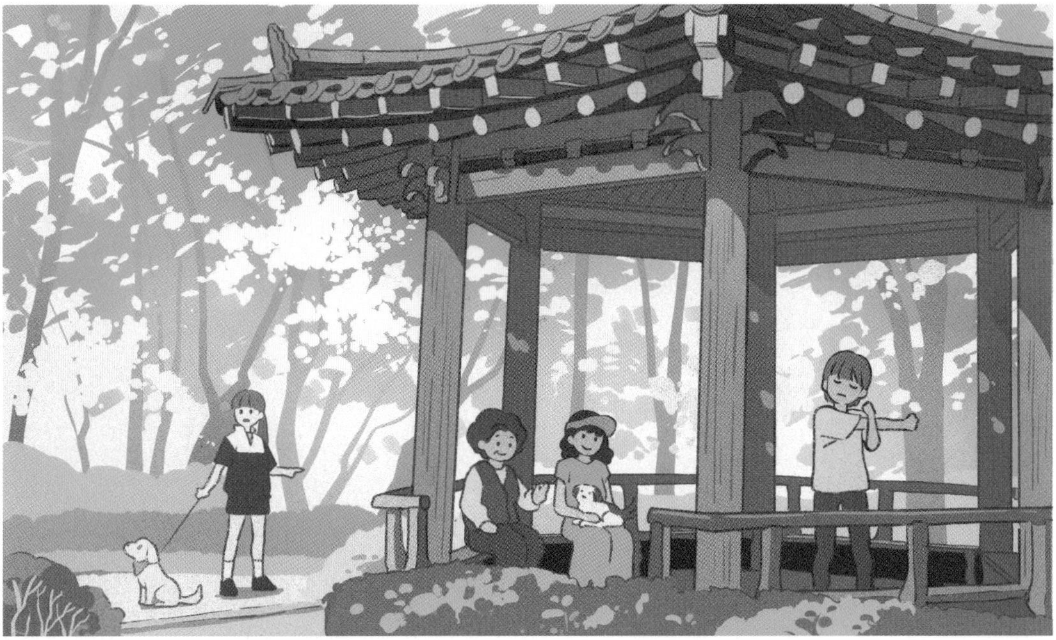

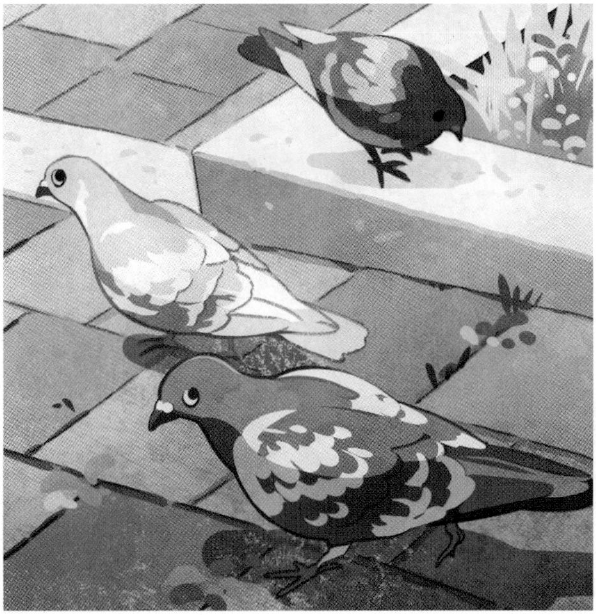

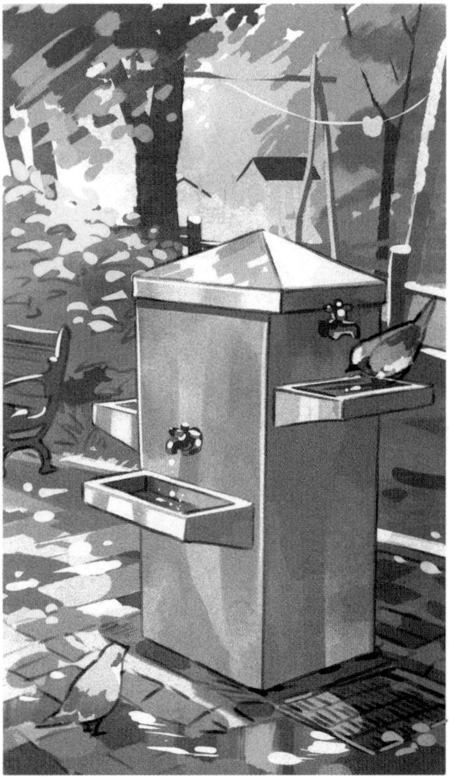

SUMMER

이웃집 고양이

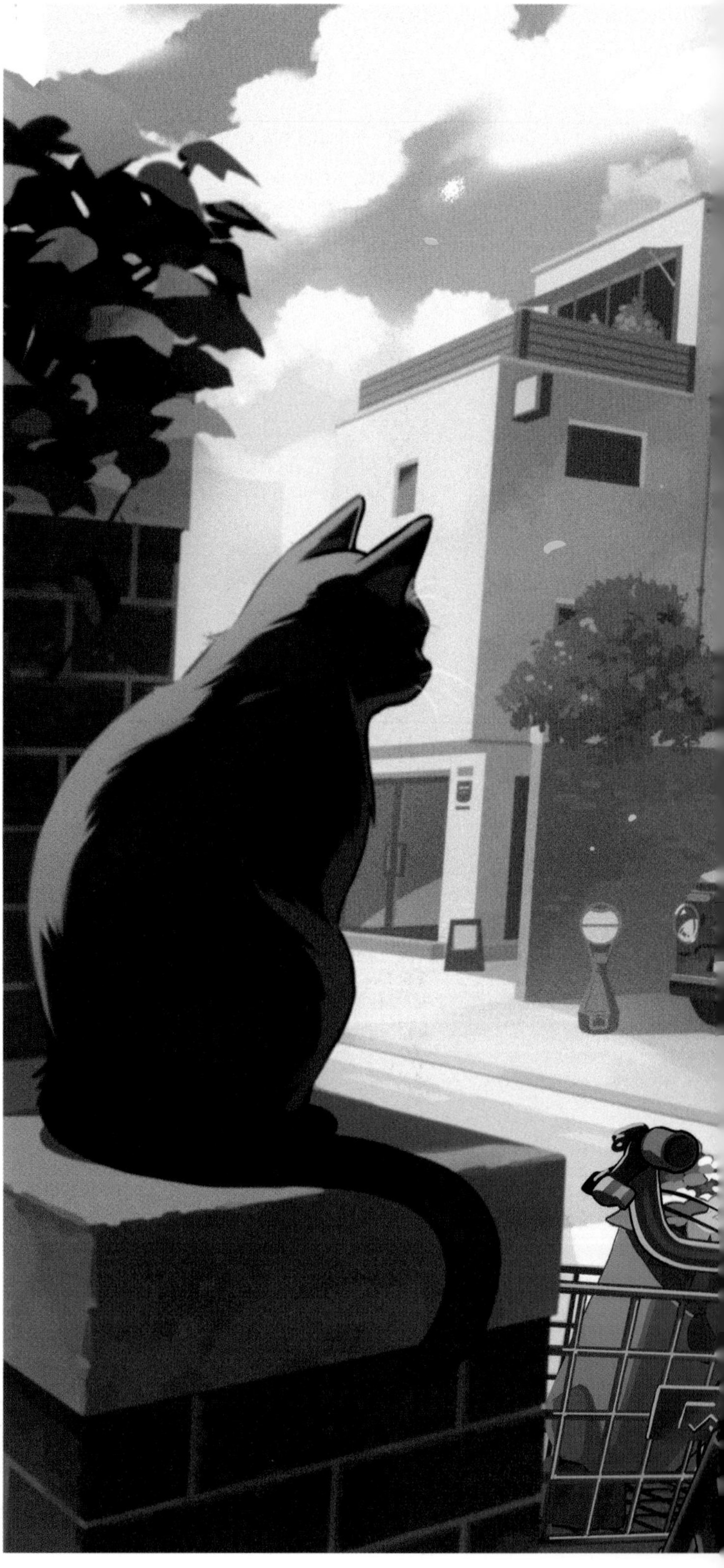

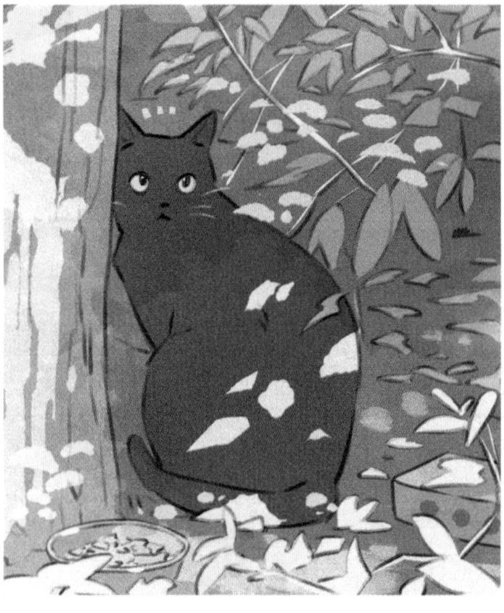

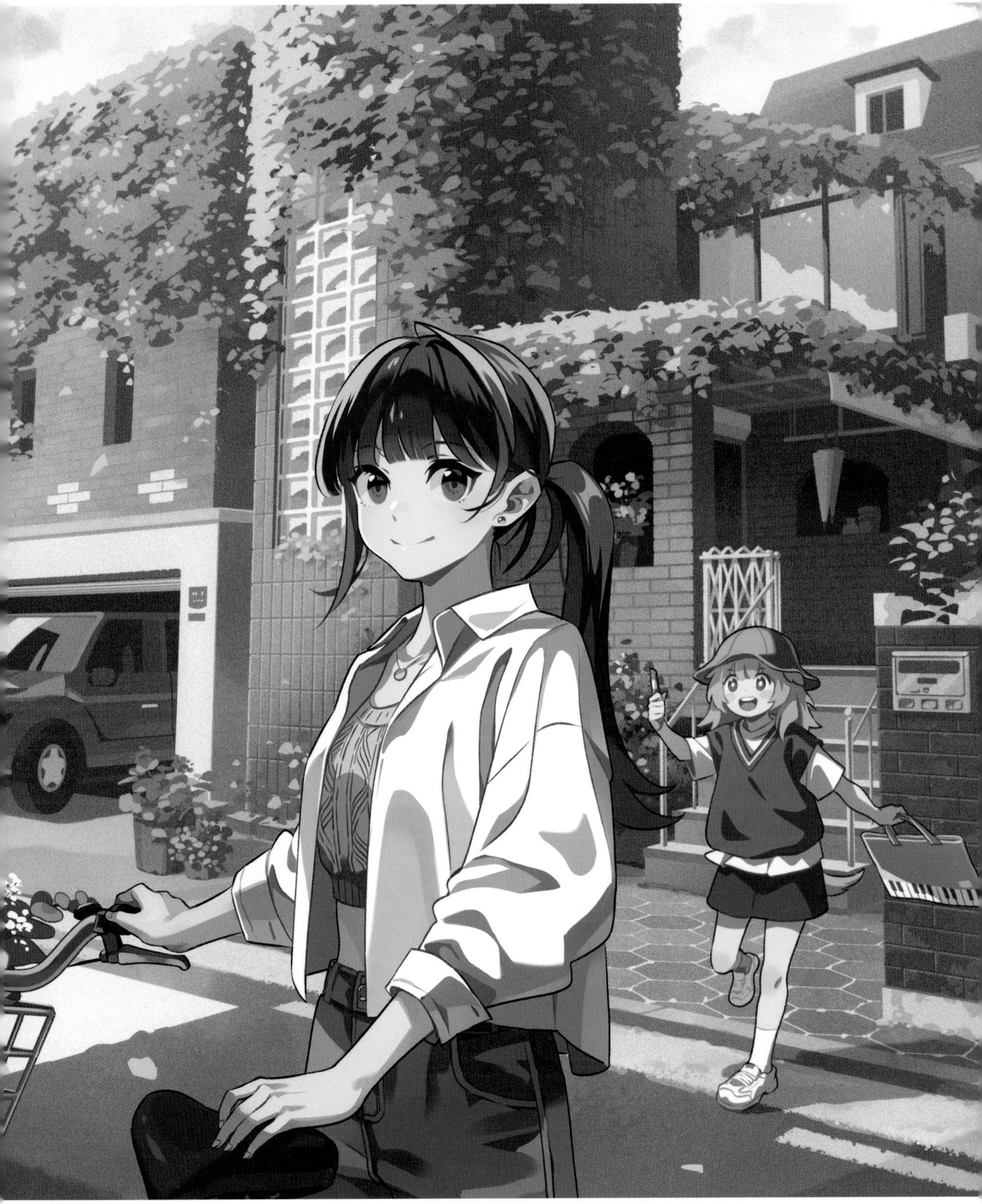

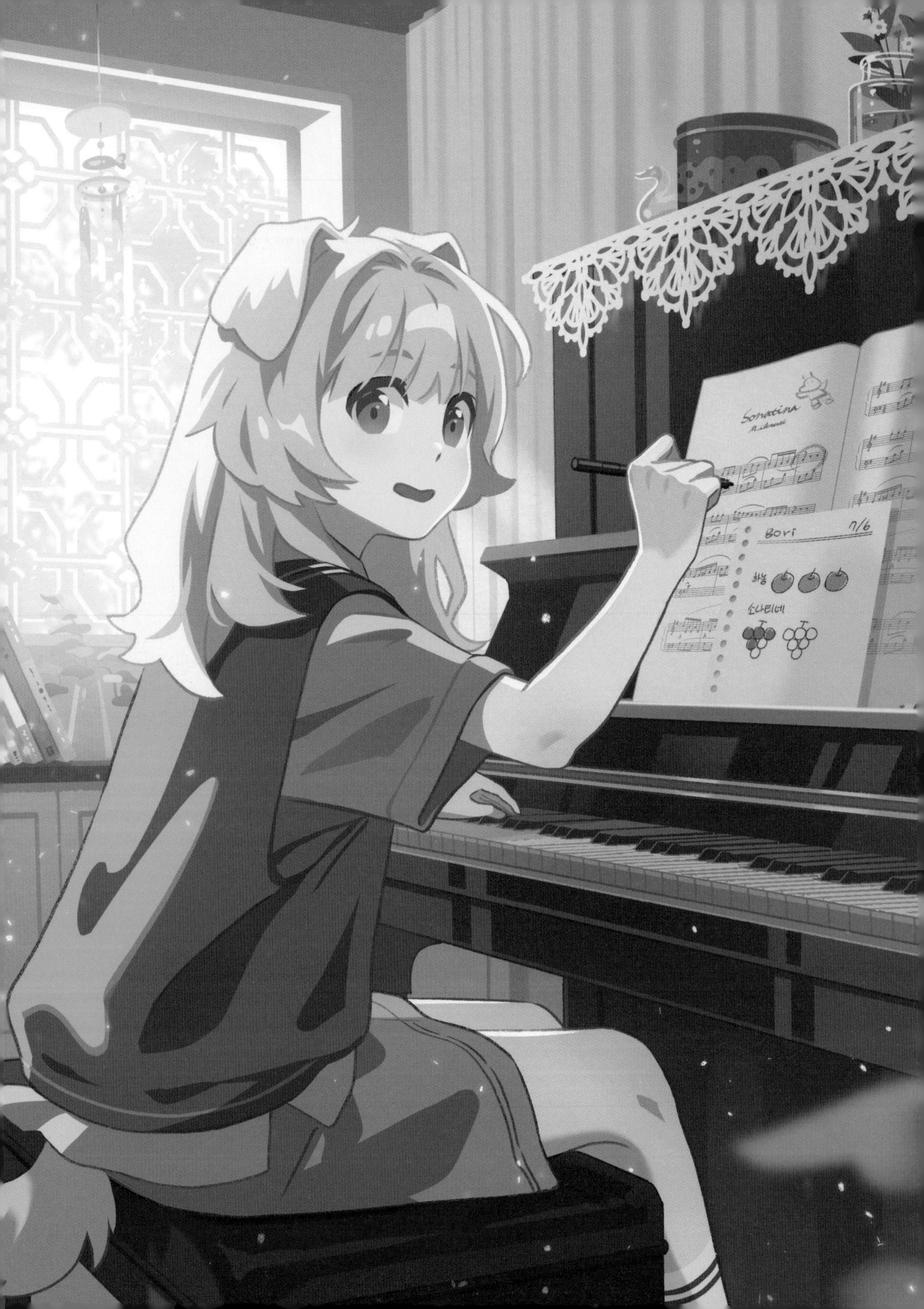
Sonatina
Bori
7/6
하농
소나티네

SUMMER

보리의 피아노 수업

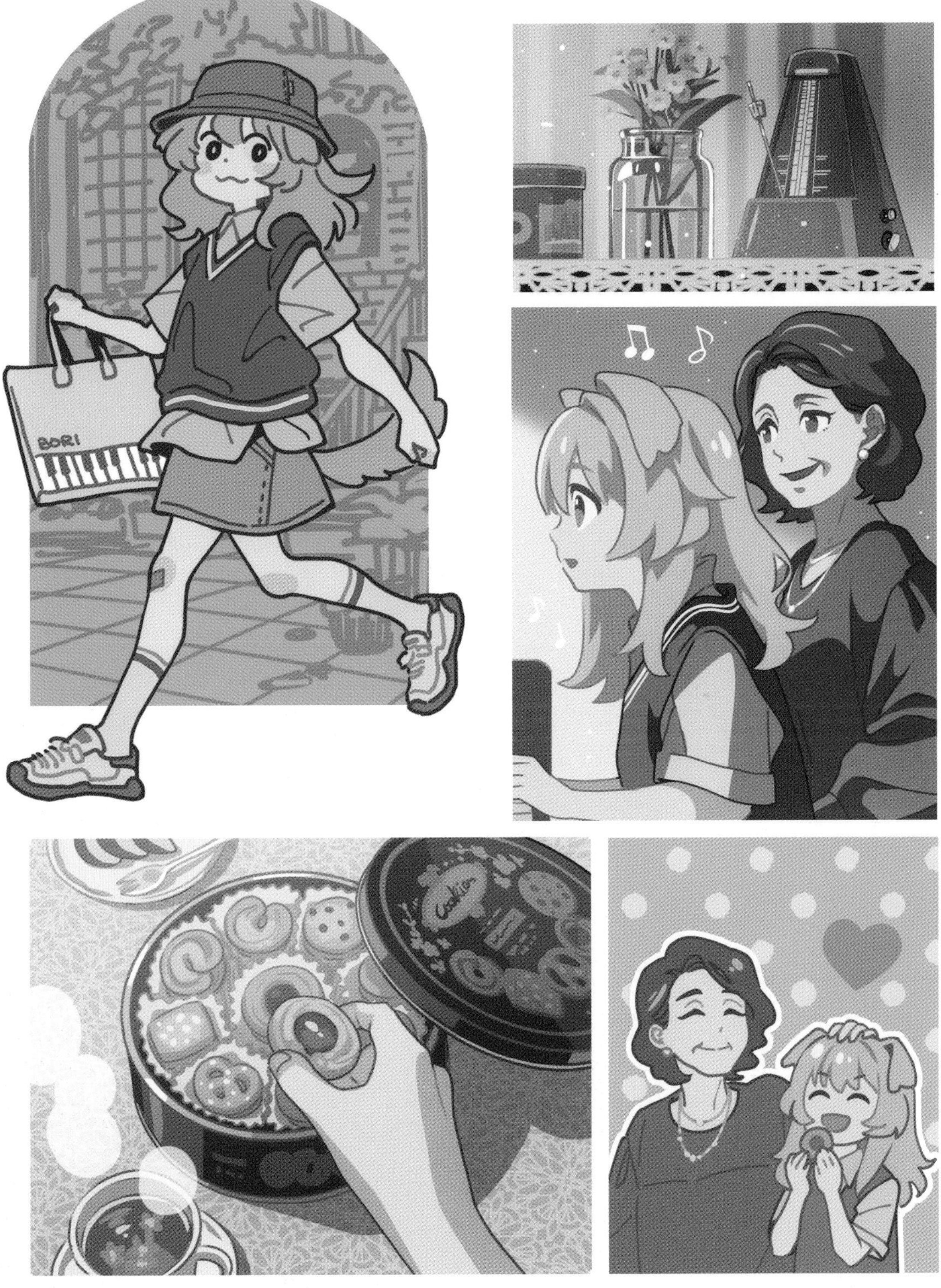

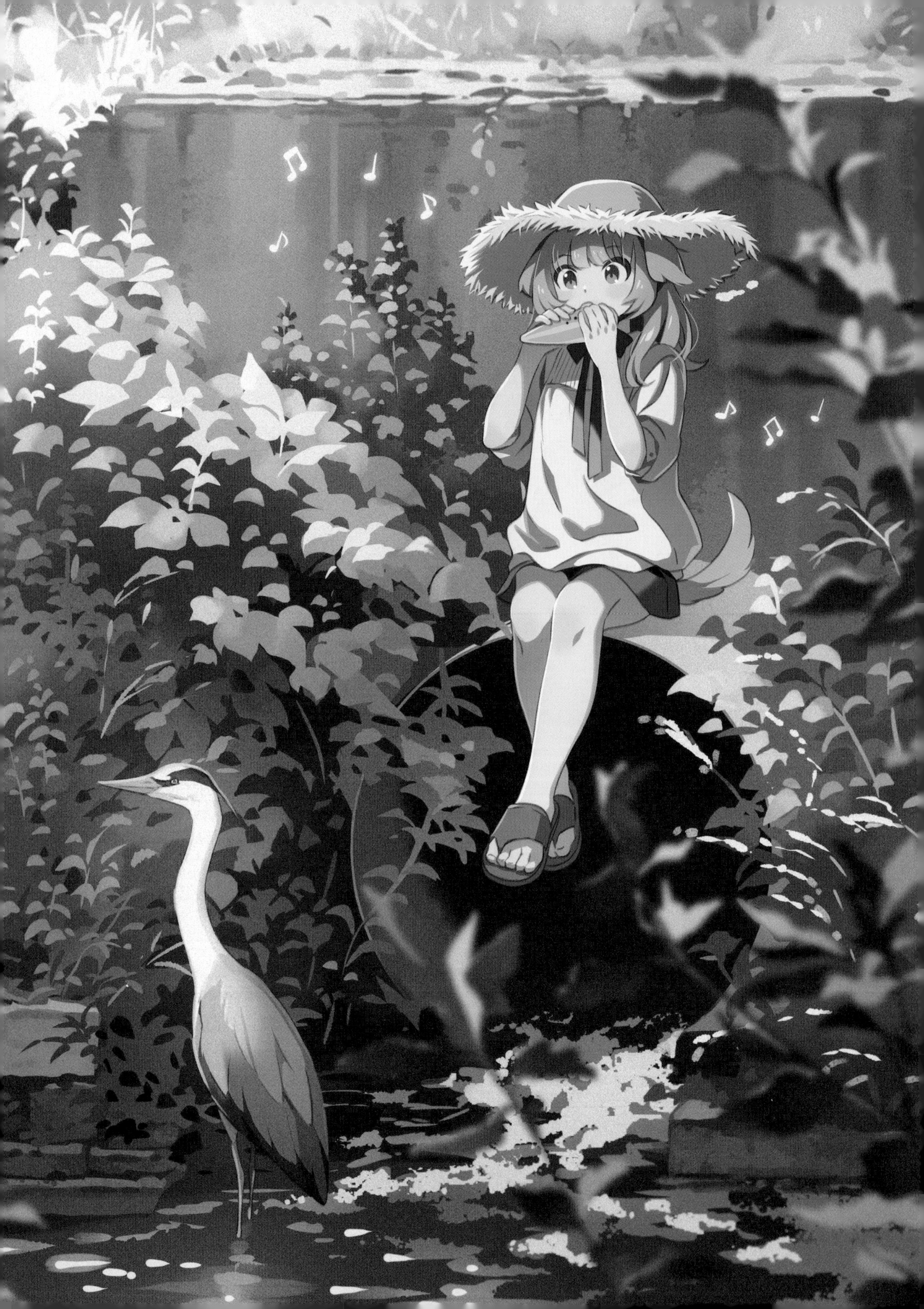

SUMMER

왜가리와 테니스장

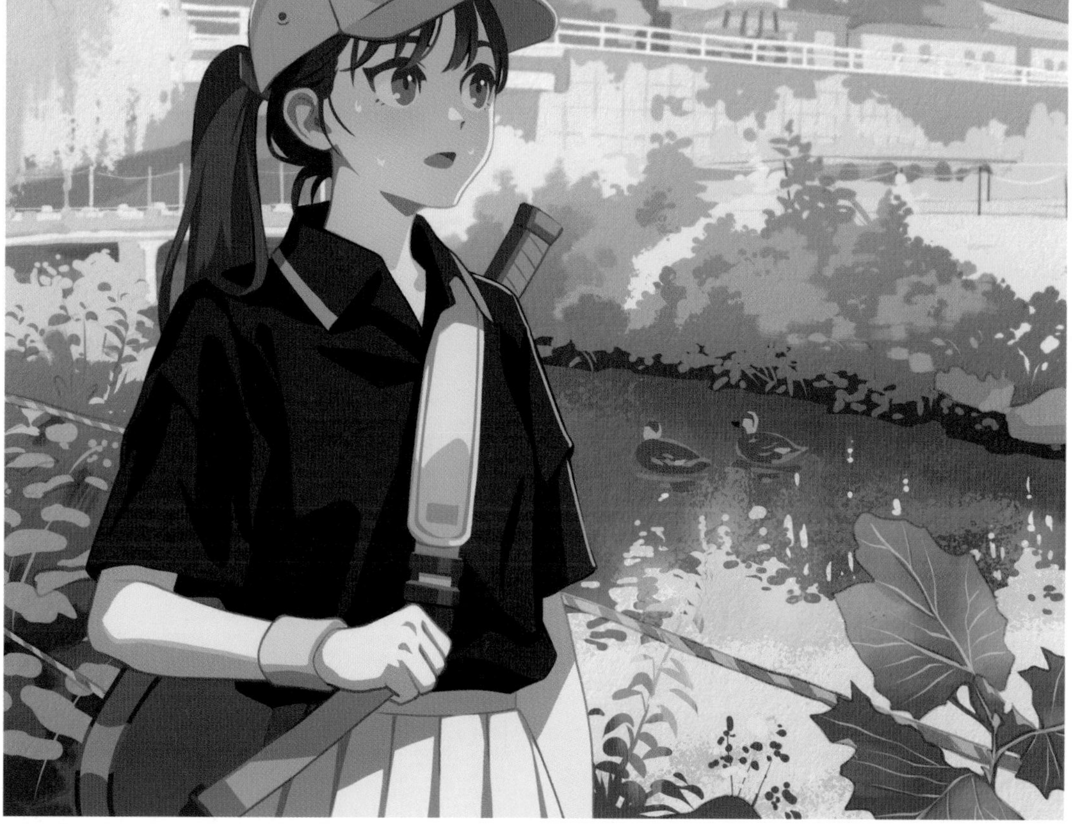

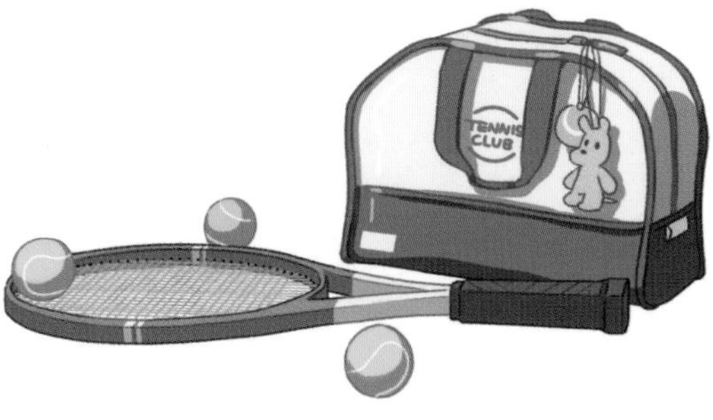

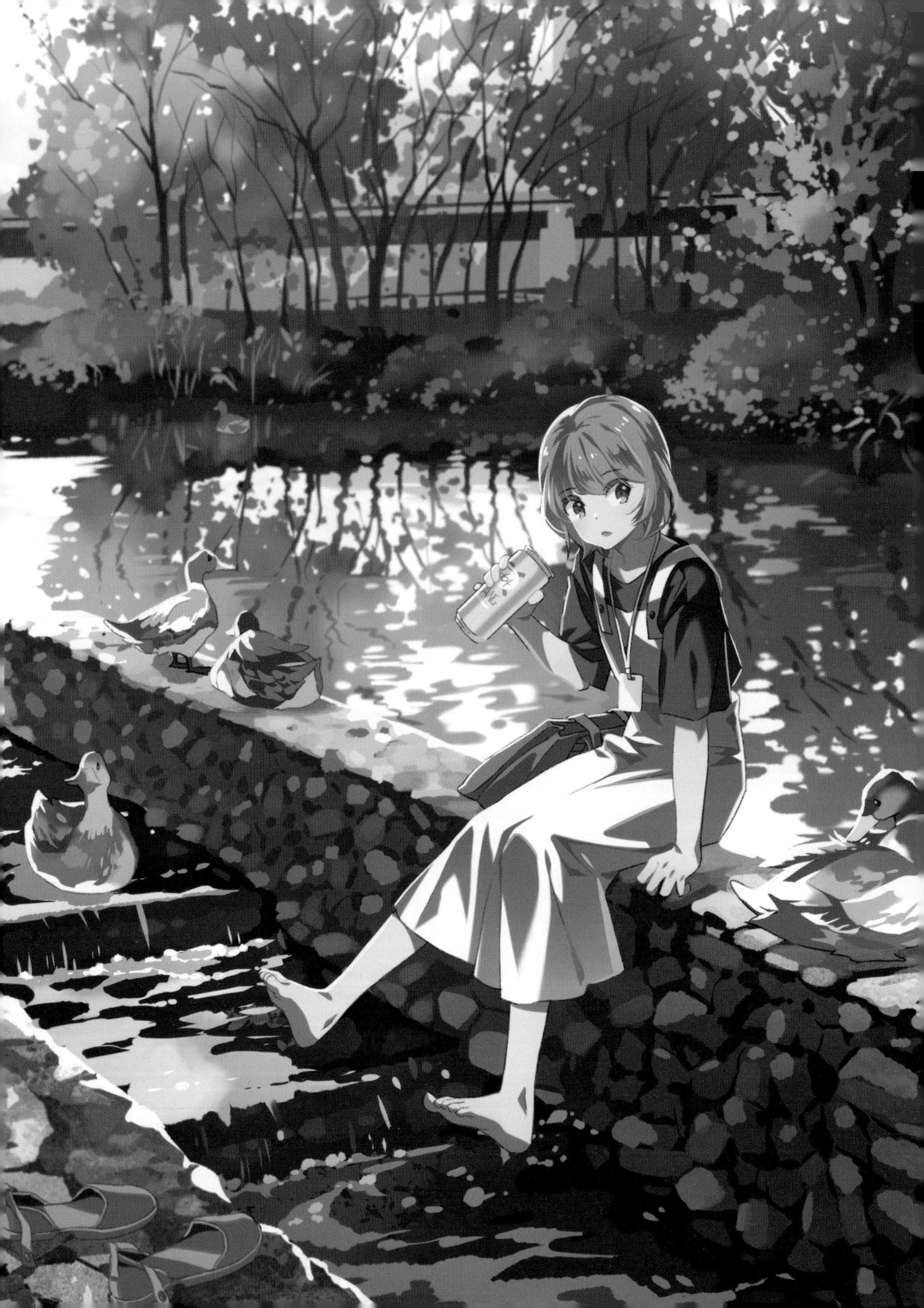

SUMMER

양재천의 물새들

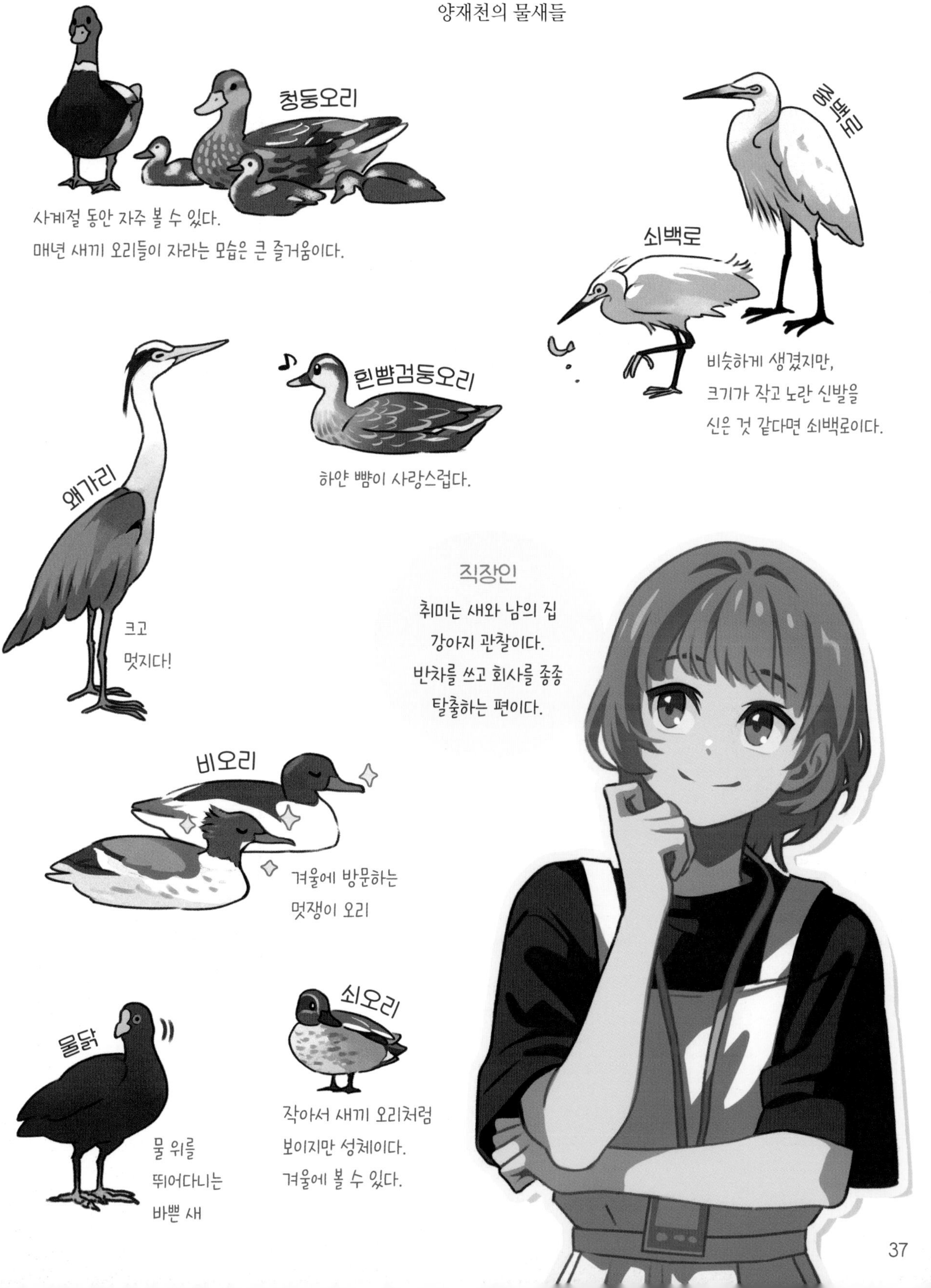

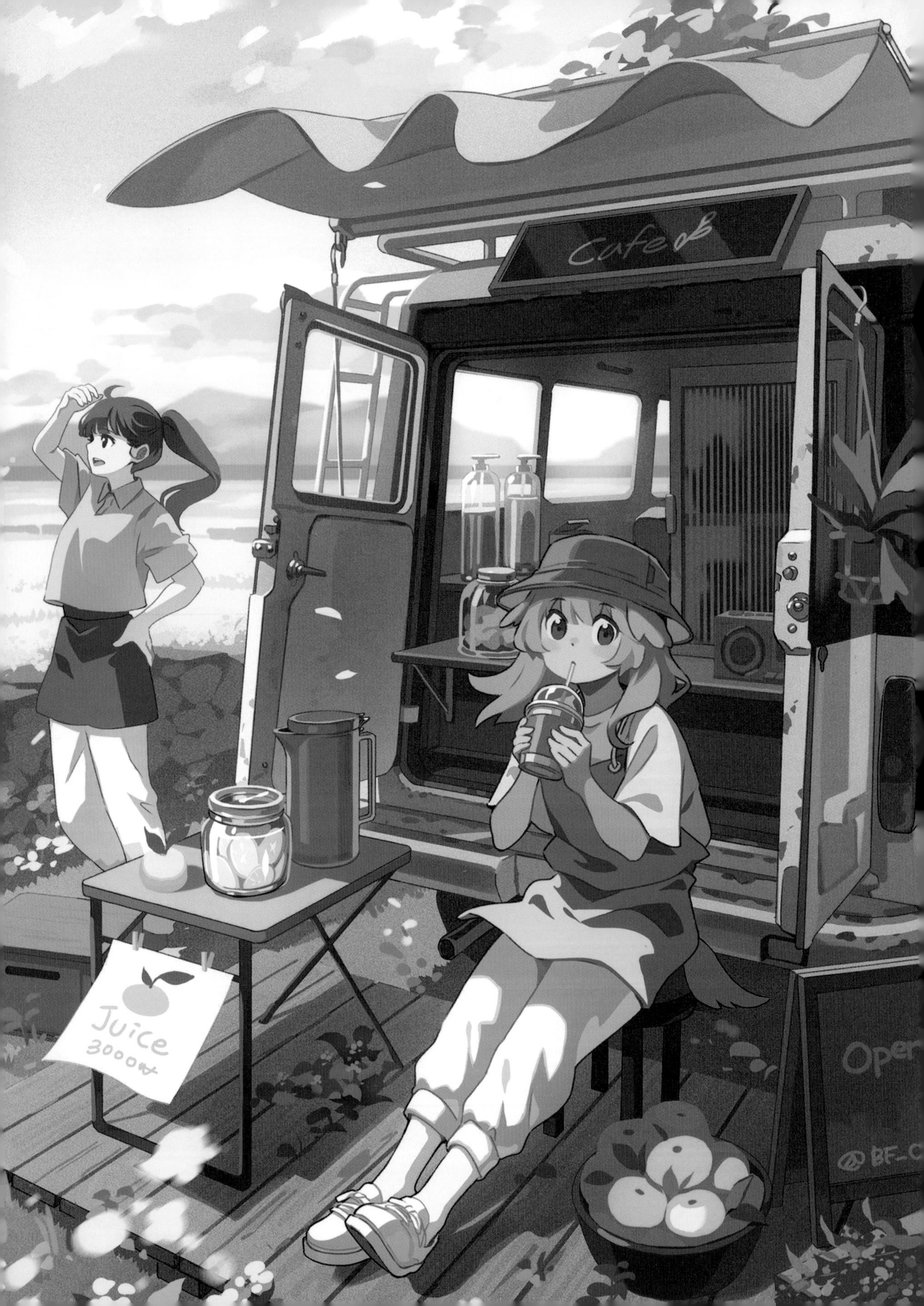
Cafe
Juice

SUMMER

하귤 청 만들기

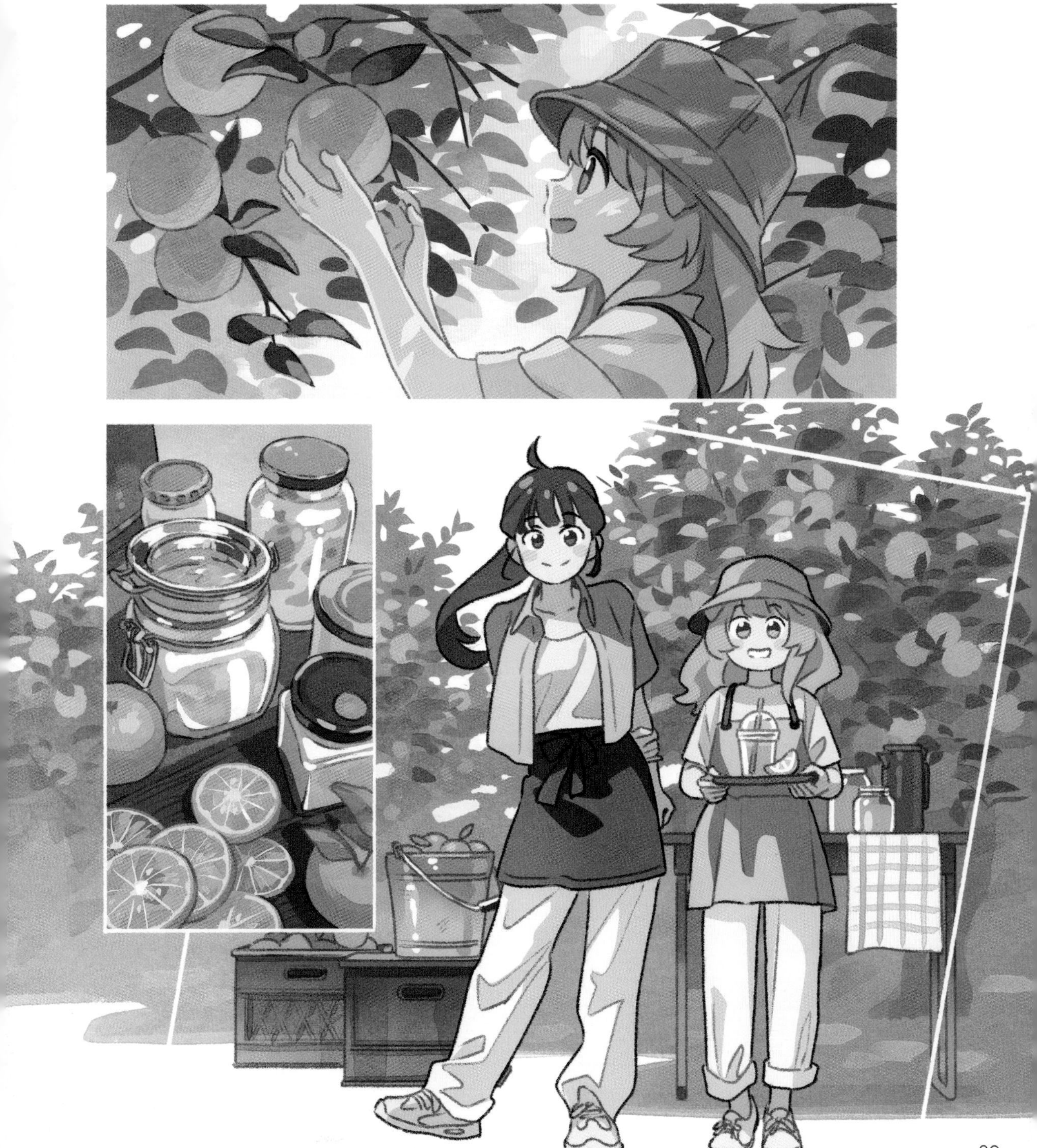

SUMMER

사각사각 팥빙수

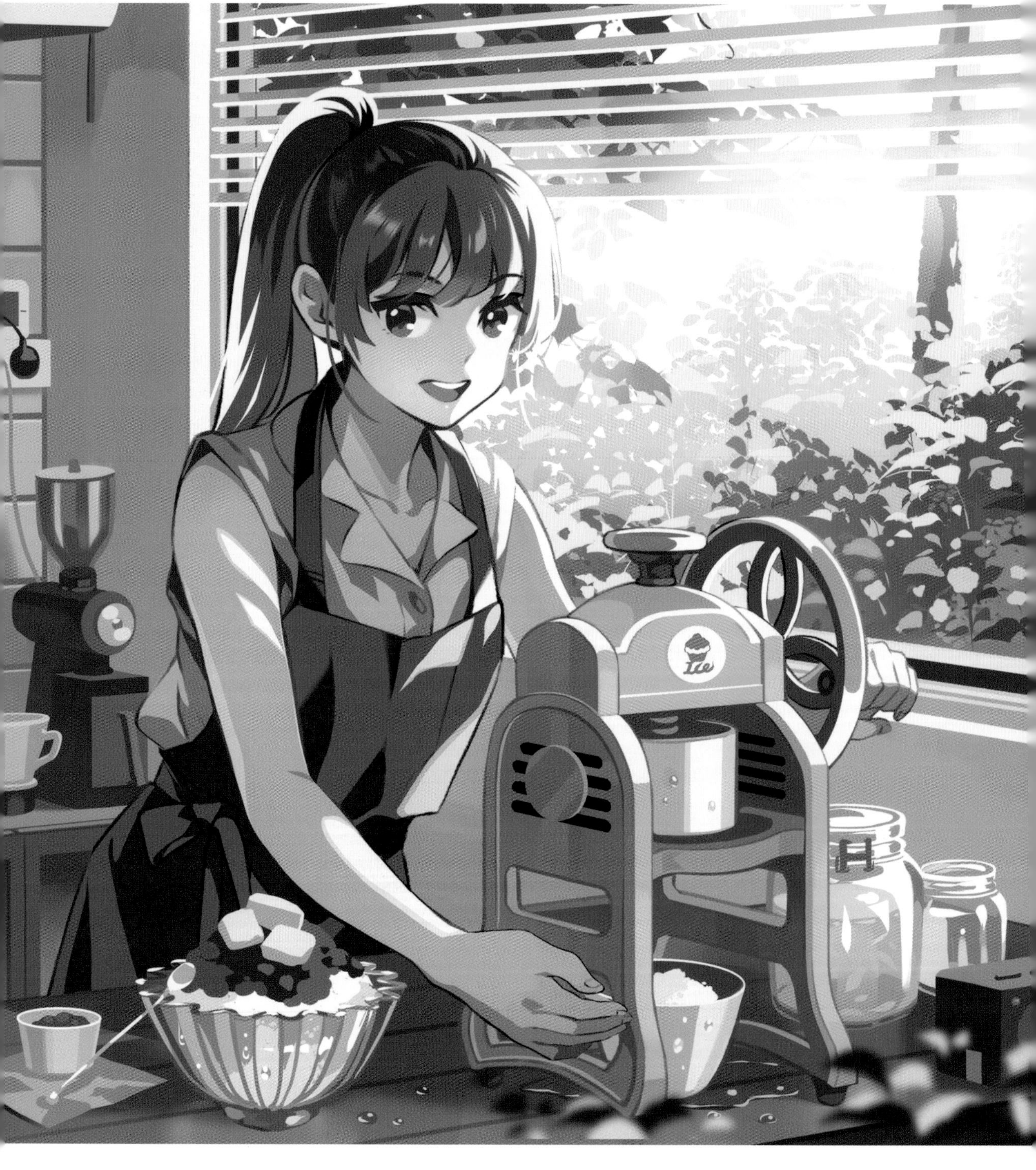

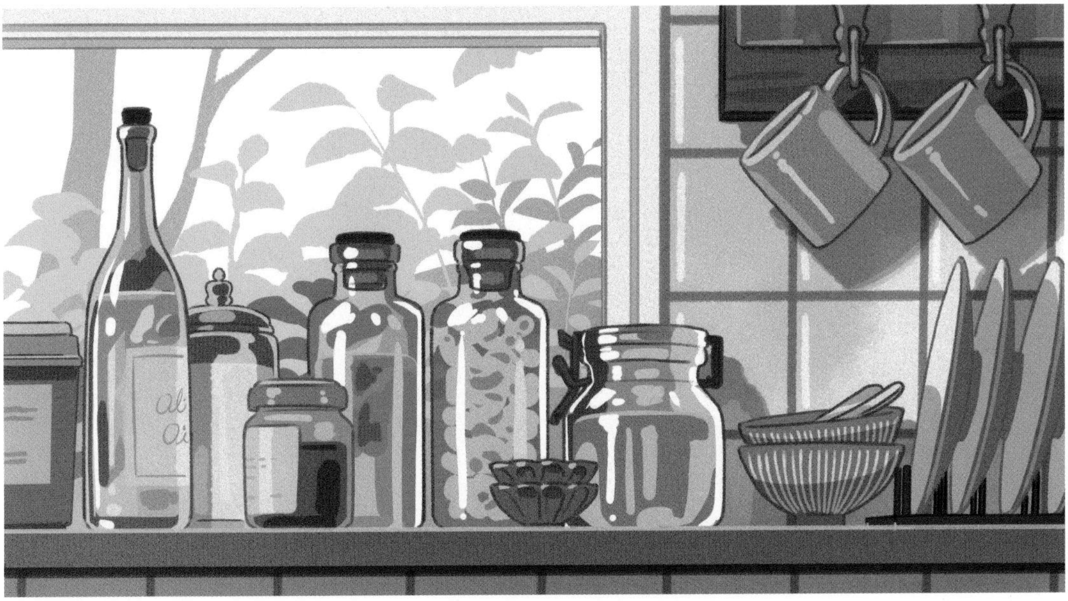

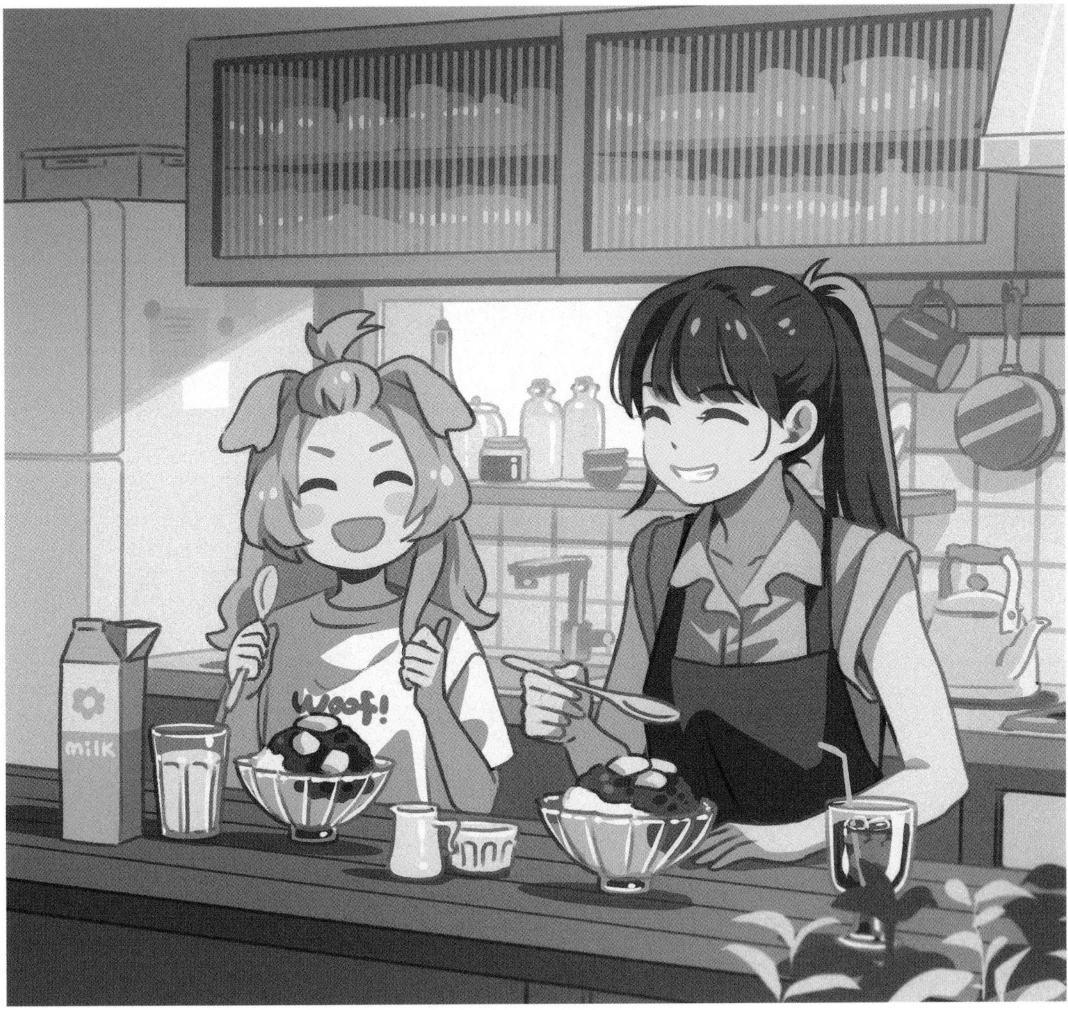
woof!
milk

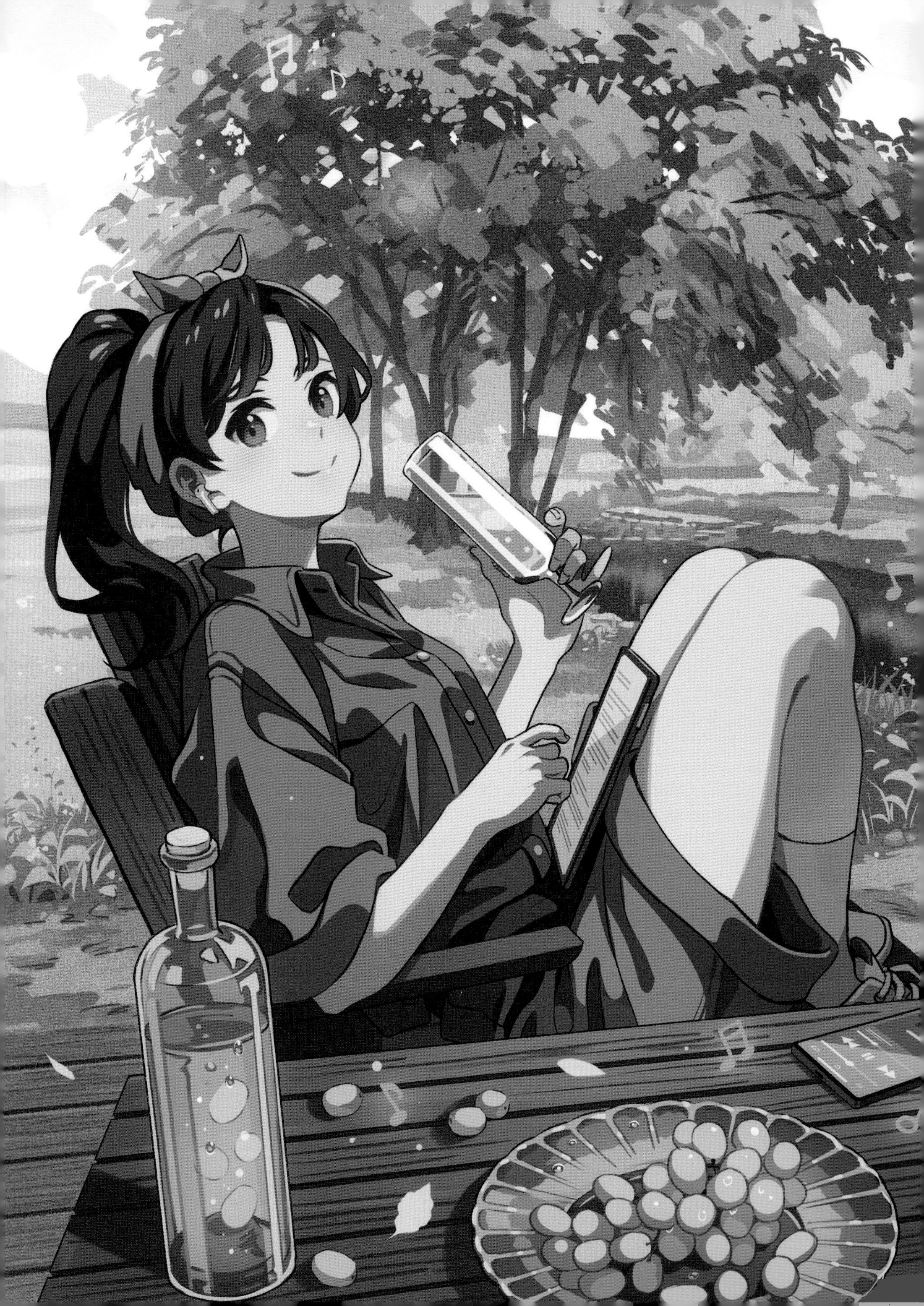

SUMMER

청포도와 여름 공원

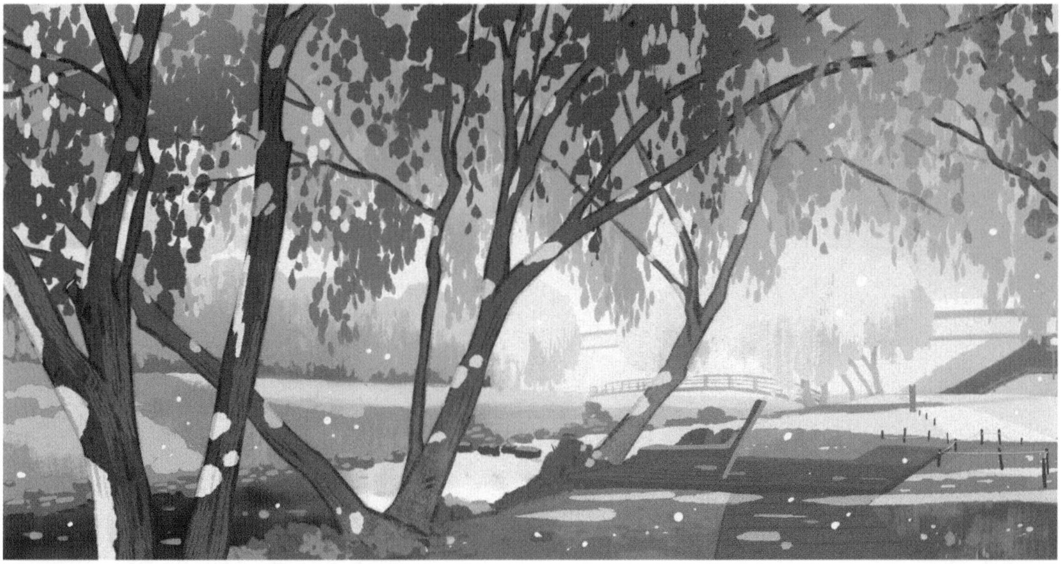

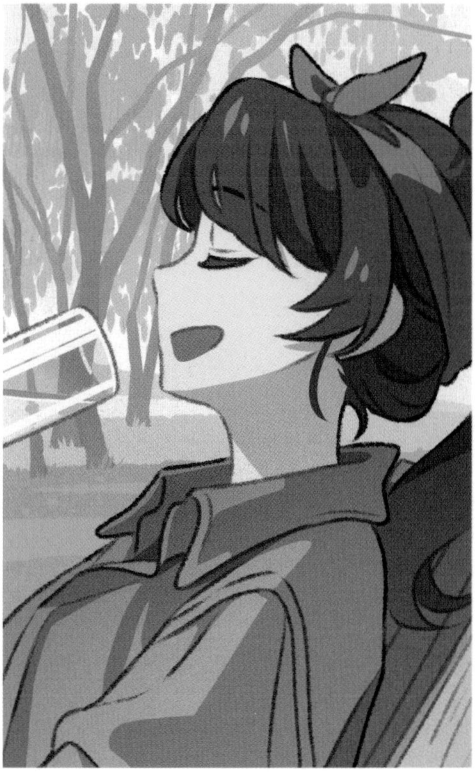

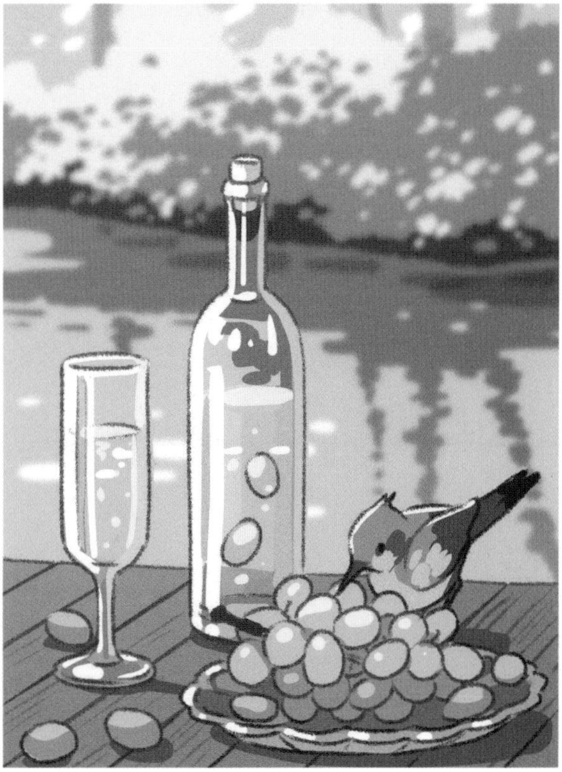

SUMMER

비의 왈츠

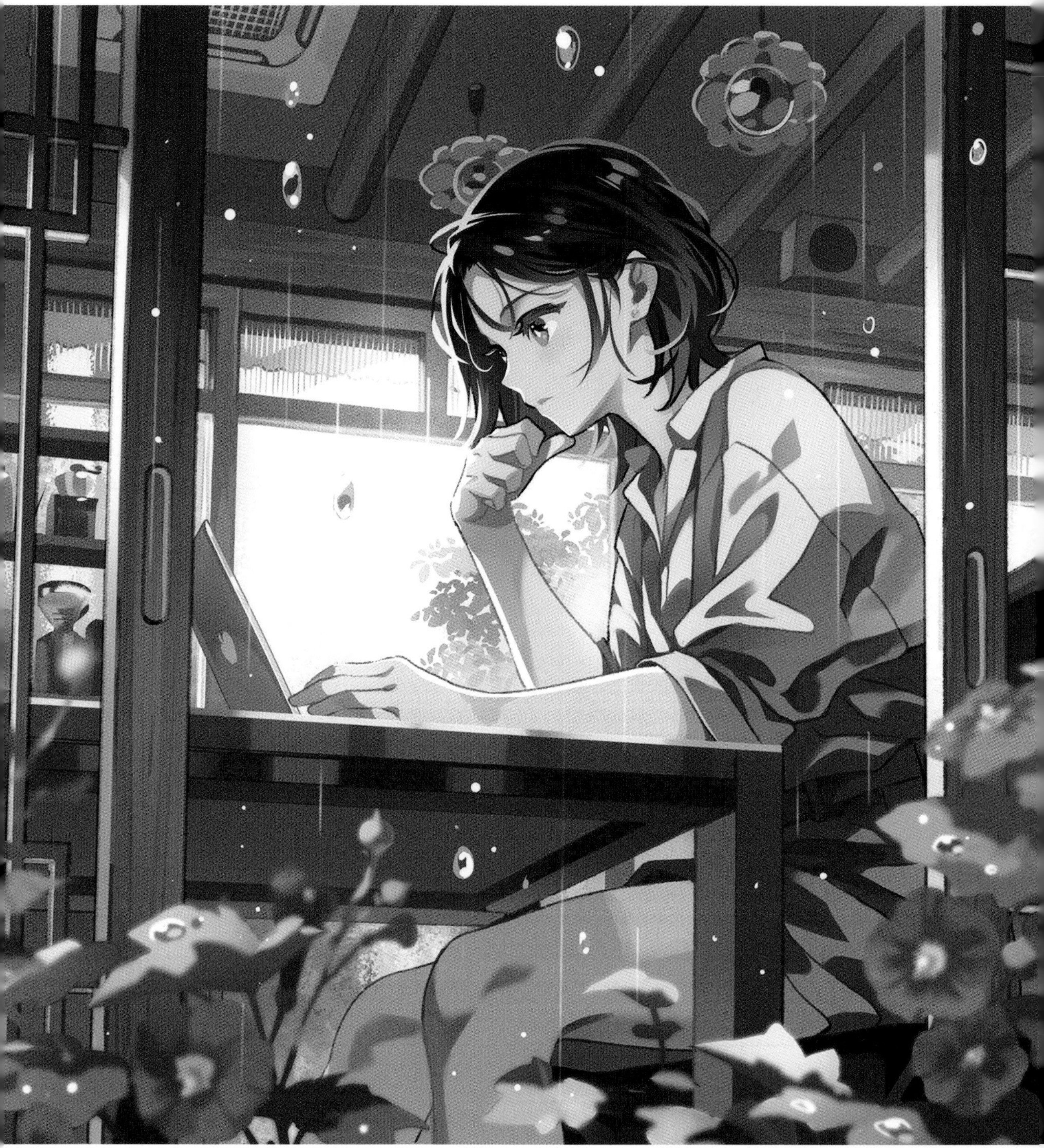

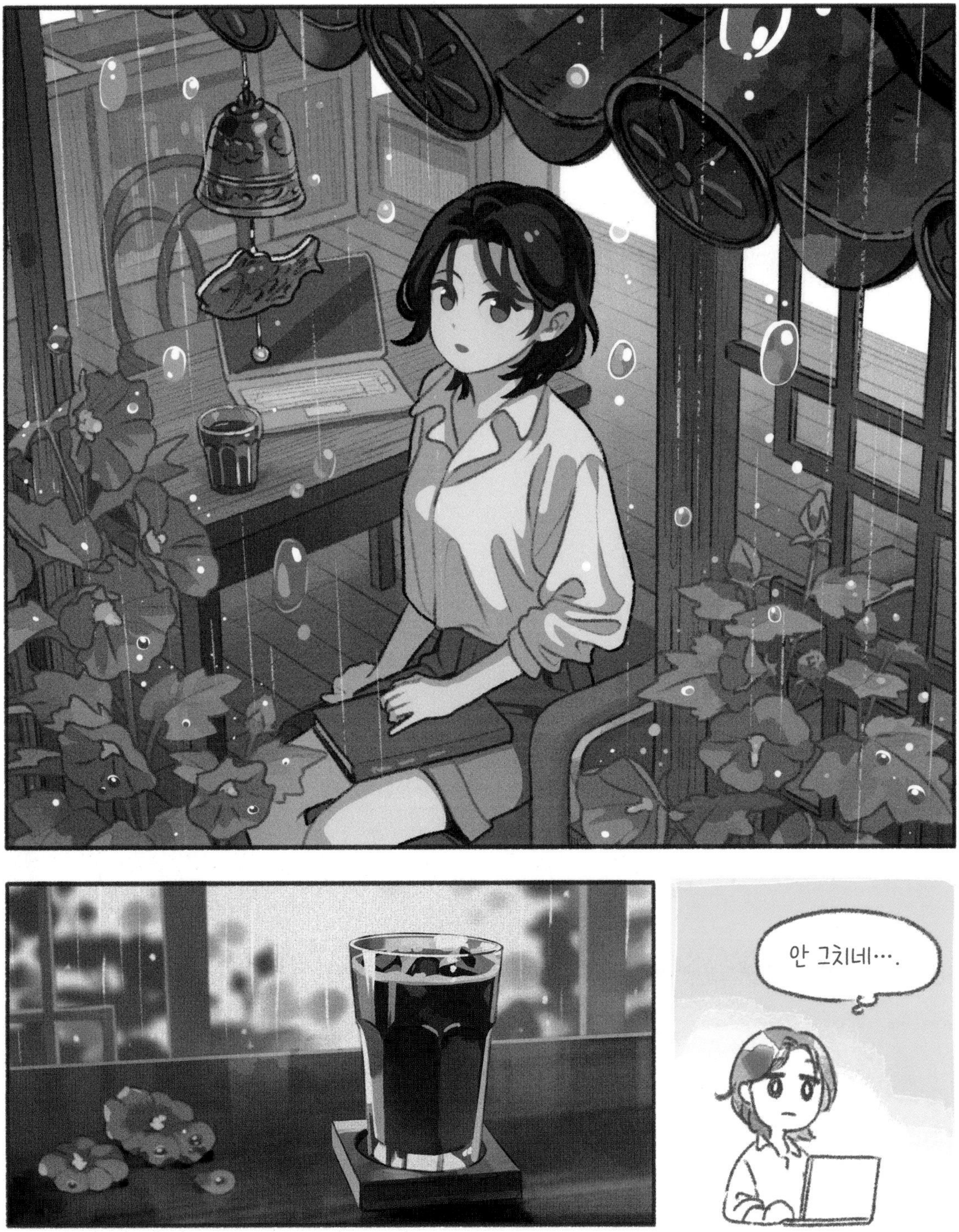
안 그치네….

Date :   .

Character Note

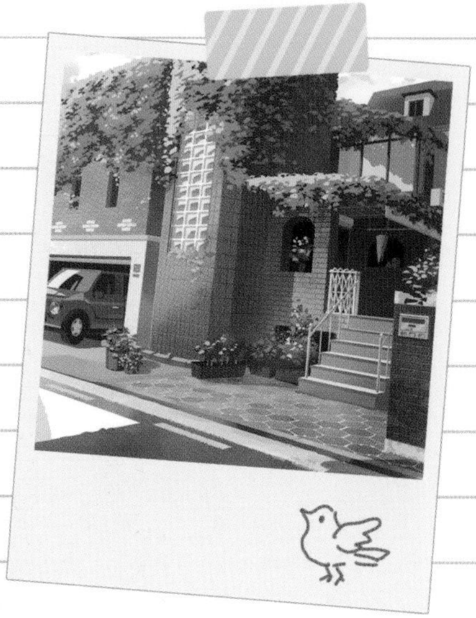

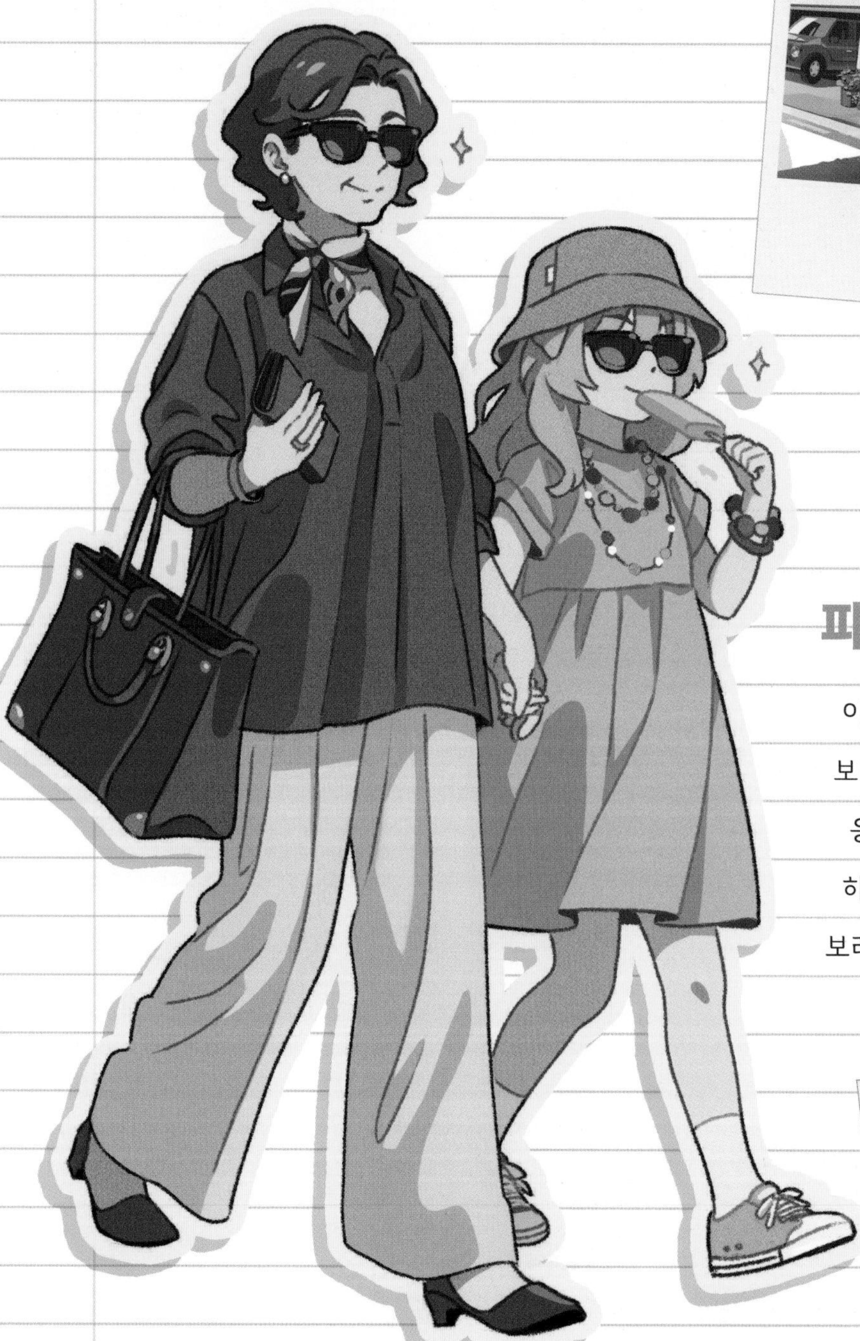

피아노 선생님

이웃의 피아노 선생님.
보리를 무척 귀여워해서
응석을 잘 받아 준다.
하늘이 집을 비울 때는
보리를 돌봐 주기도 한다.

간식 사러 가는 중…

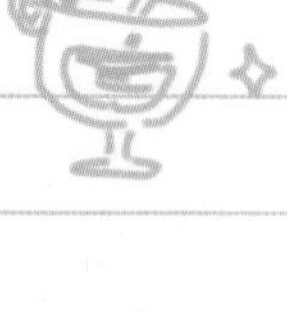

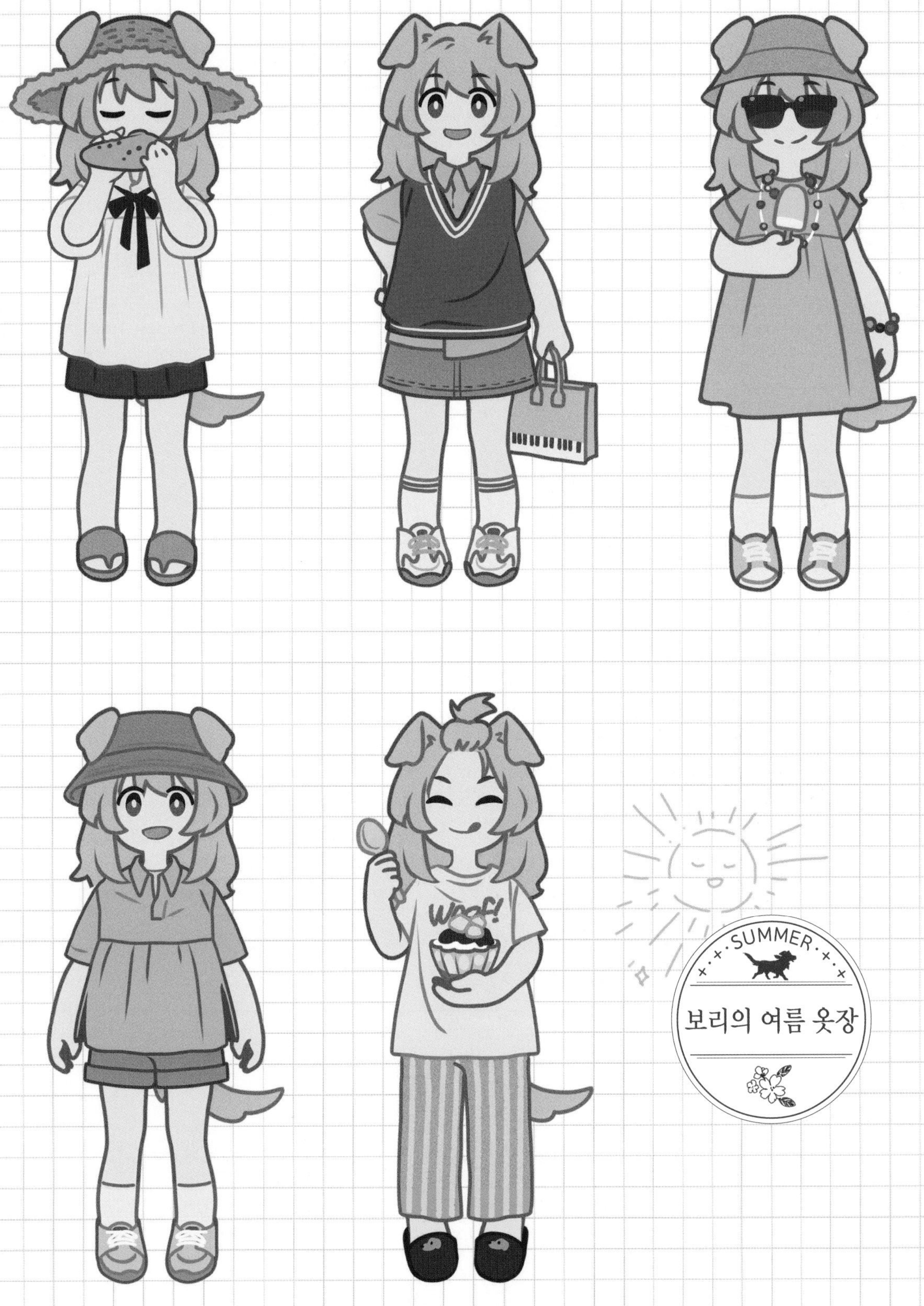
Woof!
SUMMER
보리의 여름 옷장

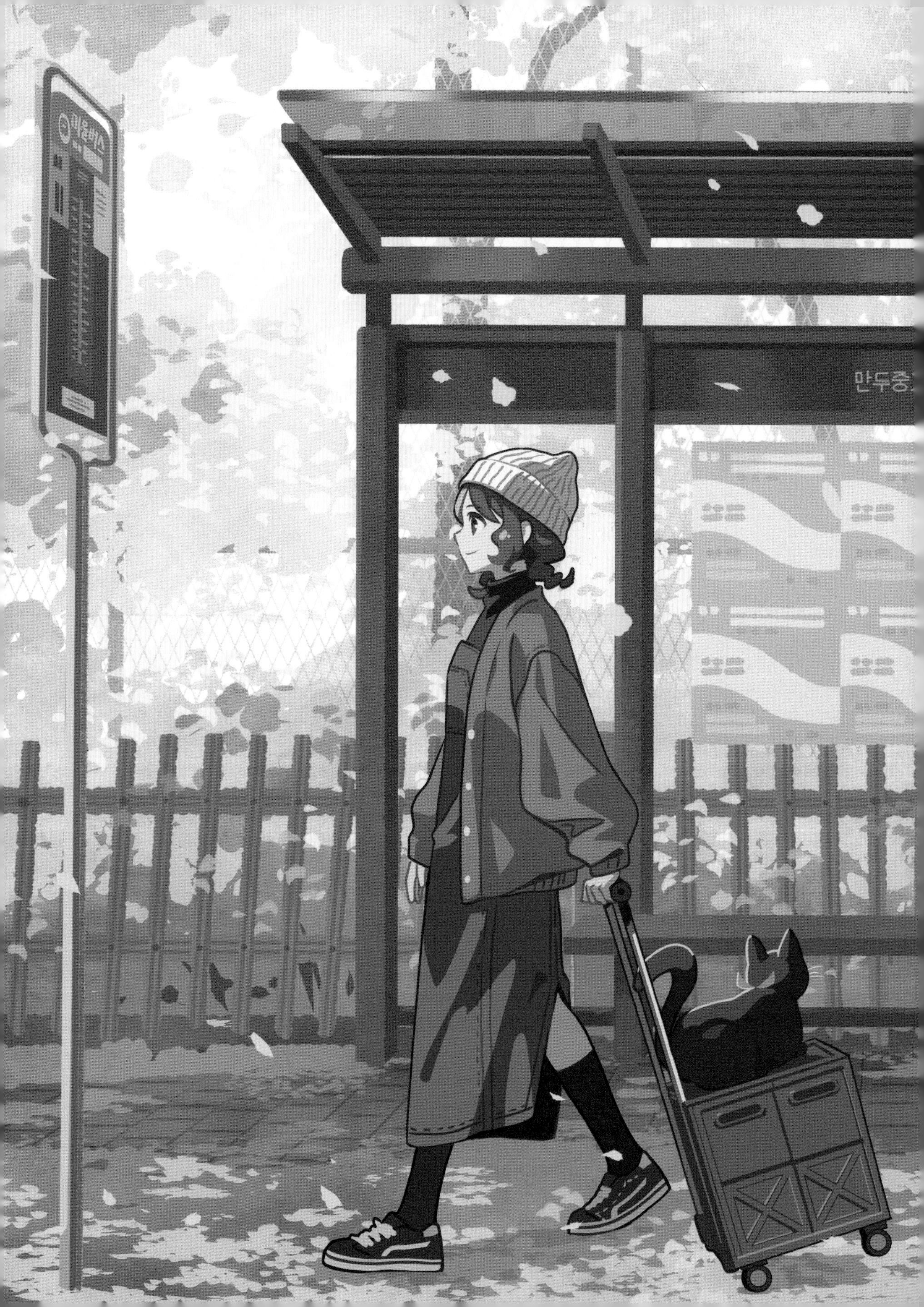
만두중

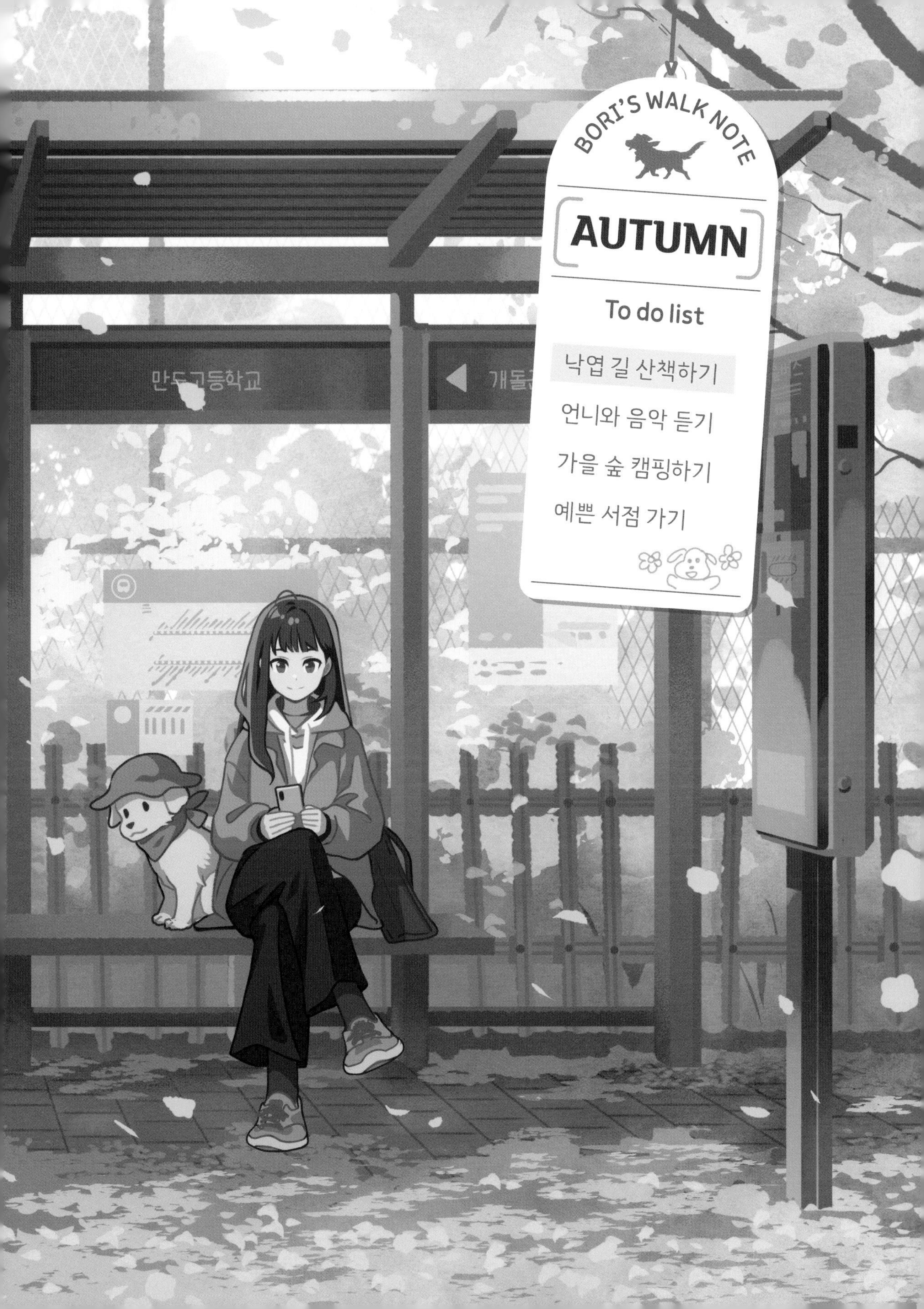
BORI'S WALK NOTE
AUTUMN
To do list
낙엽 길 산책하기
언니와 음악 듣기
가을 숲 캠핑하기
예쁜 서점 가기

AUTUMN

가을의 공기

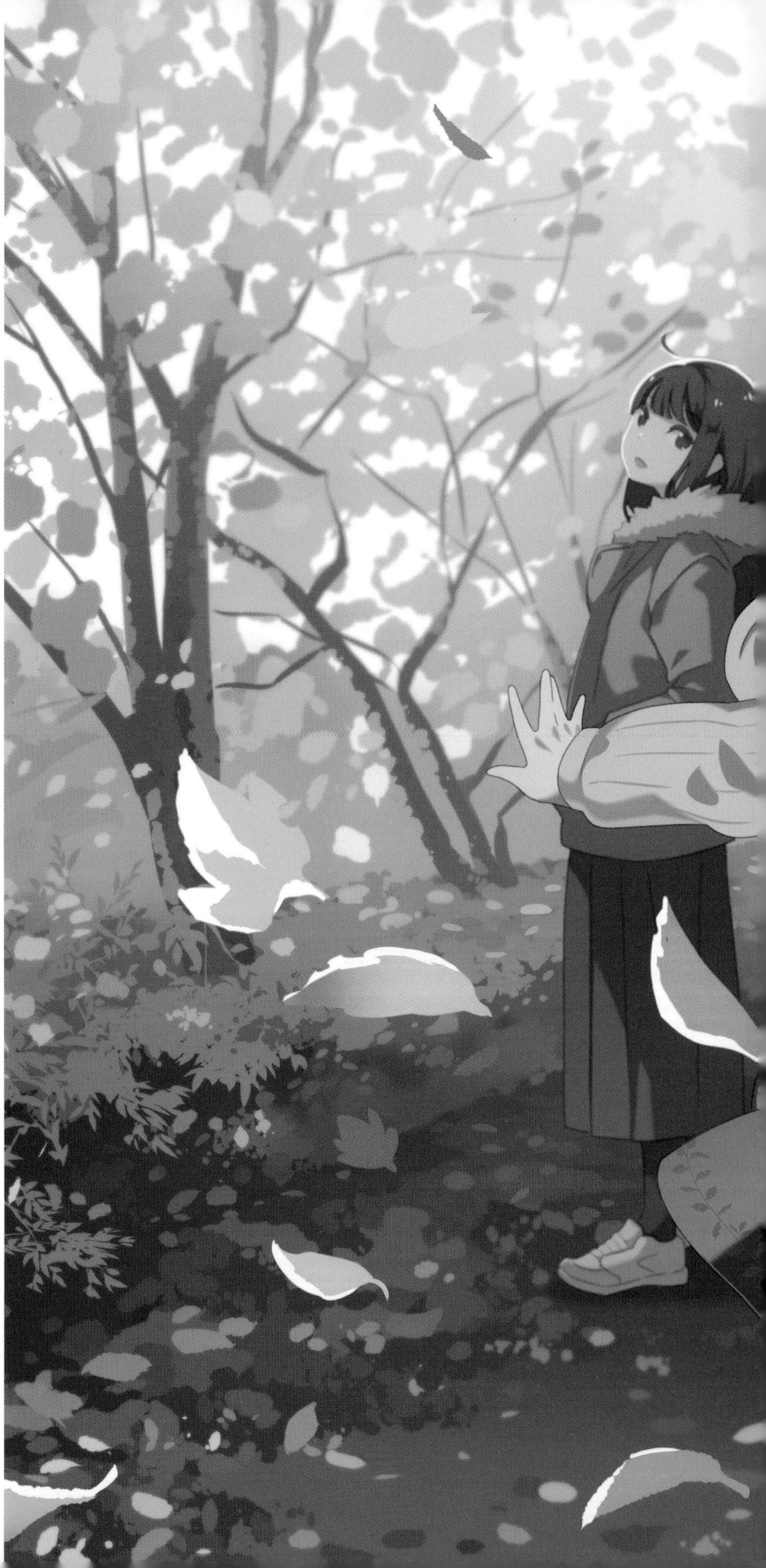

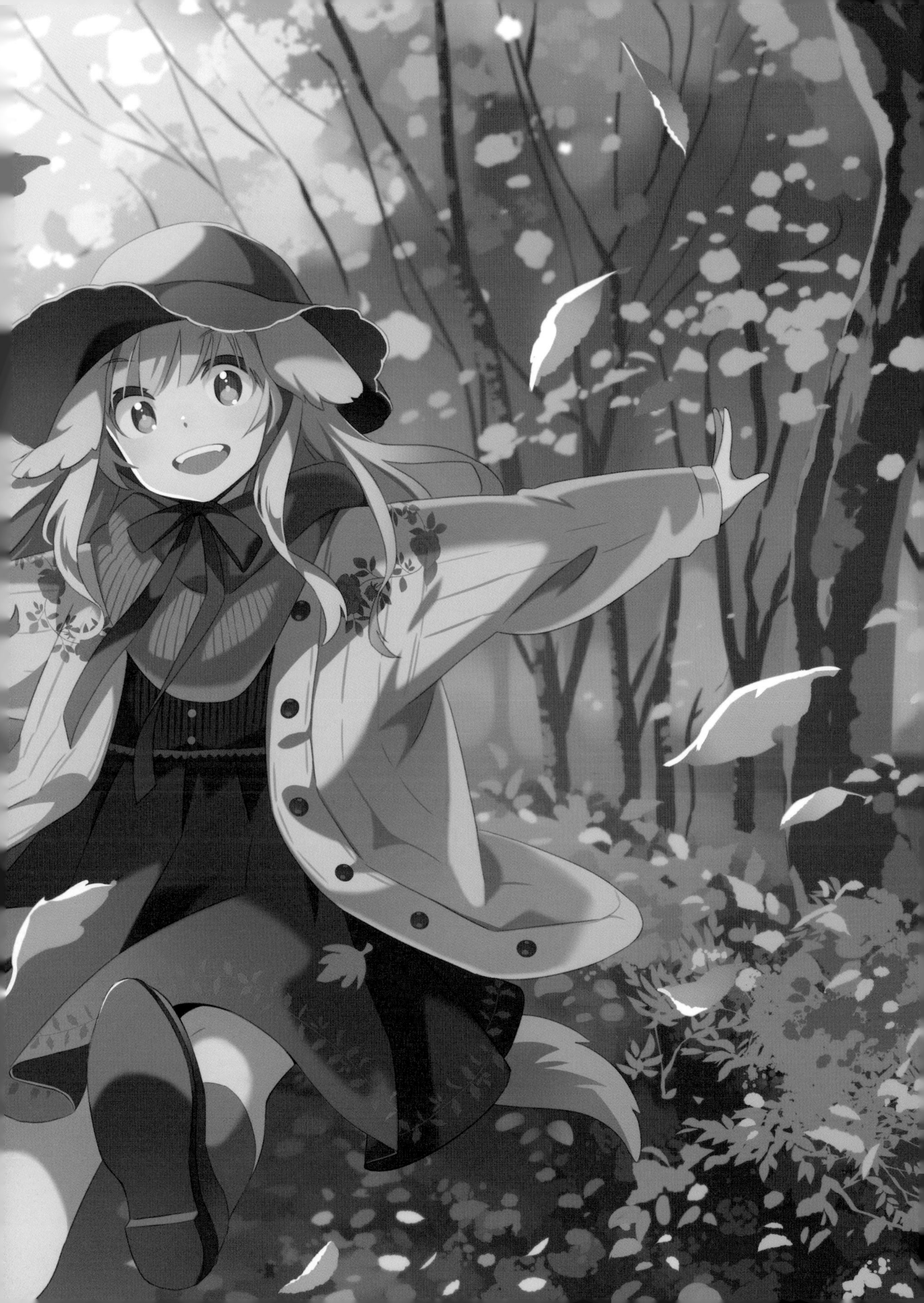

AUTUMN

오래된 창고에는

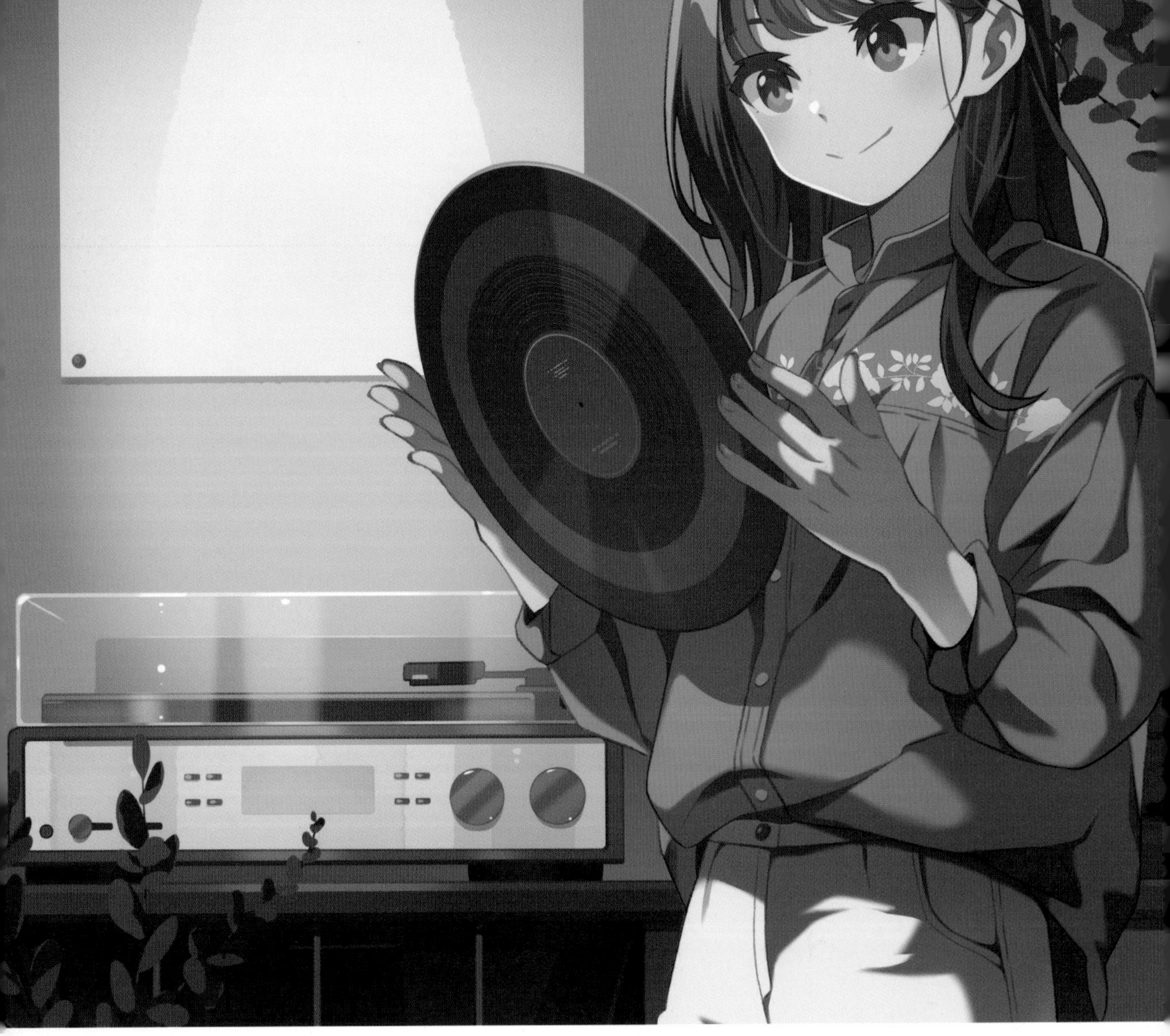

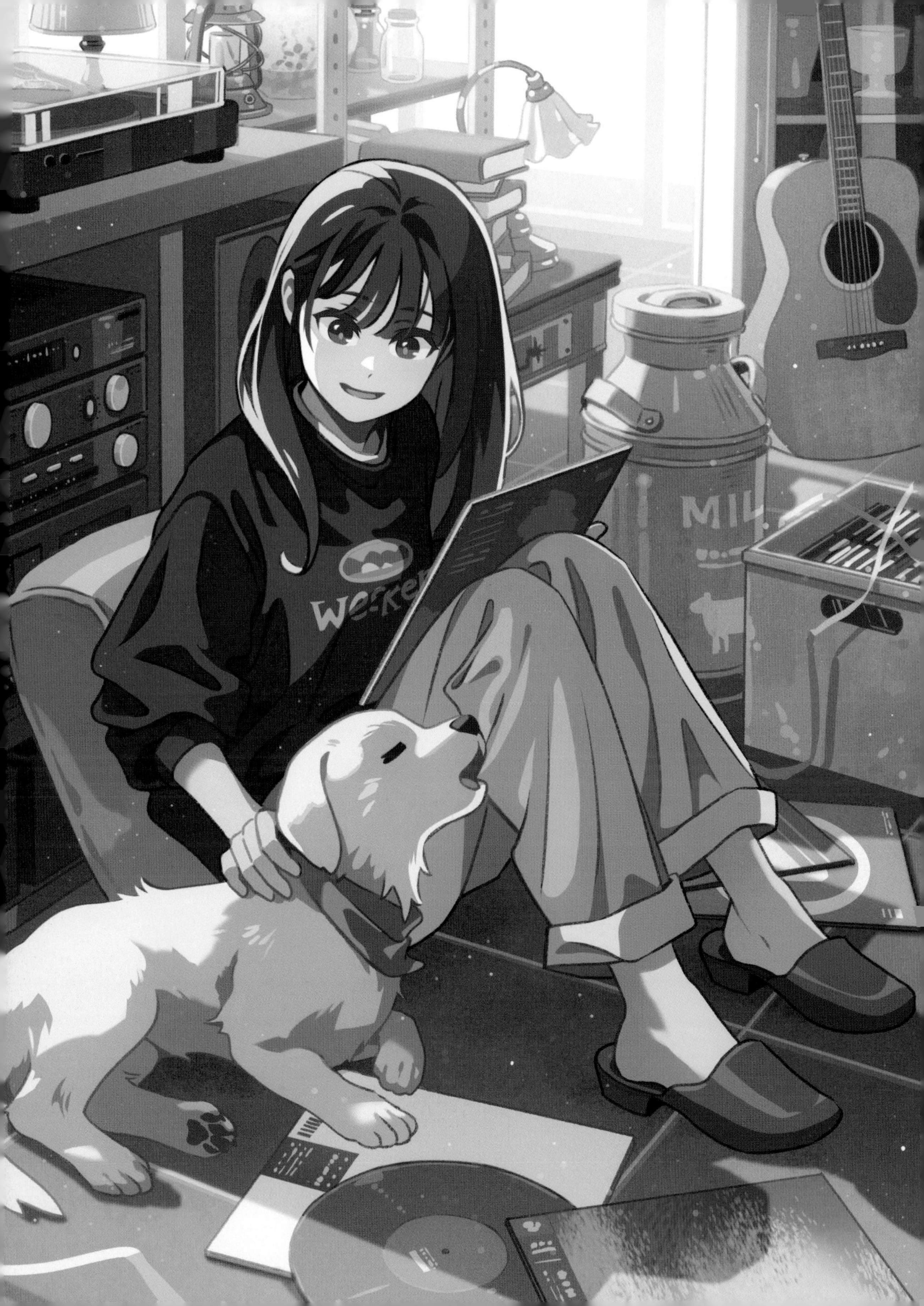

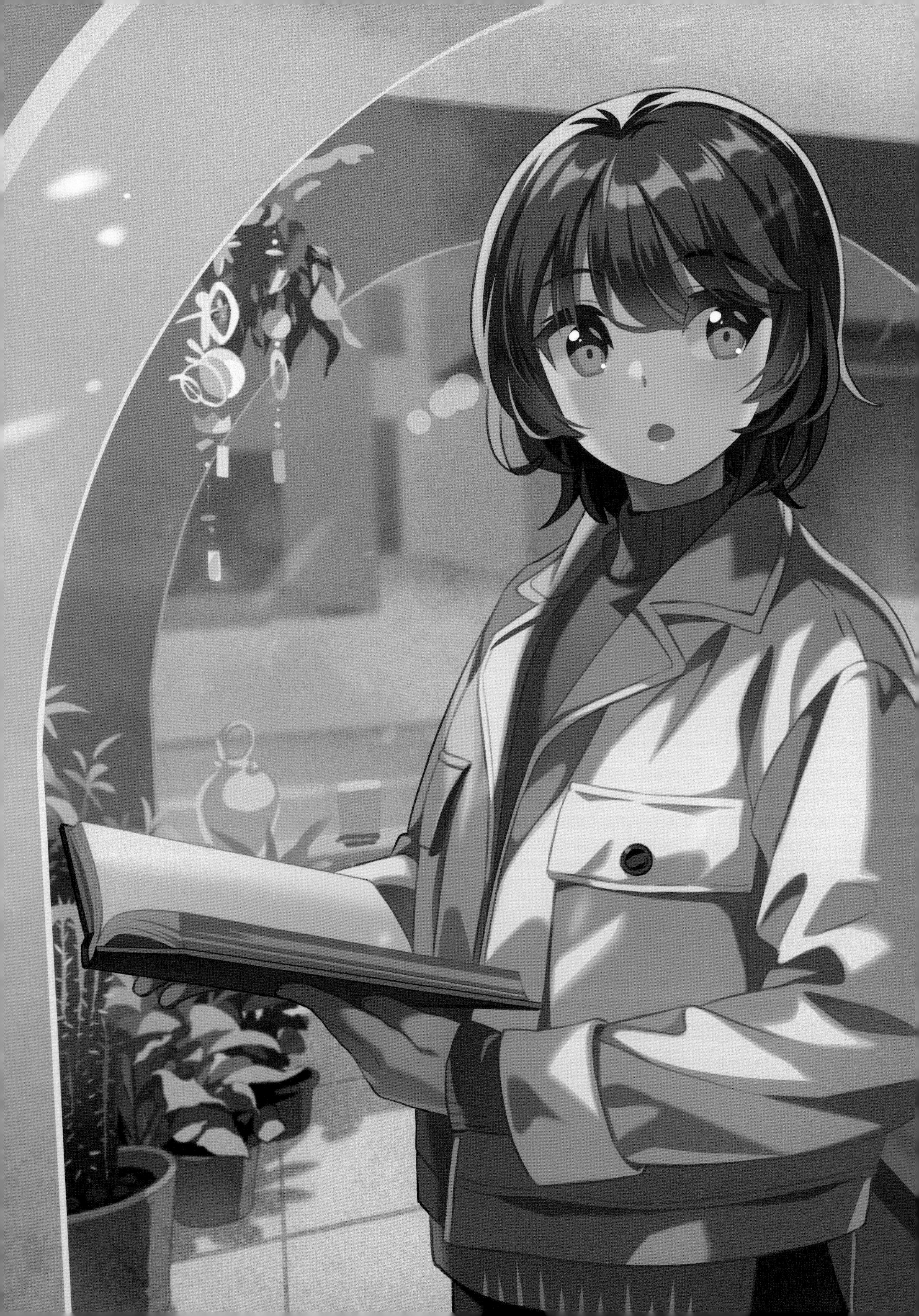

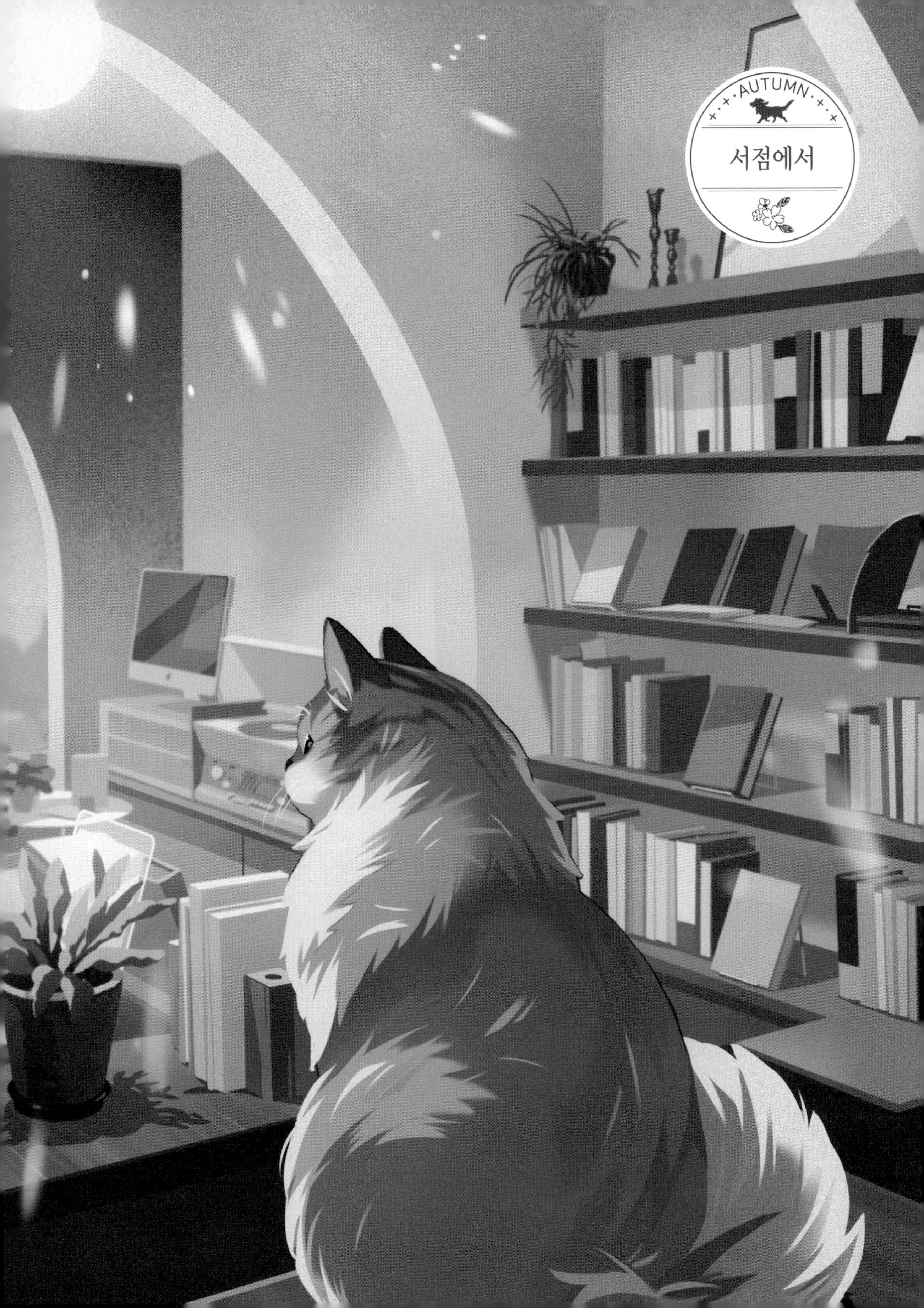
AUTUMN
서점에서

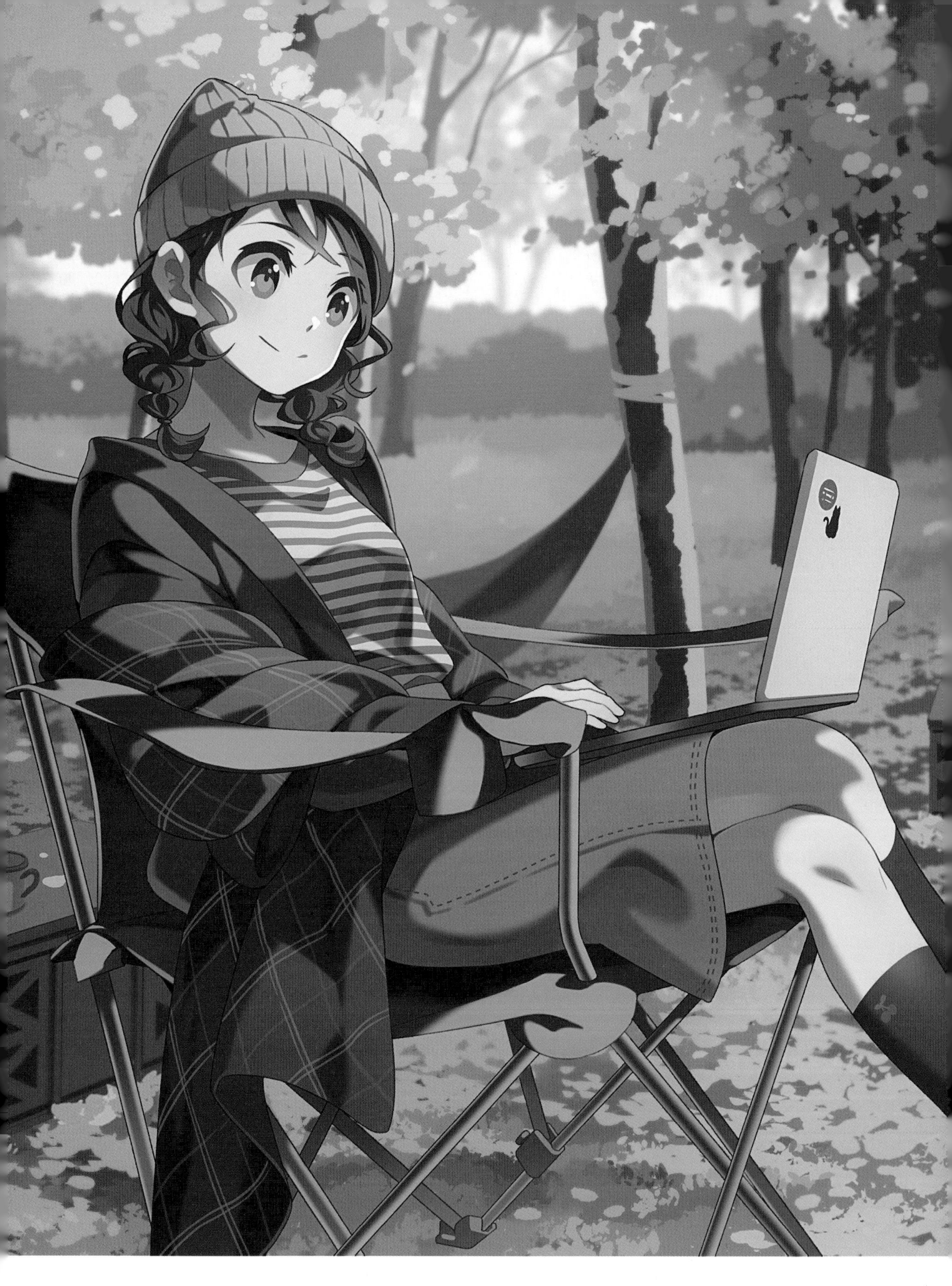

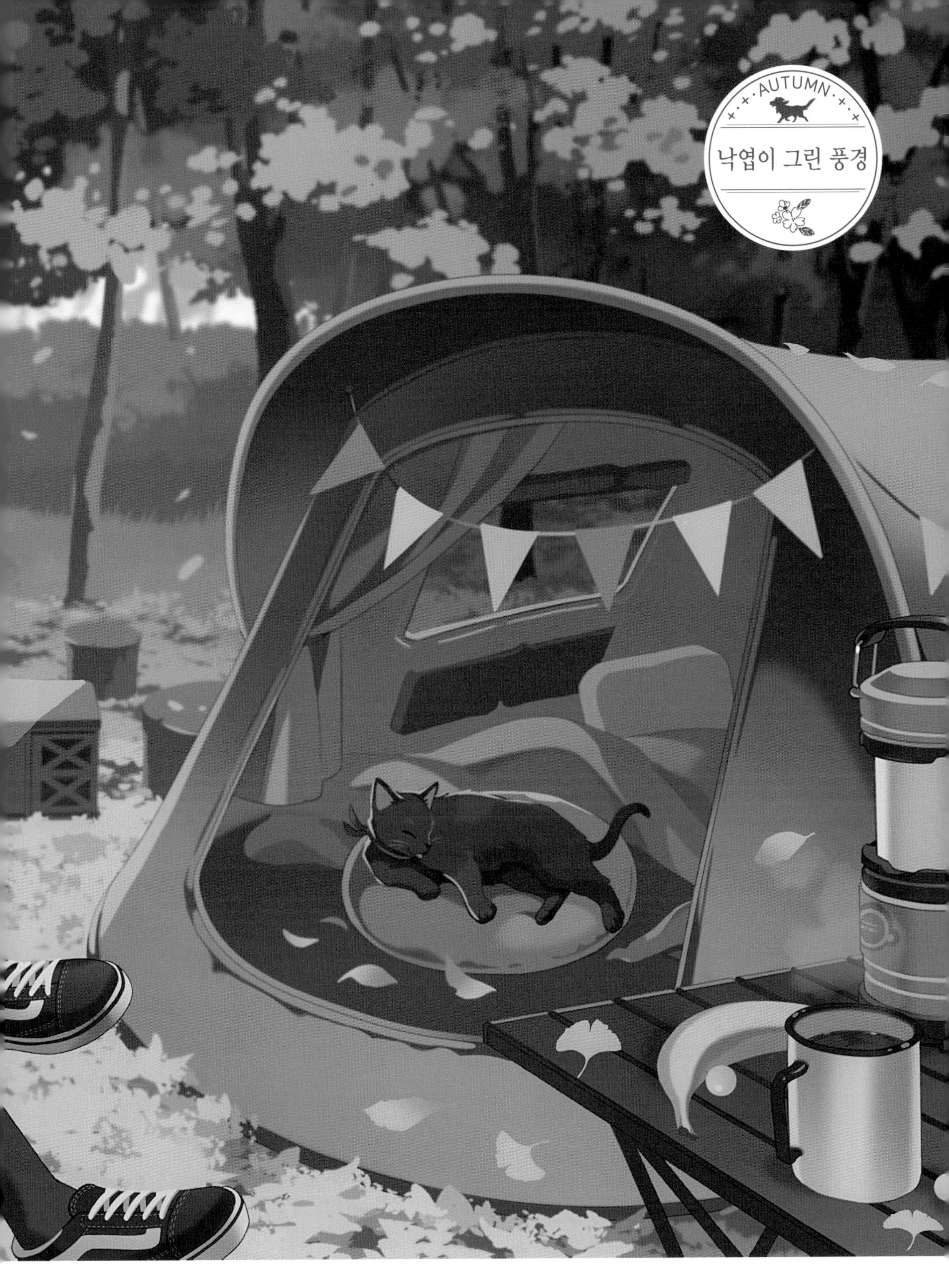
AUTUMN
낙엽이 그린 풍경

AUTUMN

추석

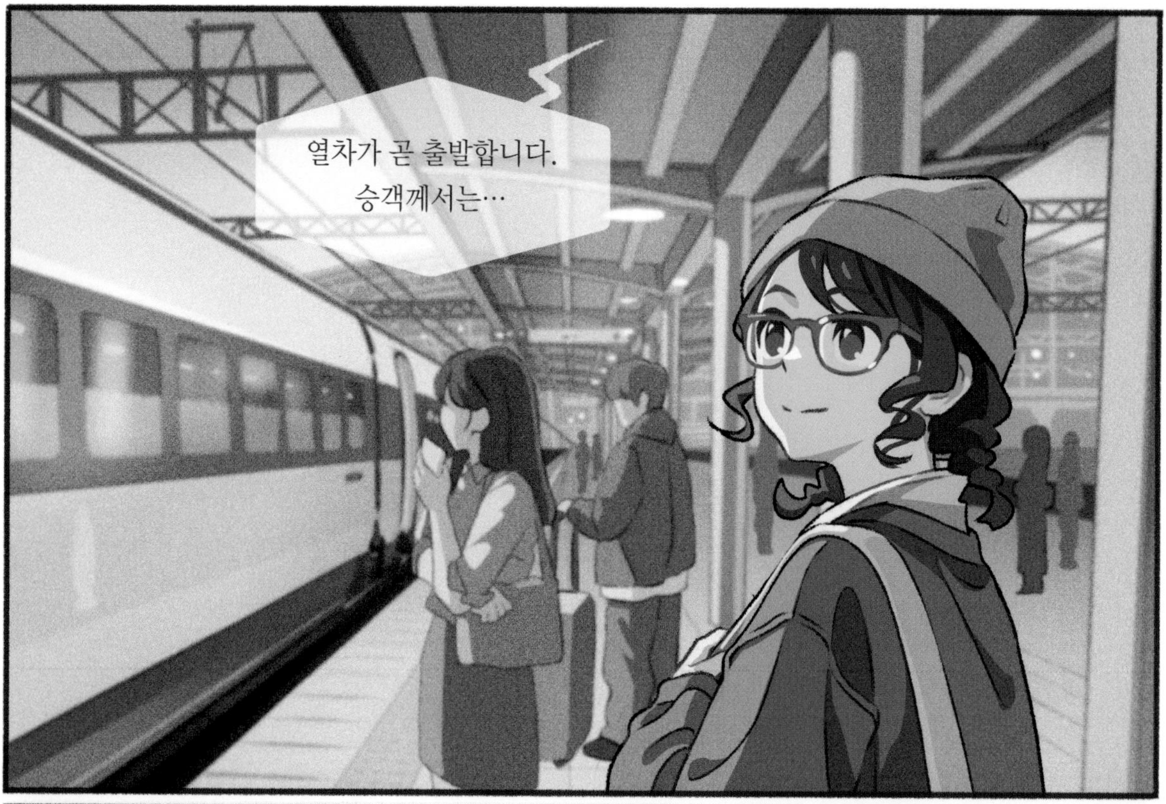

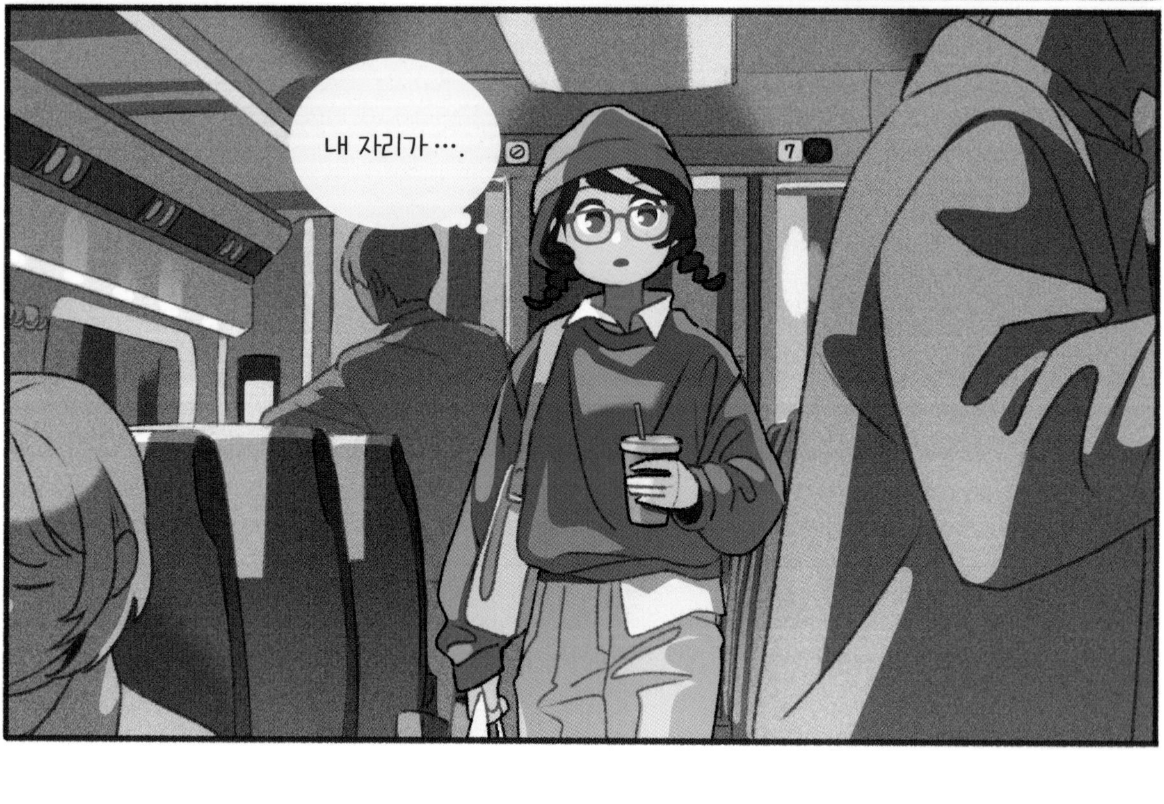

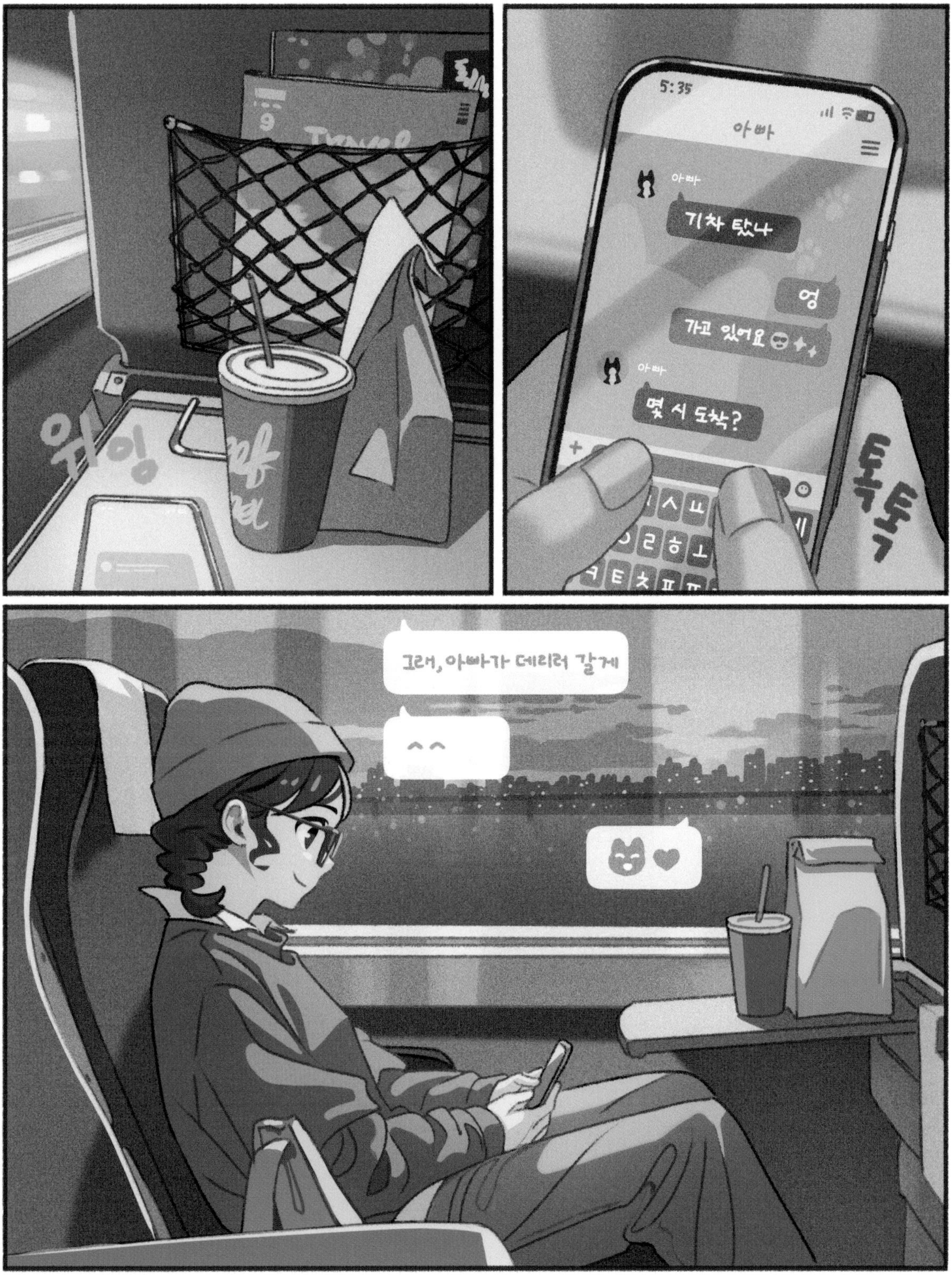
위잉
5:35
아빠
아빠
기차 탔나
엉
가고 있어요
아빠
몇 시 도착?
톡톡
그래, 아빠가 데리러 갈게
^^

AUTUMN

하늘 조각

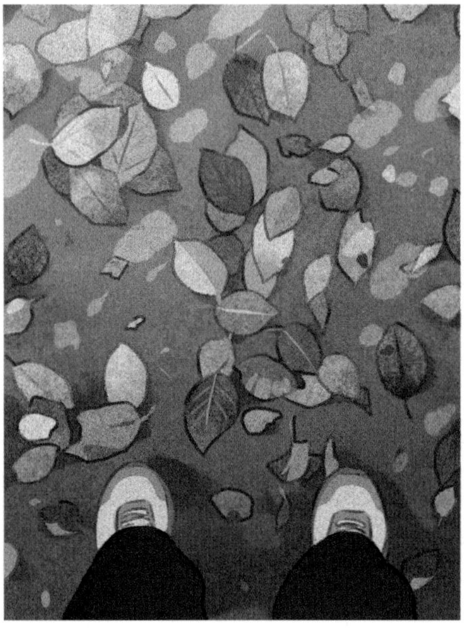

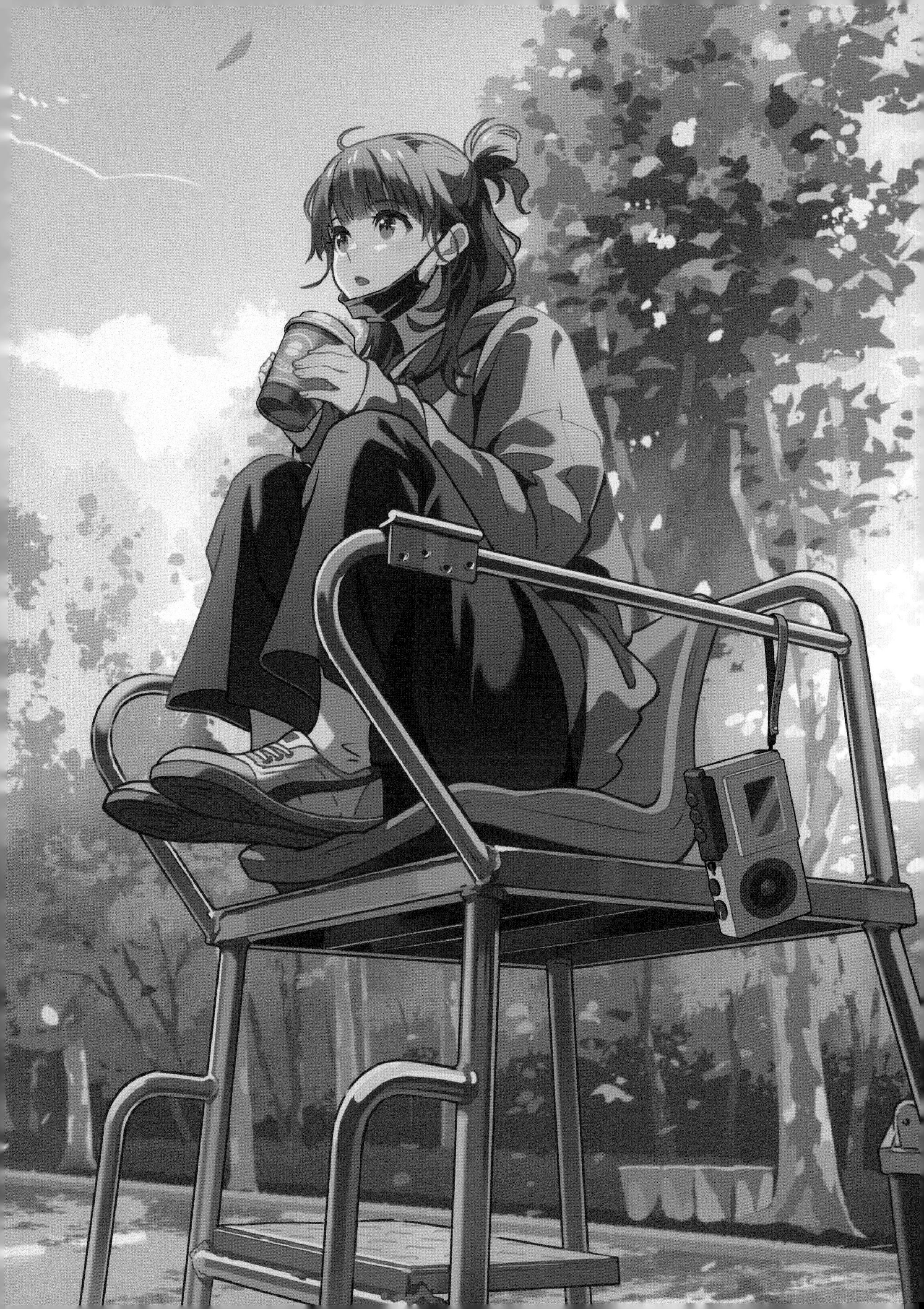

Character Note

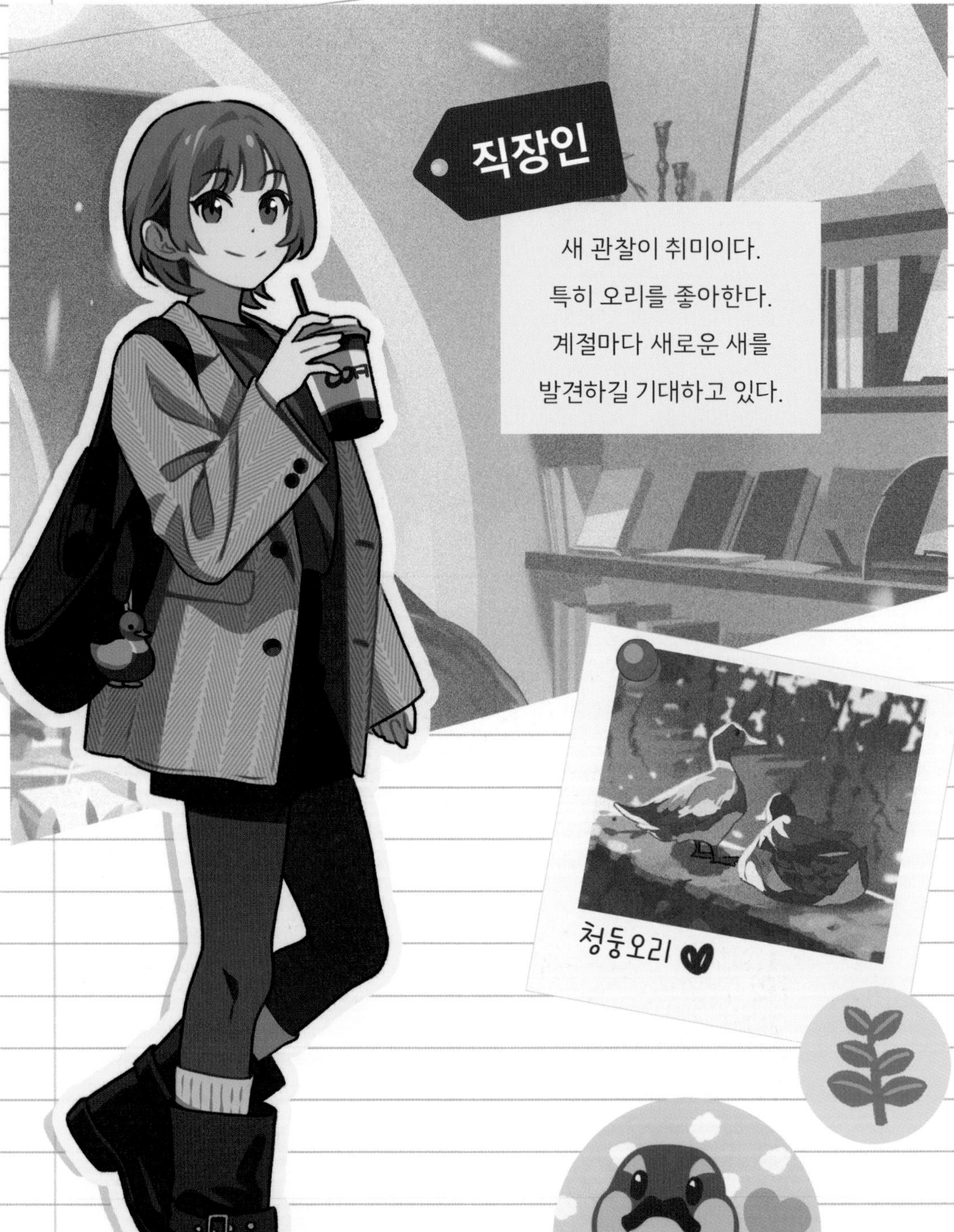

새 관찰이 취미이다.
특히 오리를 좋아한다.
계절마다 새로운 새를
발견하길 기대하고 있다.

바리스타

고향을 떠나 카페에서 일하고 있다.
카페 동료인 고양이가 말을 안 들어서 고민이다.
휴일에는 공원 캠핑을 하며 쉬기도 한다.

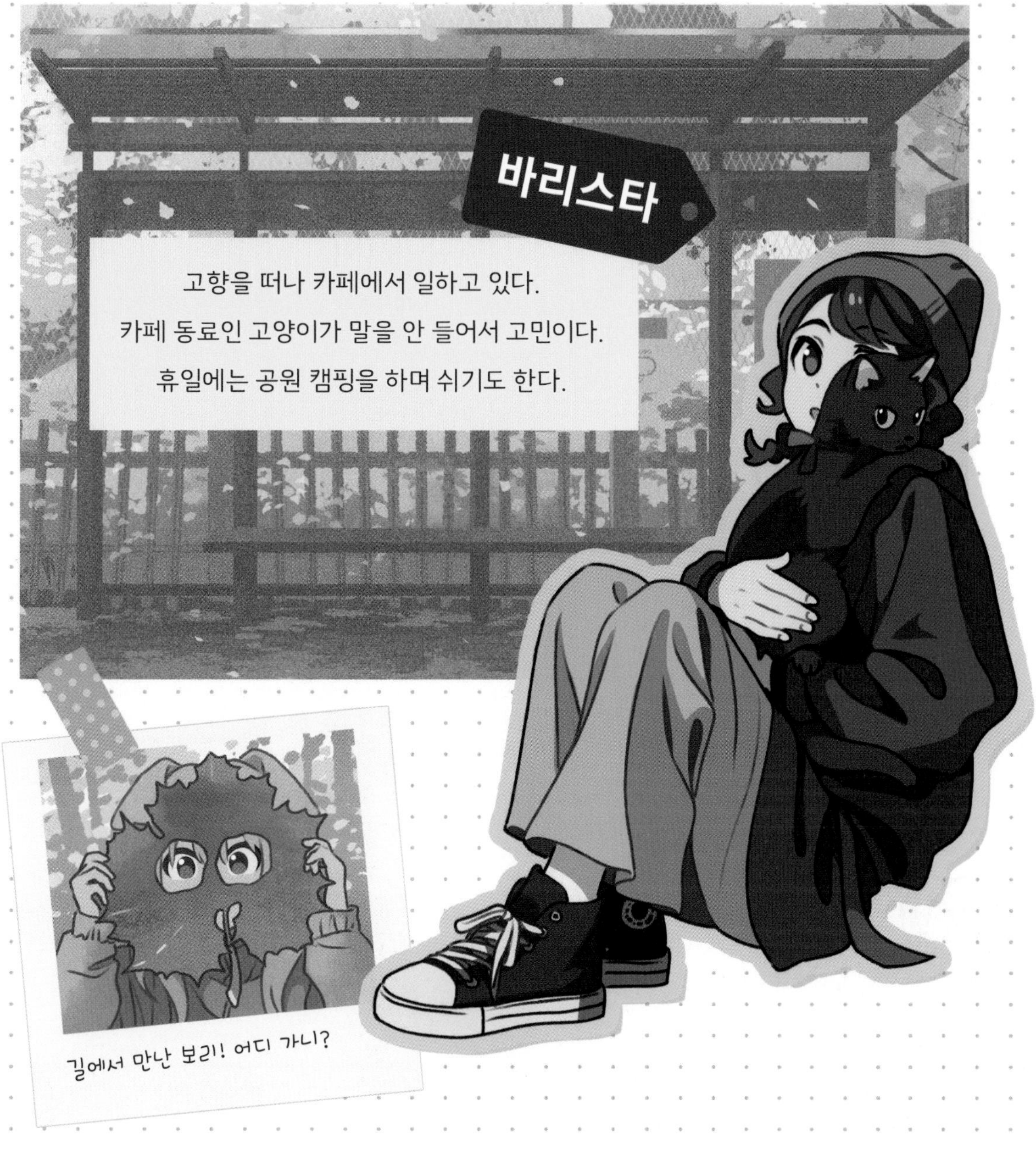

길에서 만난 보리! 어디 가니?

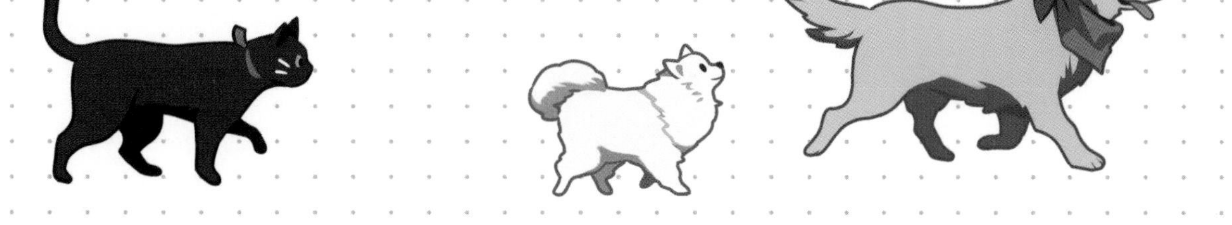

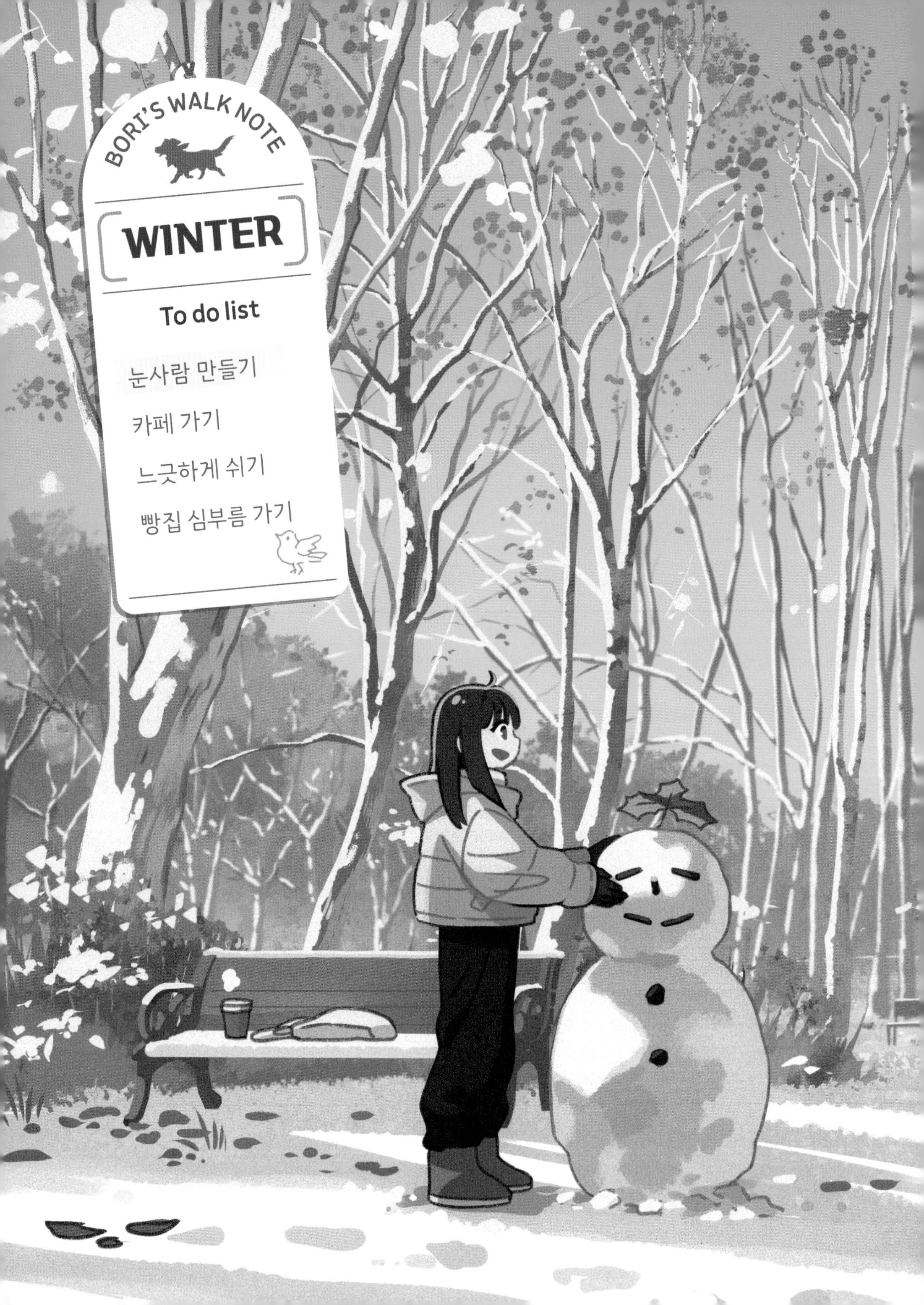
BORI'S WALK NOTE
WINTER
To do list
눈사람 만들기
카페 가기
느긋하게 쉬기
빵집 심부름 가기

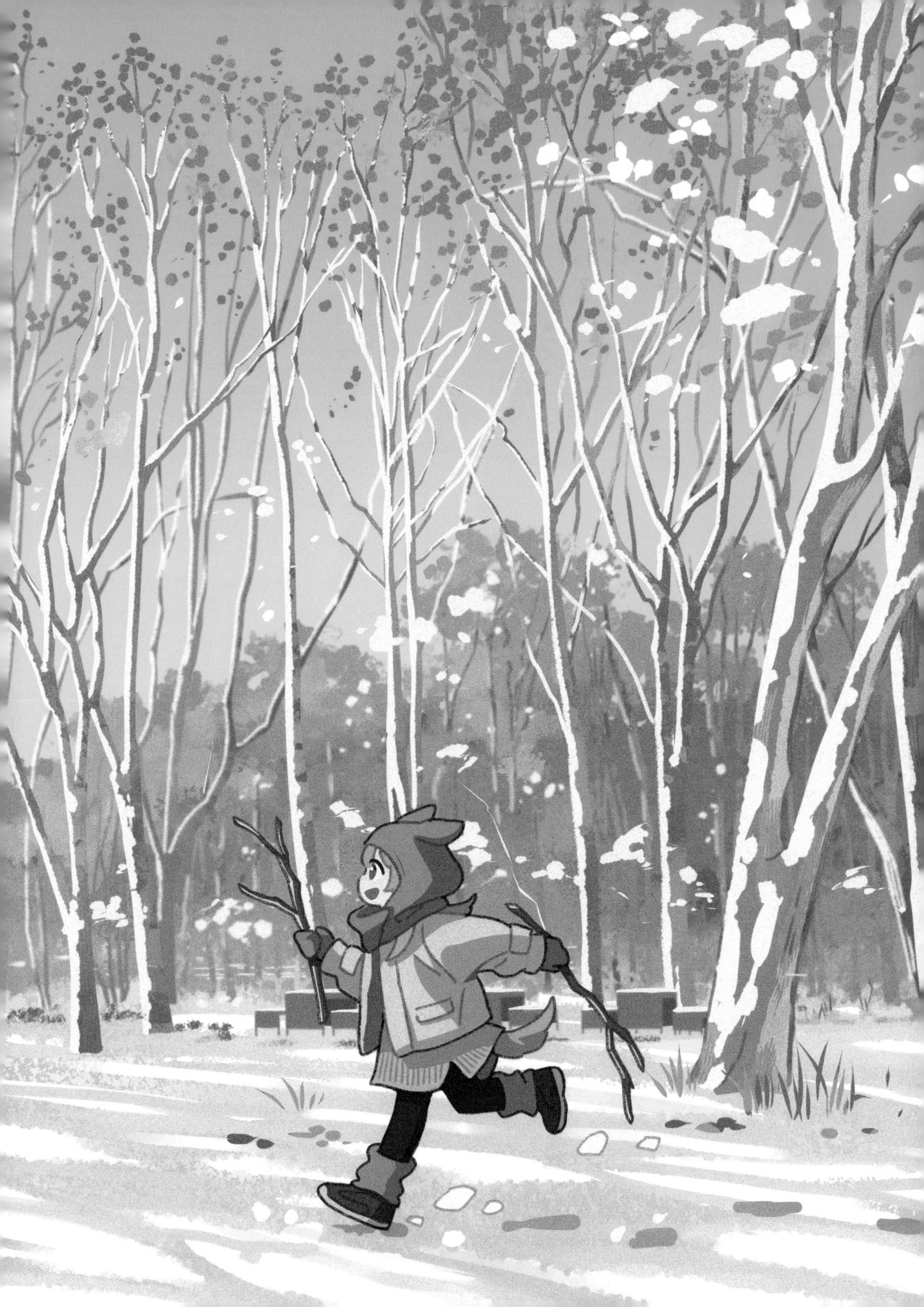

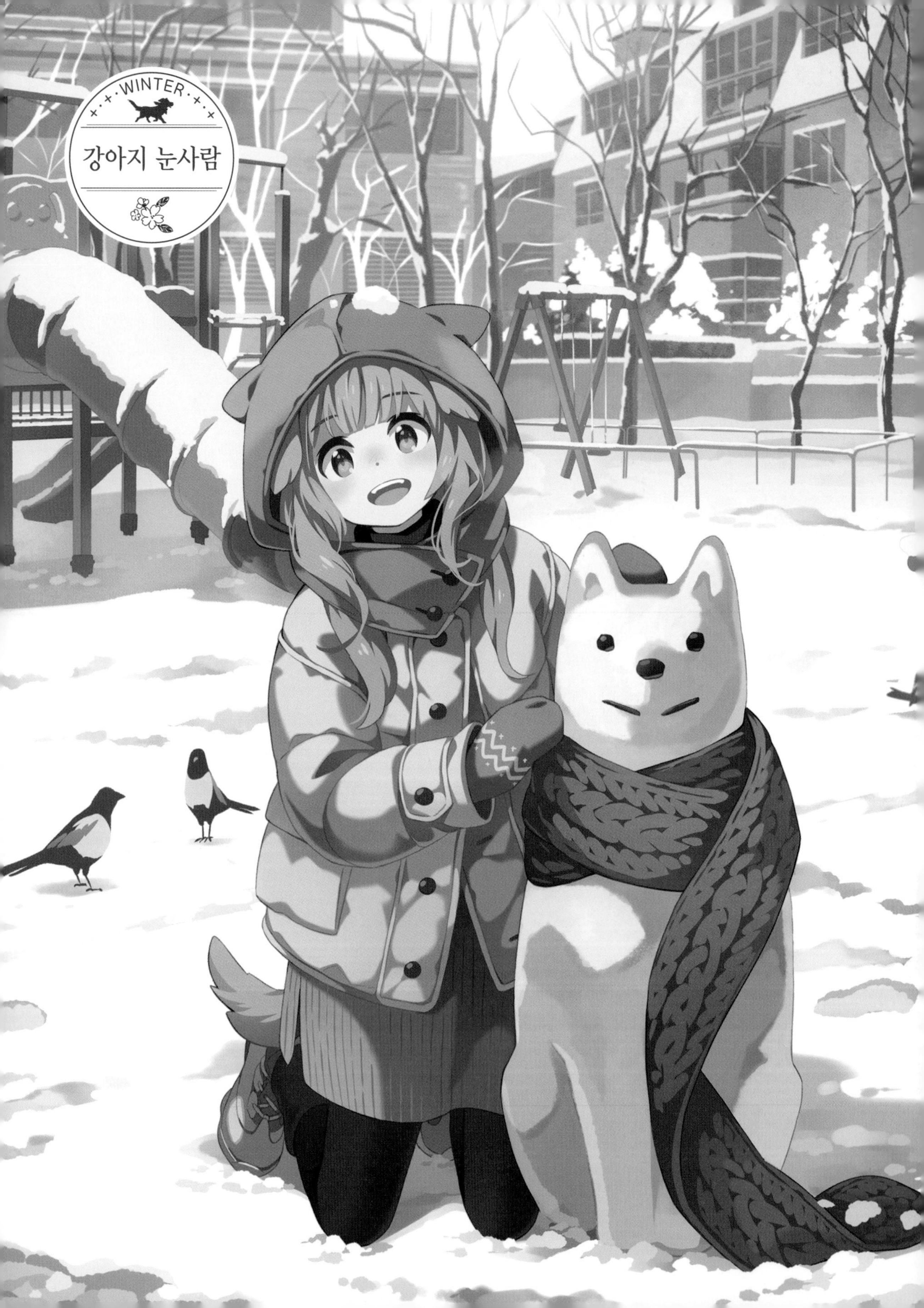
WINTER
강아지 눈사람

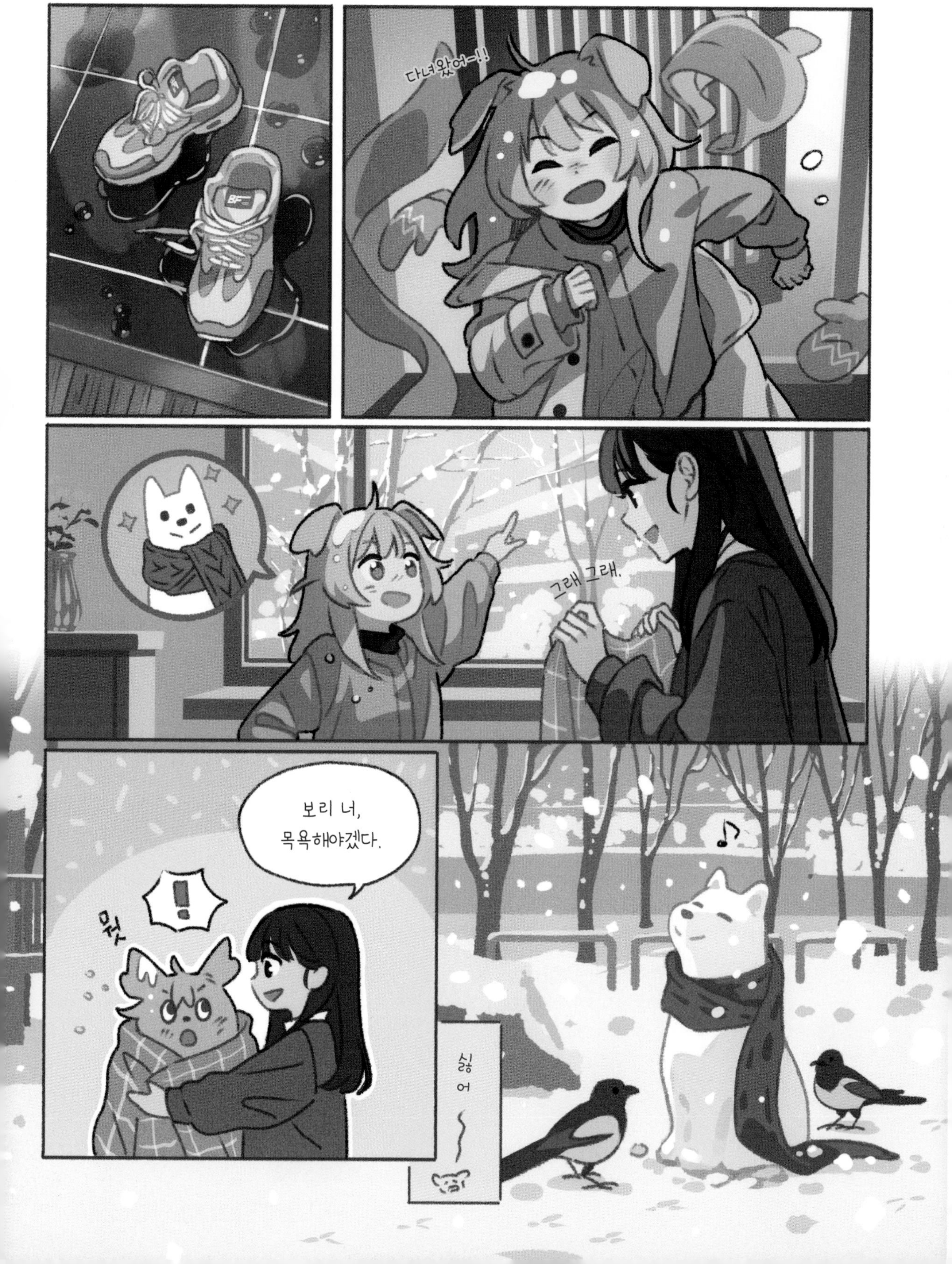
다녀왔어-!!
그래 그래.
보리 너,
목욕해야겠다.
!
뭣
싫어

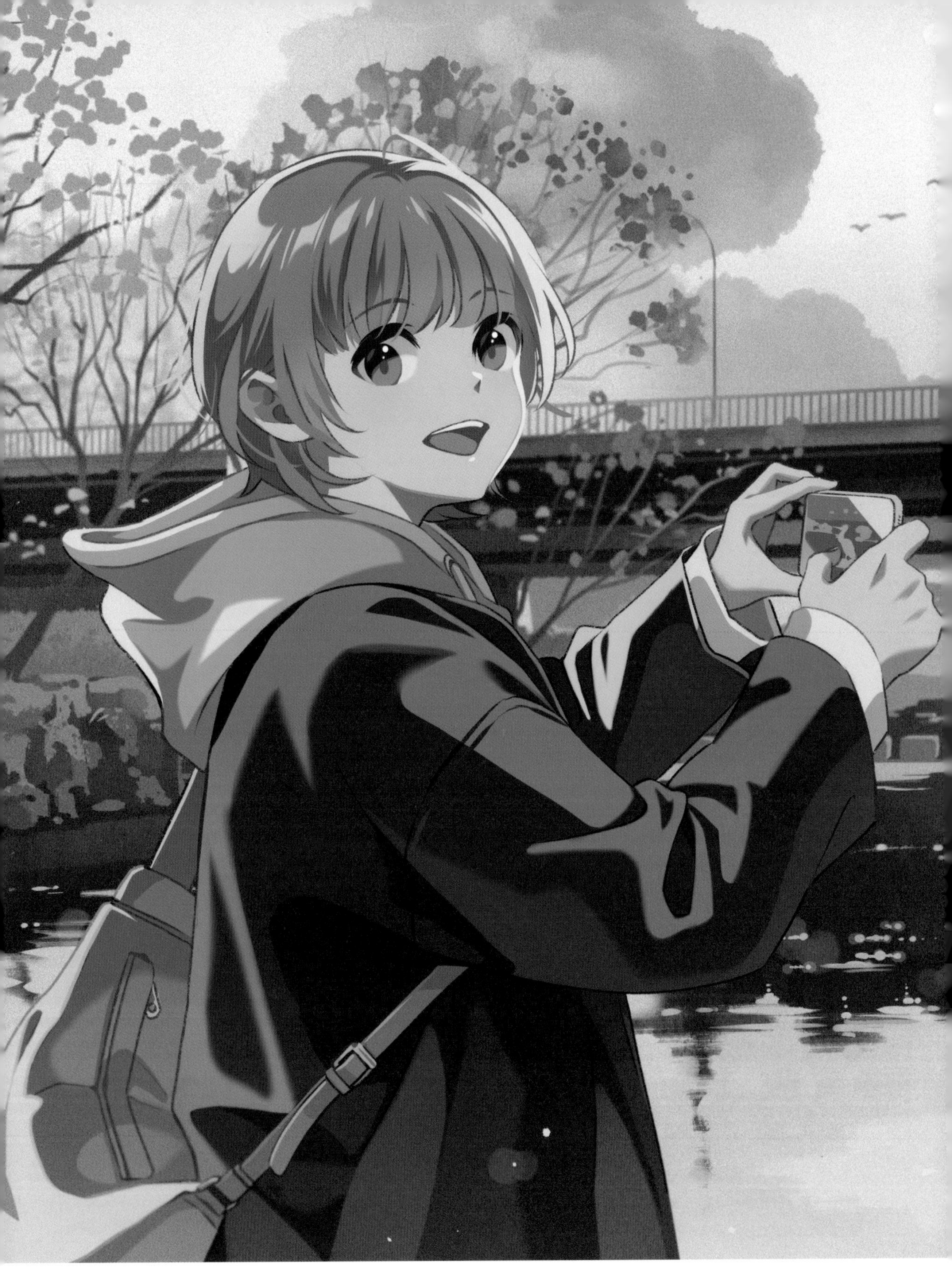

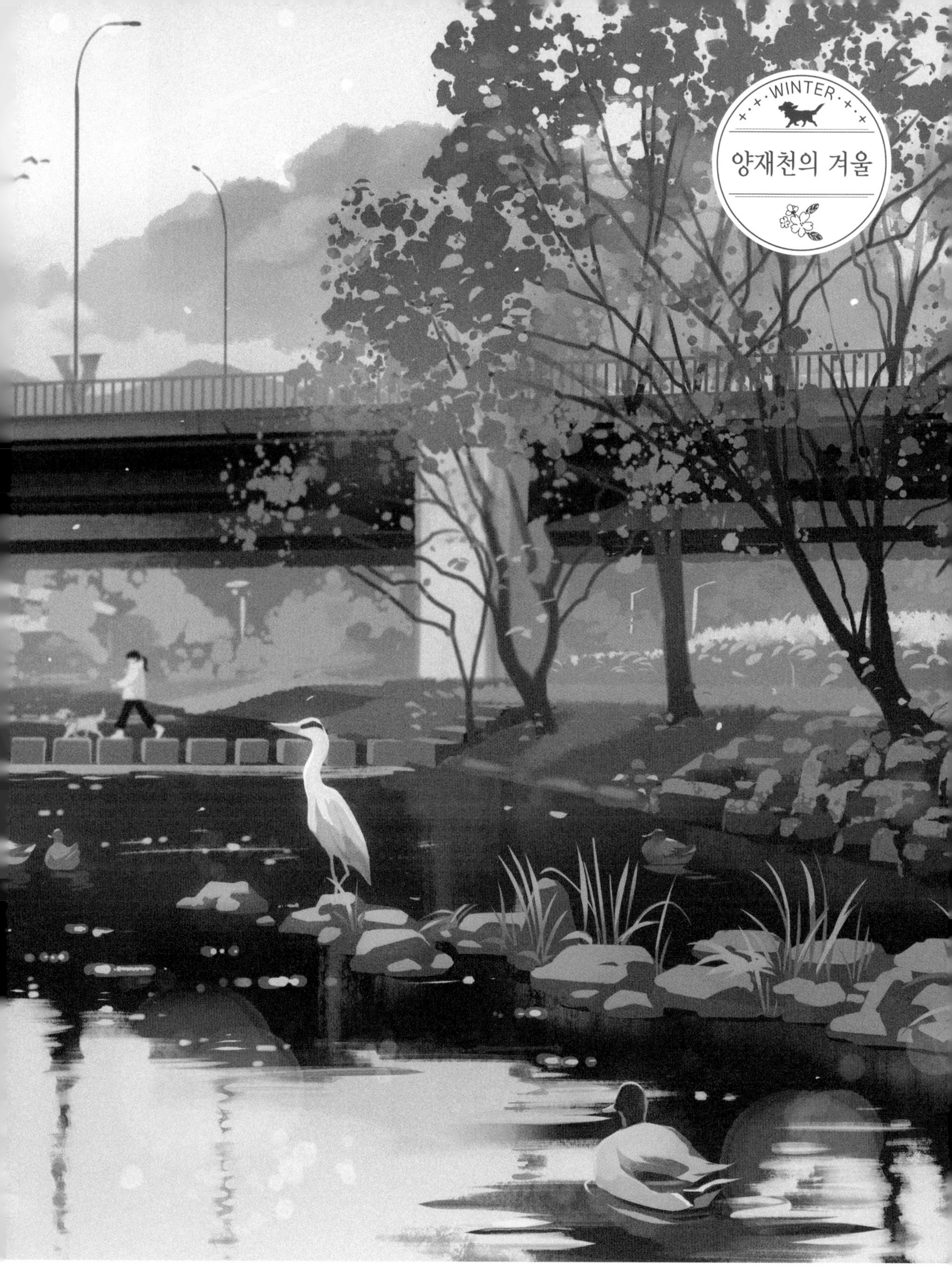
WINTER
양재천의 겨울

WINTER

검은 고양이의 겨울나기

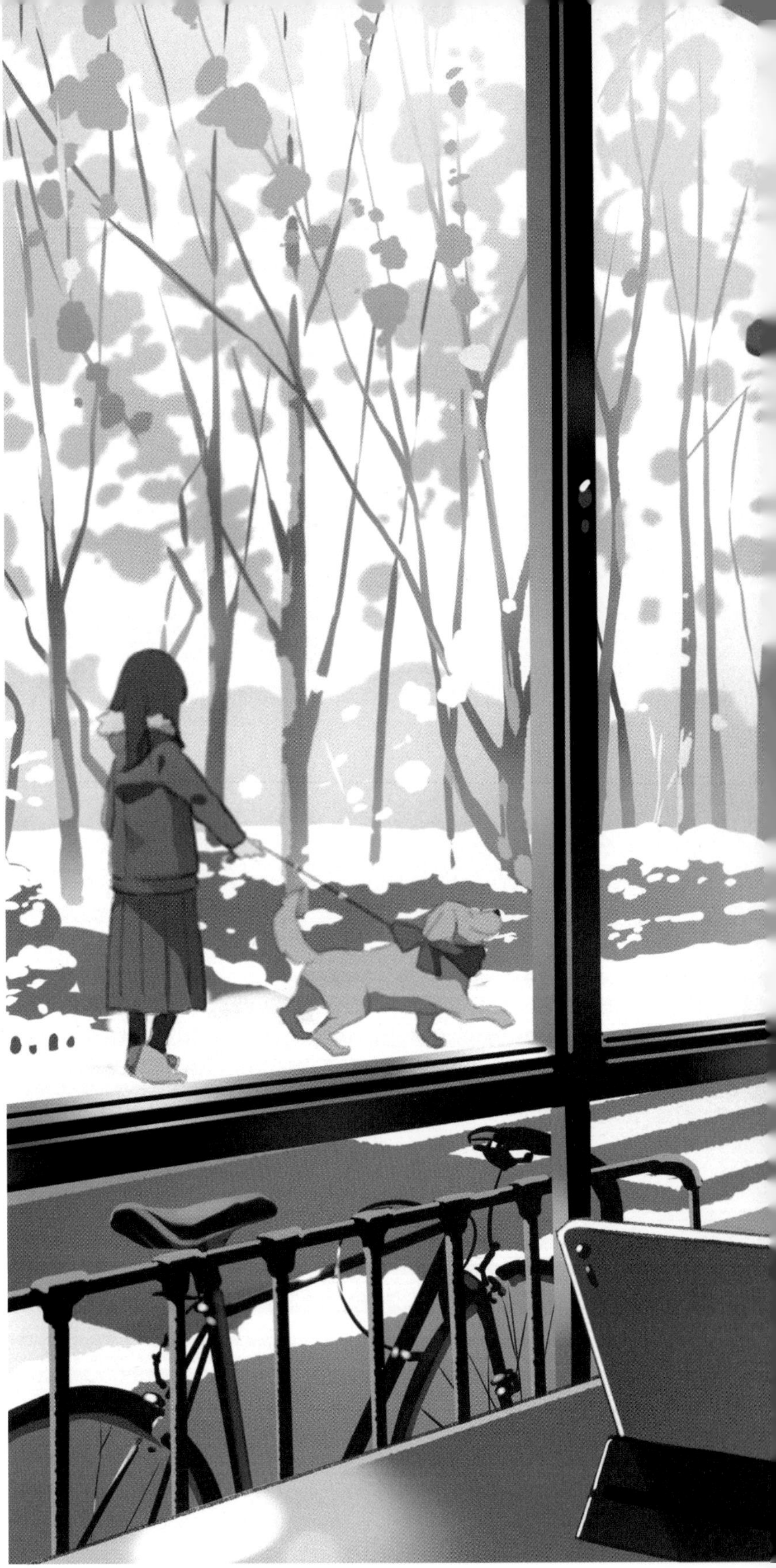

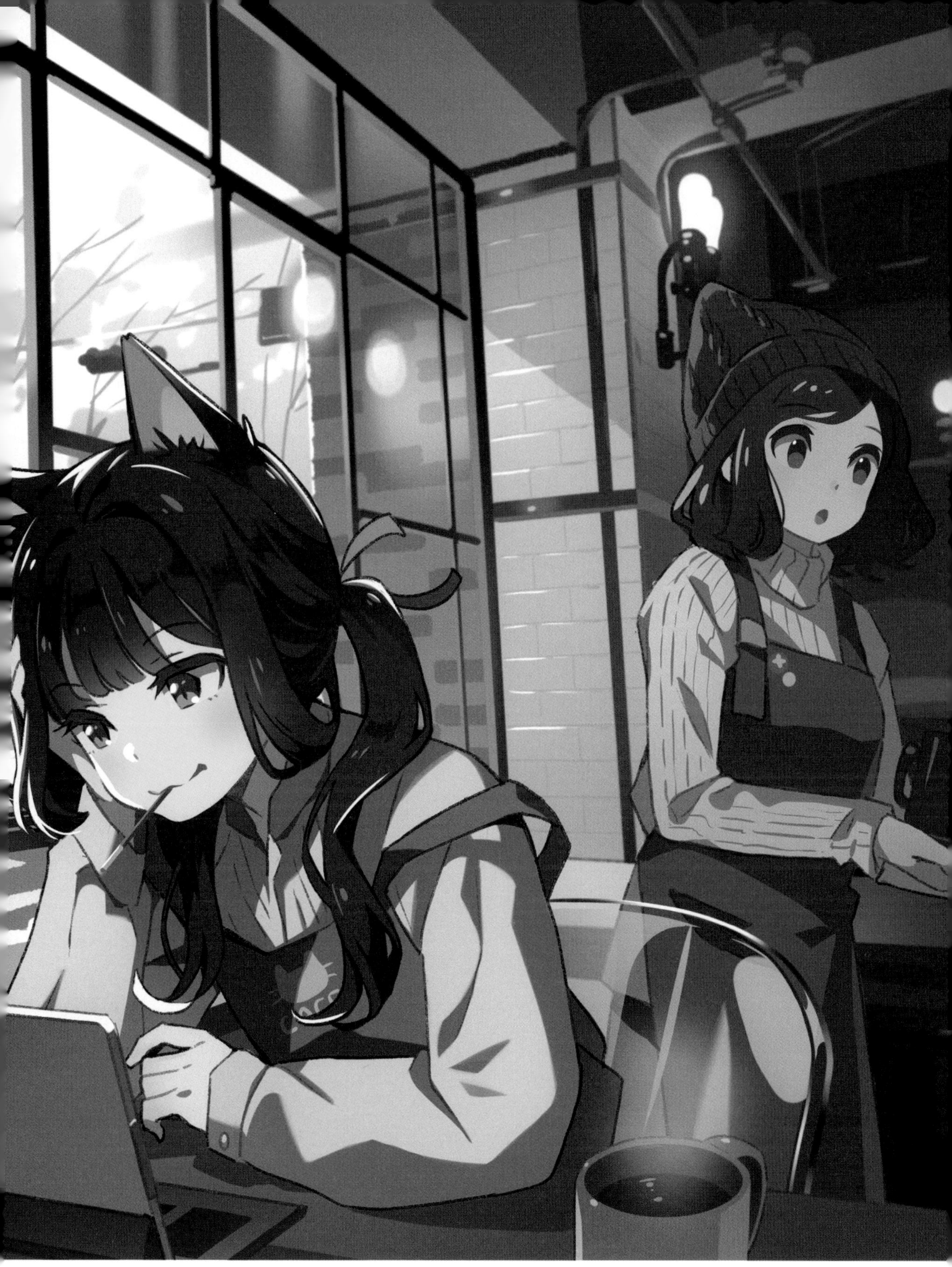

WINTER

개 없는 사람

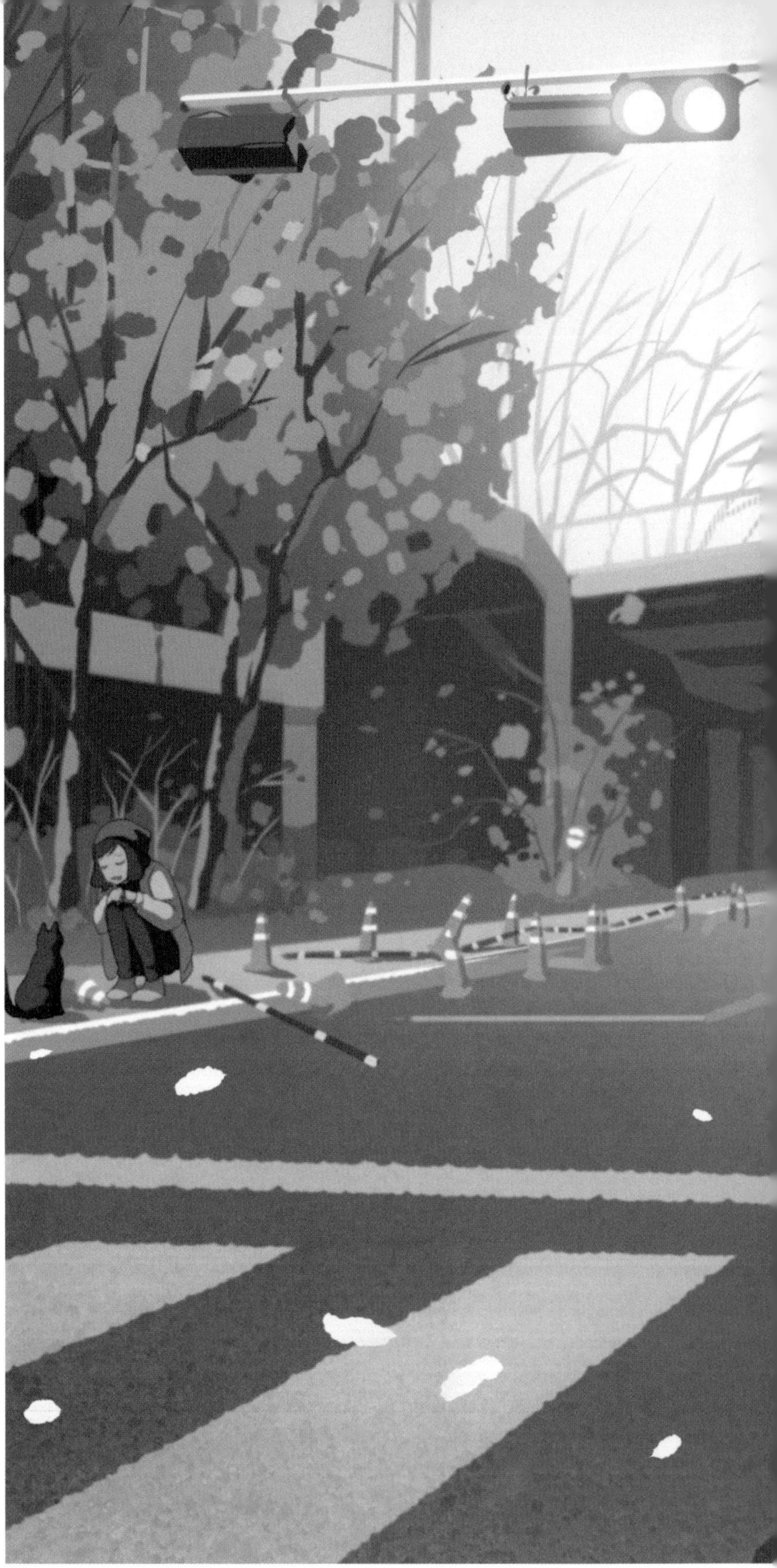

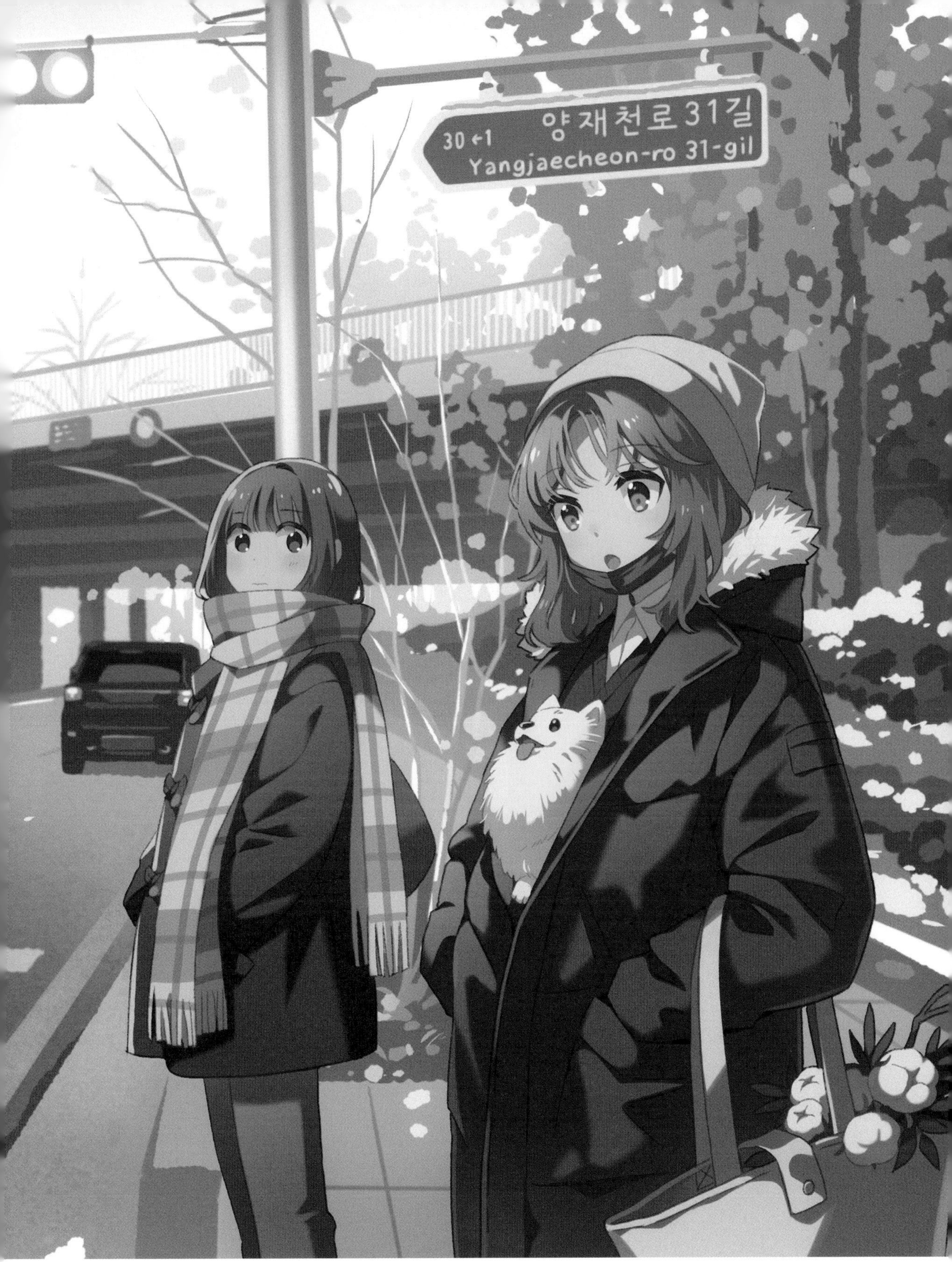
양재천로31길
30 ←1
Yangjaecheon-ro 31-gil

WINTER

개 없는 사람

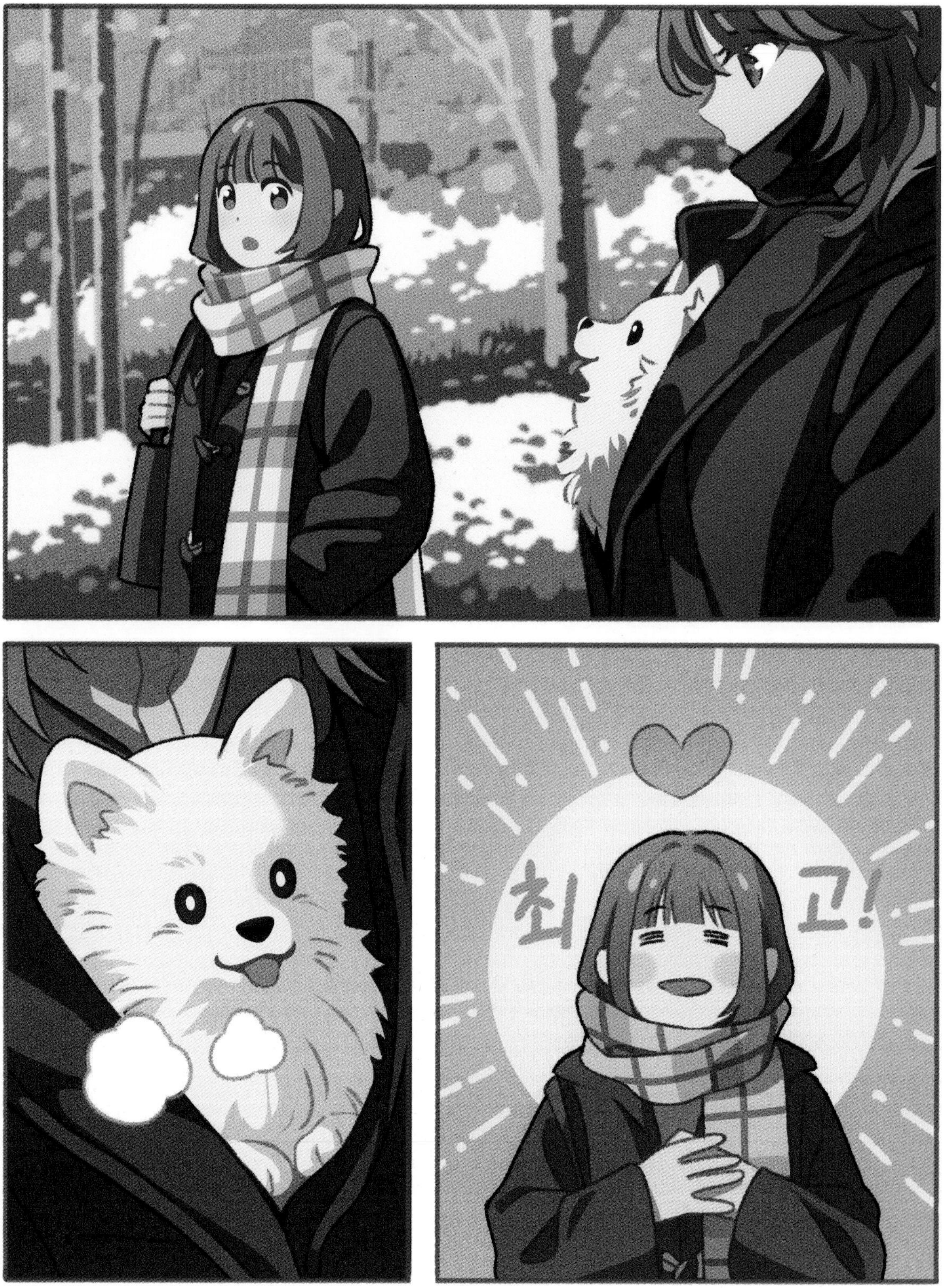

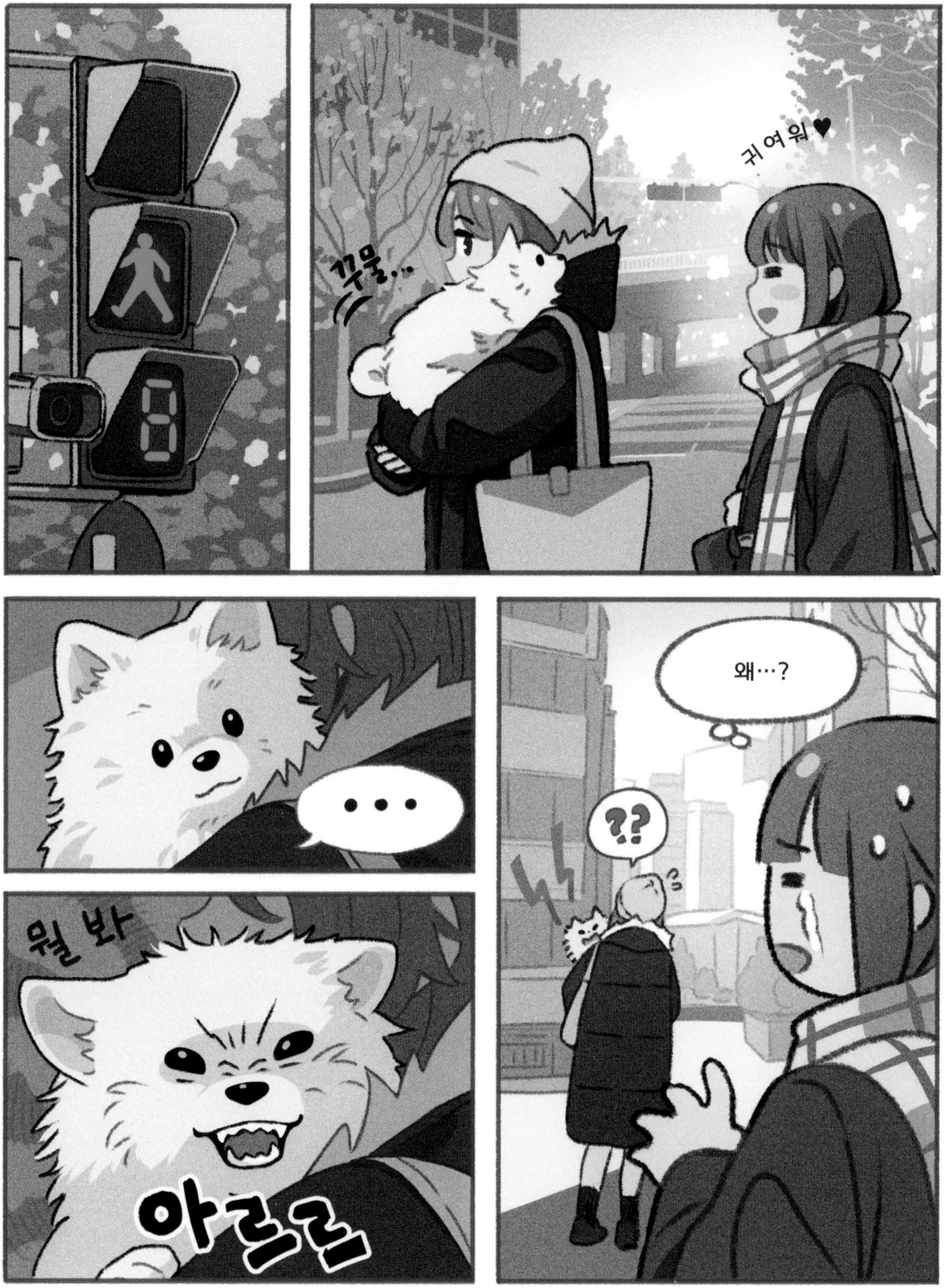

꾸물...
귀여워♥
...
뭘 봐
아르르
왜…?
??

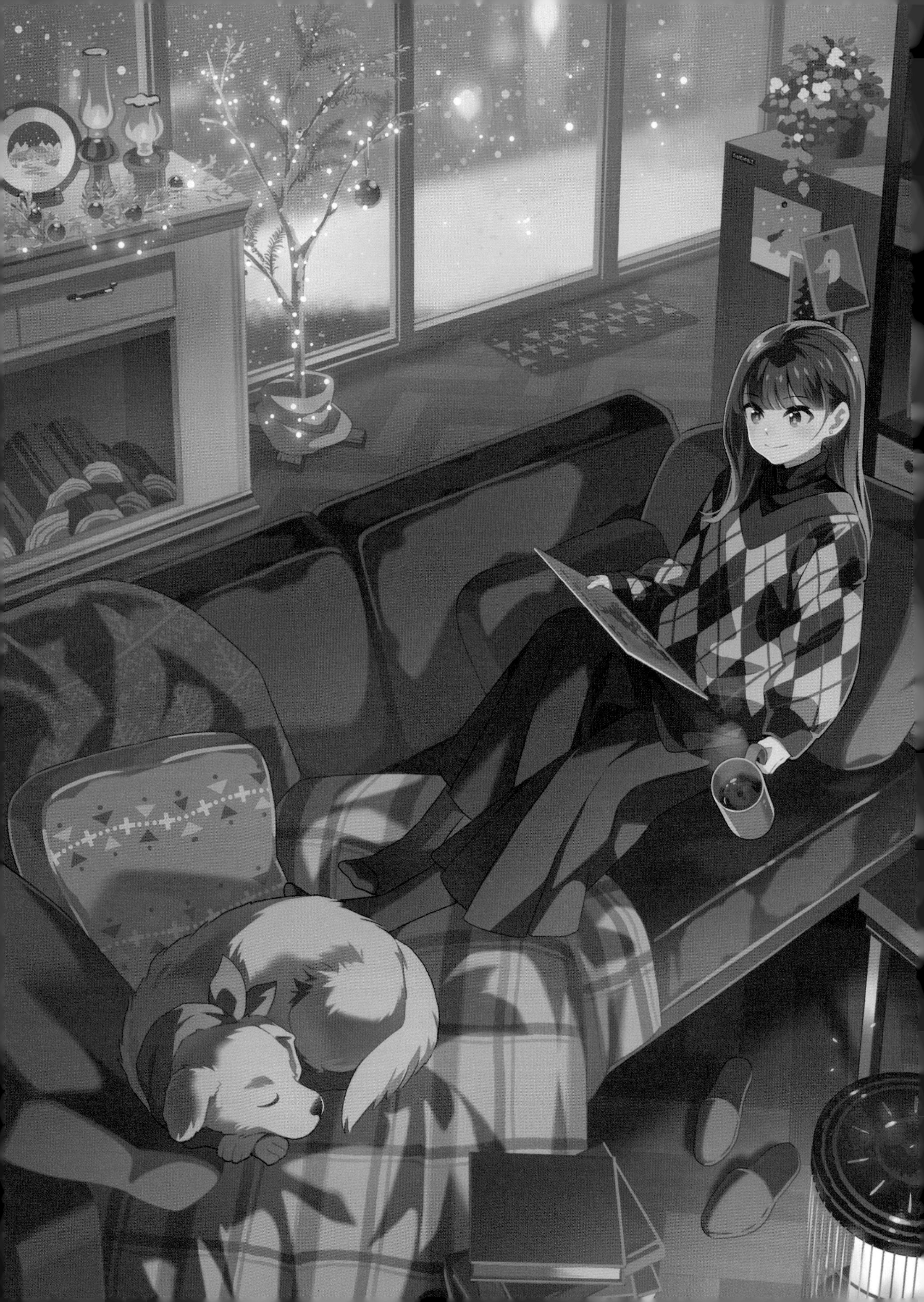

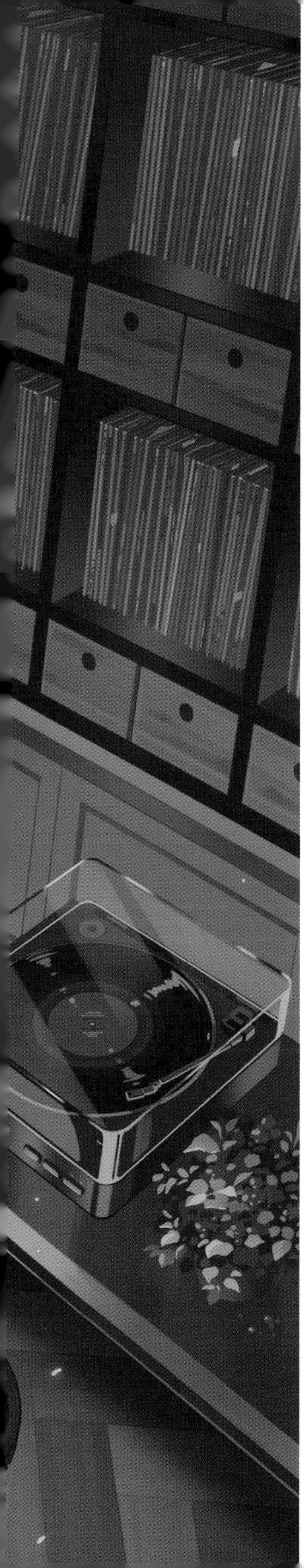

WINTER

크리스마스의 따스한 밤

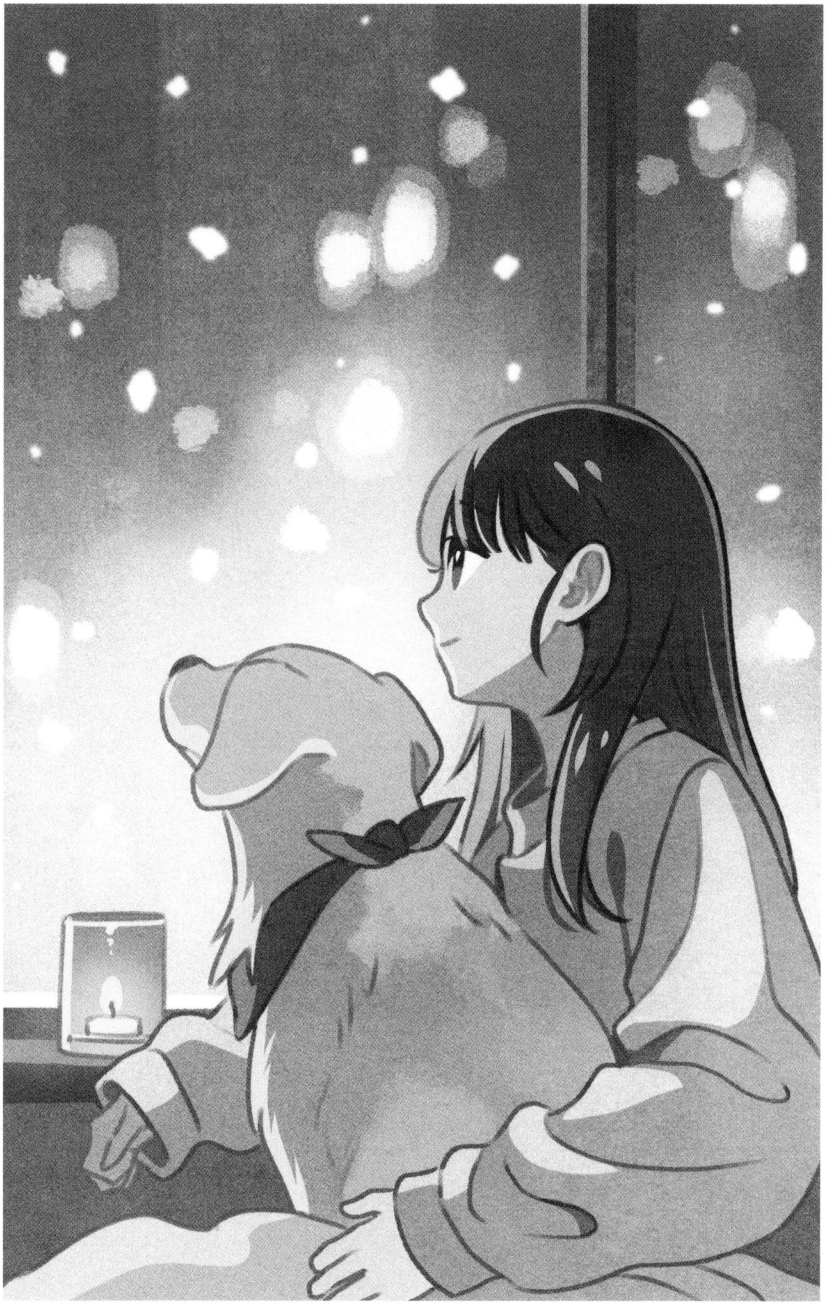

일요일 아침

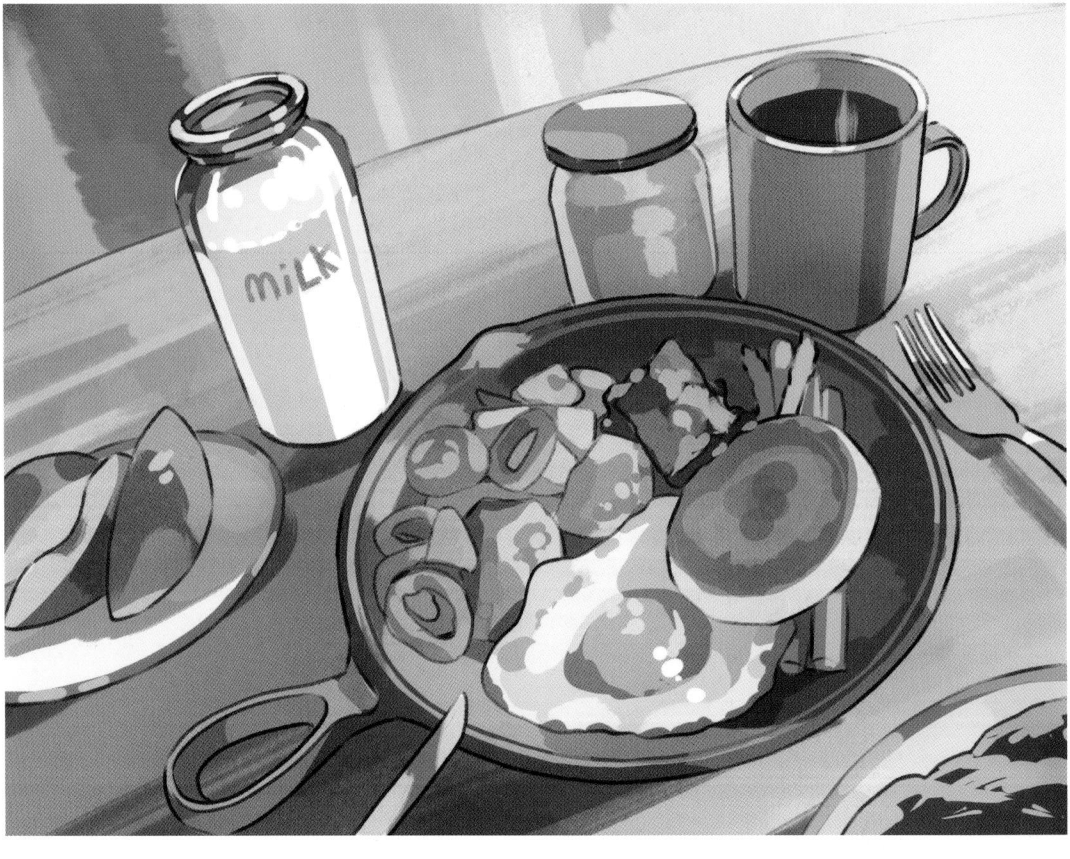

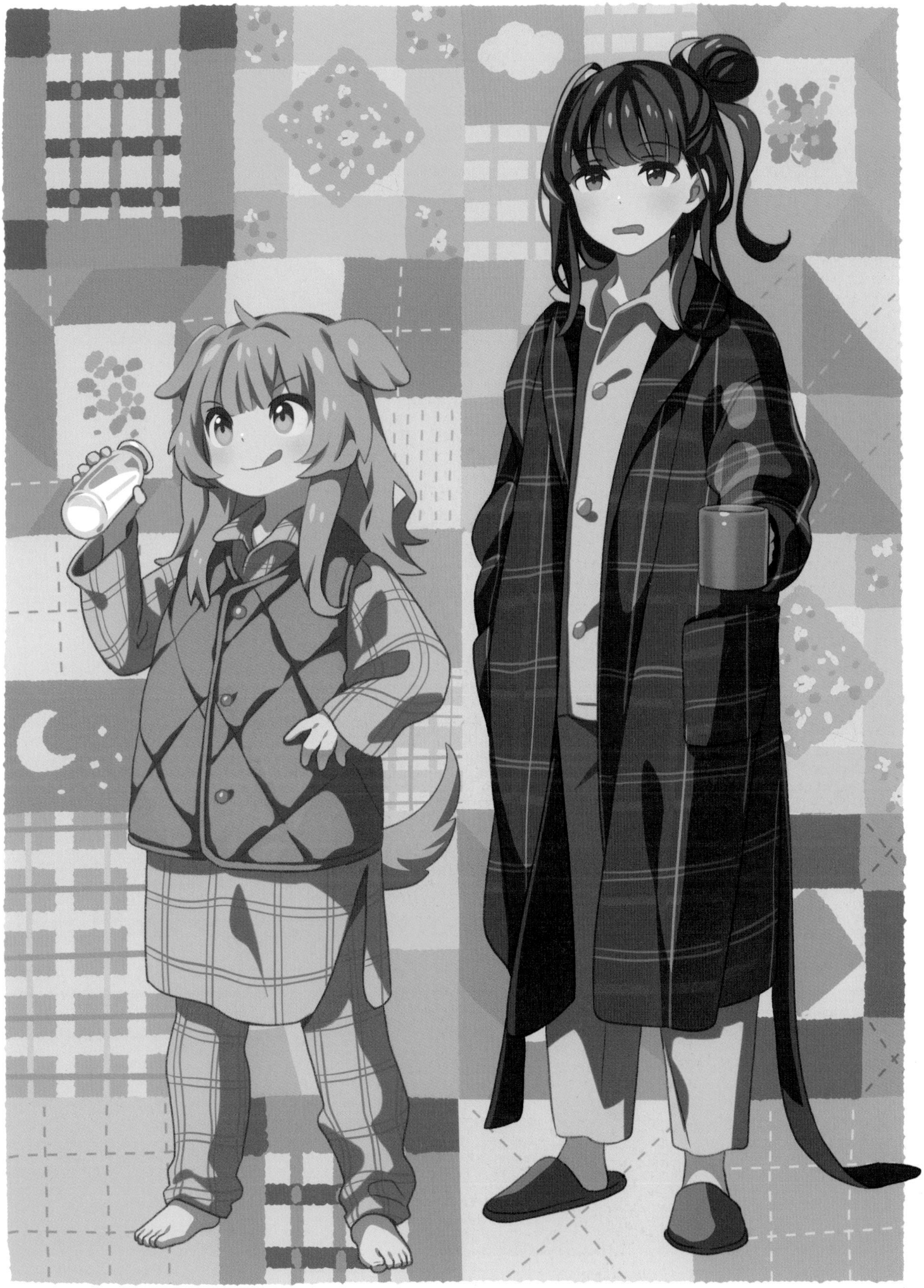

WINTER

베이커리 카페

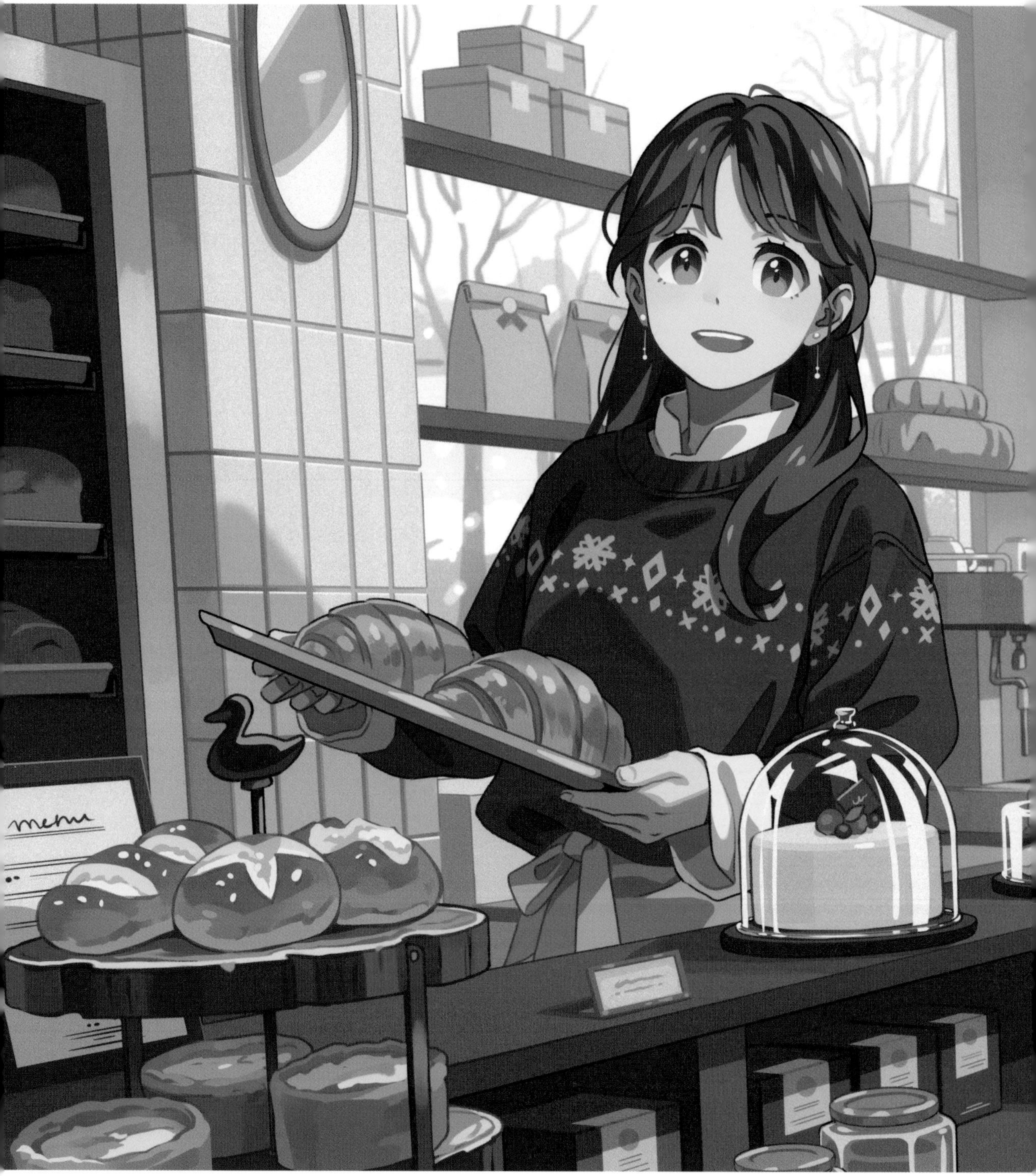

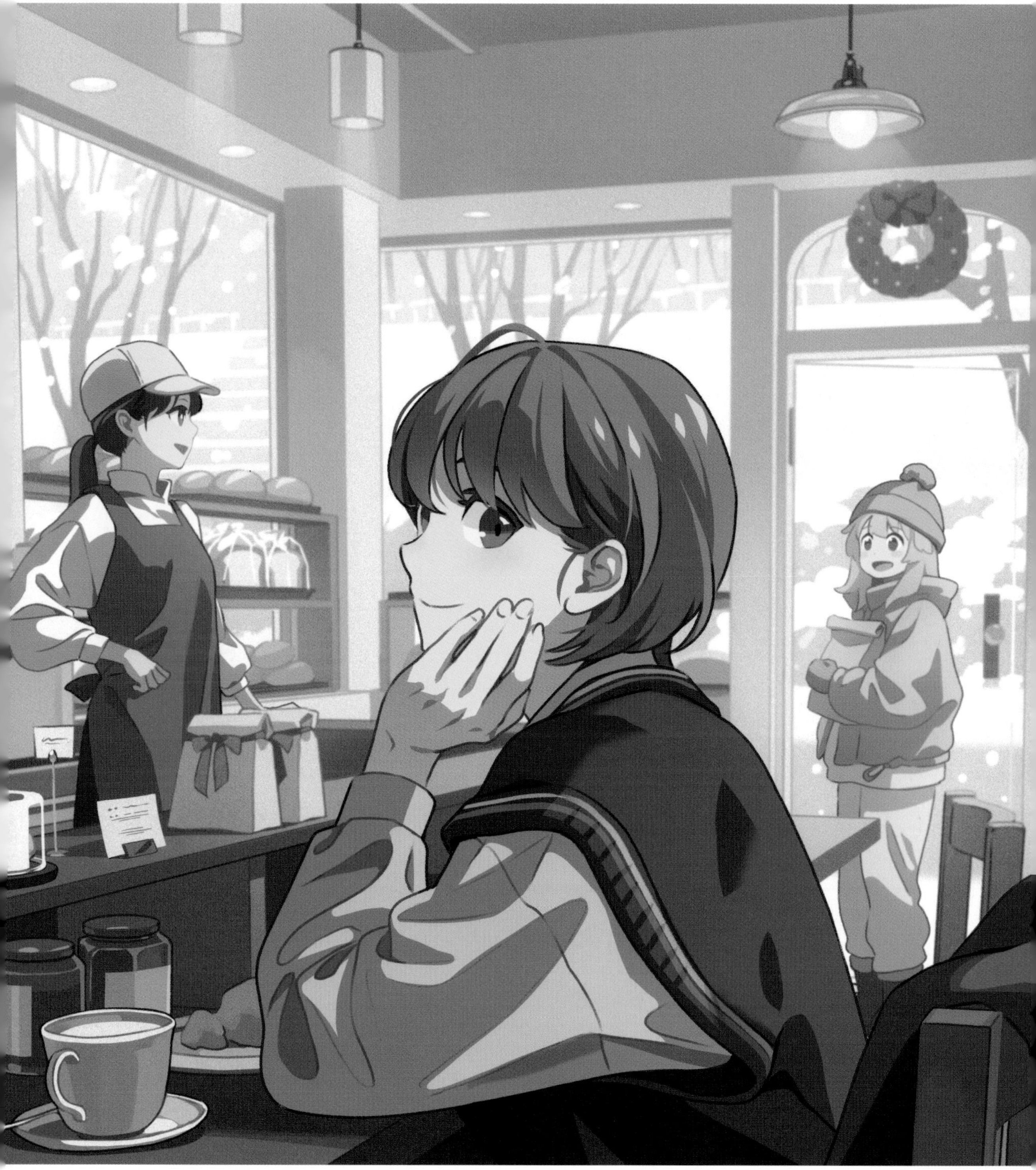

Date: .

Character Note

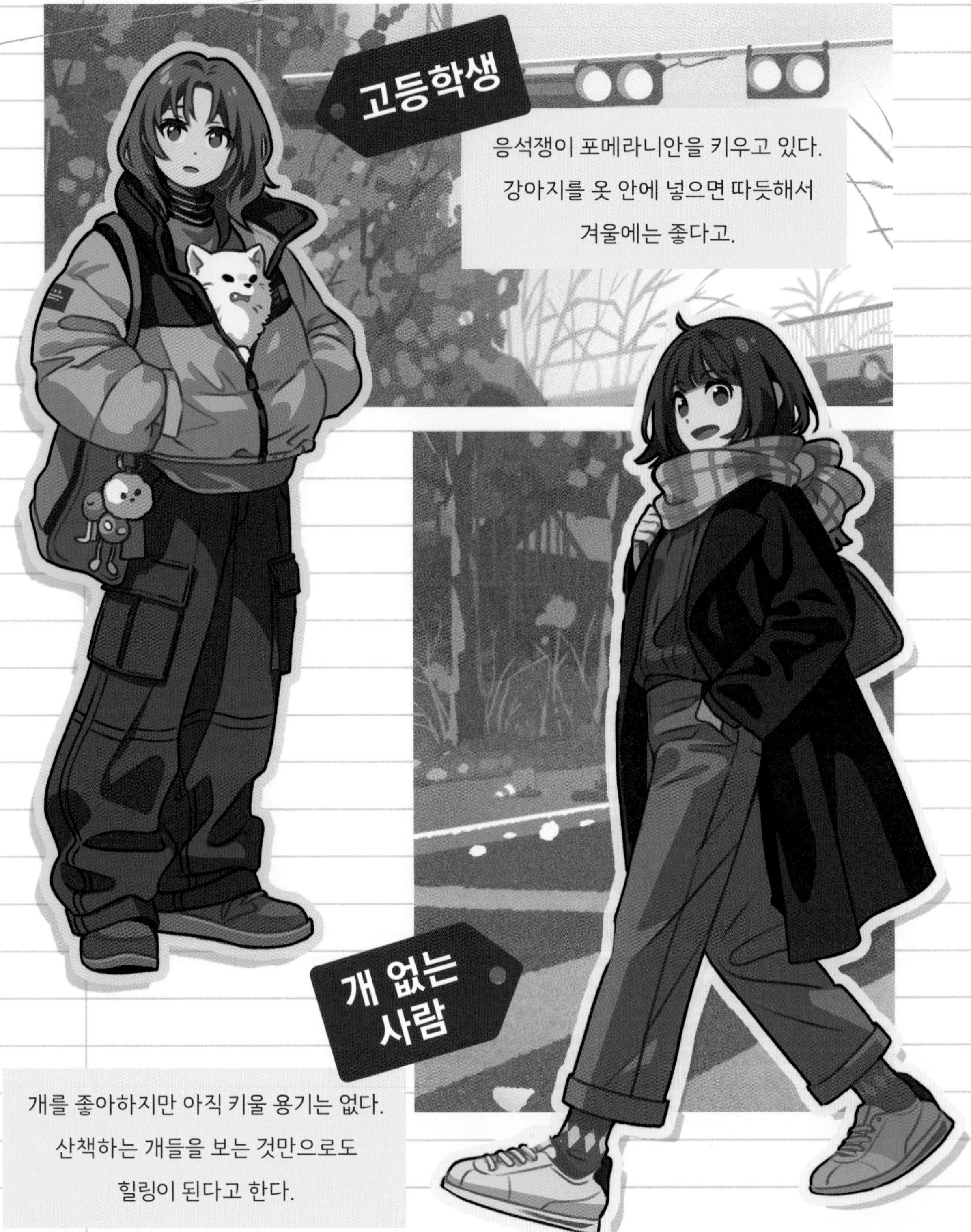

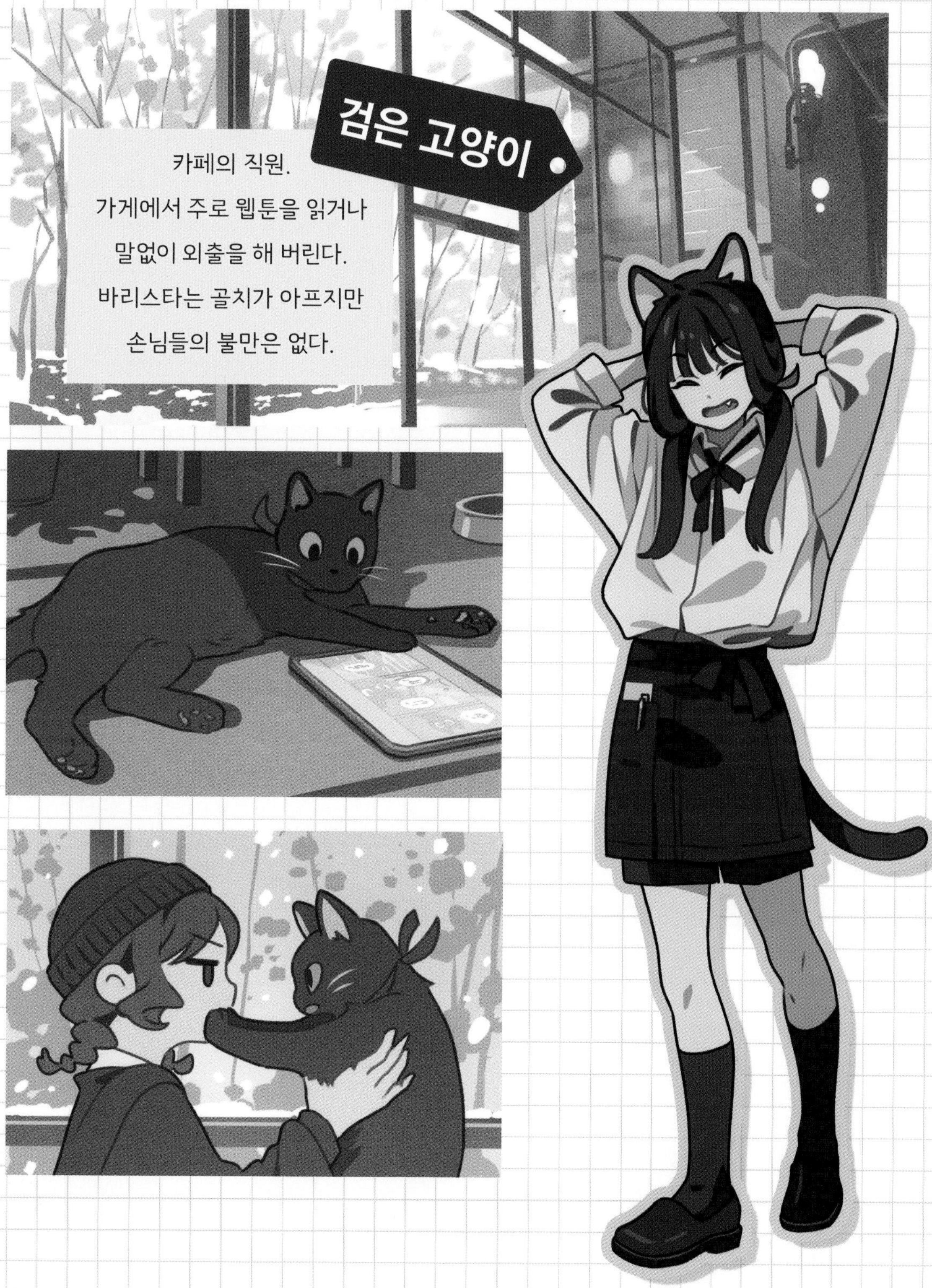
검은 고양이
카페의 직원.
가게에서 주로 웹툰을 읽거나
말없이 외출을 해 버린다.
바리스타는 골치가 아프지만
손님들의 불만은 없다.

보리가 사는 동네

하천

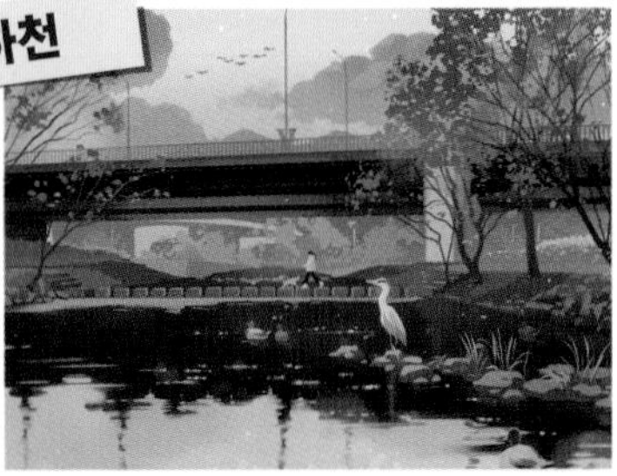

폭이 넓지도 좁지도 않은 하천이 마을을 지나고
있다. 떠다니는 오리를 보며 기분 전환을 해 보자.

하천가 산책로

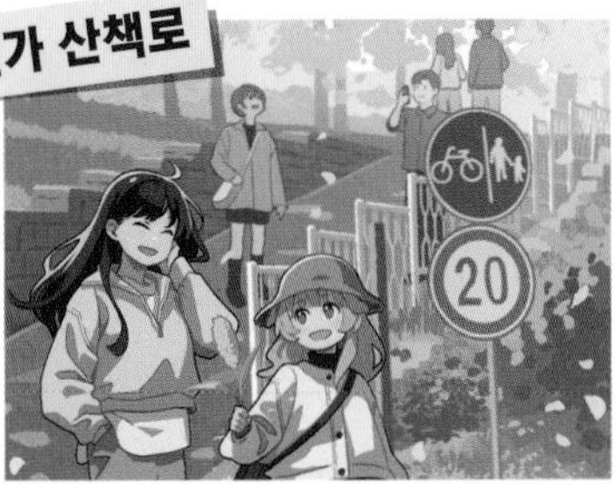

하천을 따라 주변으로 긴 산책로가 이어진다.
평소에는 한적한 곳이지만 벚꽃이 피면
사람들이 붐비기도 한다.

공원

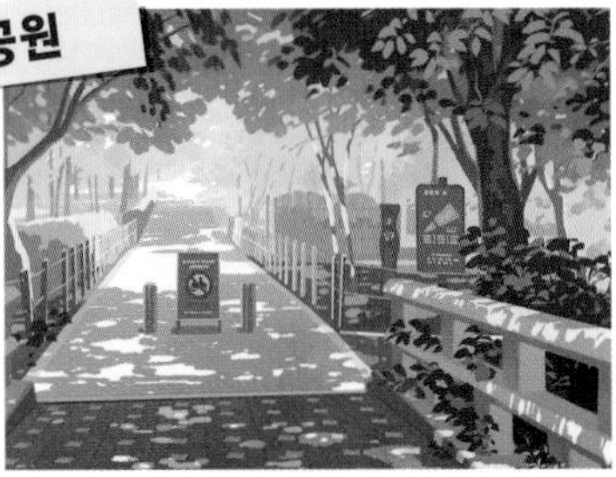

큰 나무들이 많아 작은 숲에 있는 기분이 드는
공원. 주말 소풍을 즐기기에 좋은 곳이다.

카페 거리

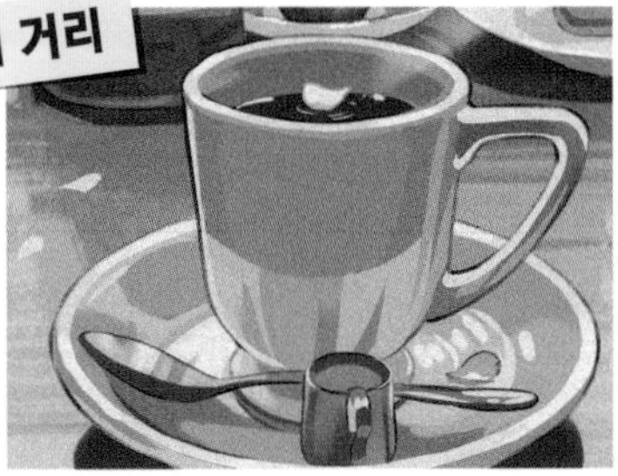

산책로 주변으로 카페와 식당들이 있다.

하천과 녹지가 가깝고 높은 건물이 적어
한적한 느낌의 마을이다.
산책을 좋아하는 보리와 하늘이에게는
사계절 내내 즐거운 곳.
일러스트 내에 등장하는 장소들은
서울의 양재천 부근을 모델로 그렸다.
실제 지도와는 모양이나 위치가 다소 다르다.

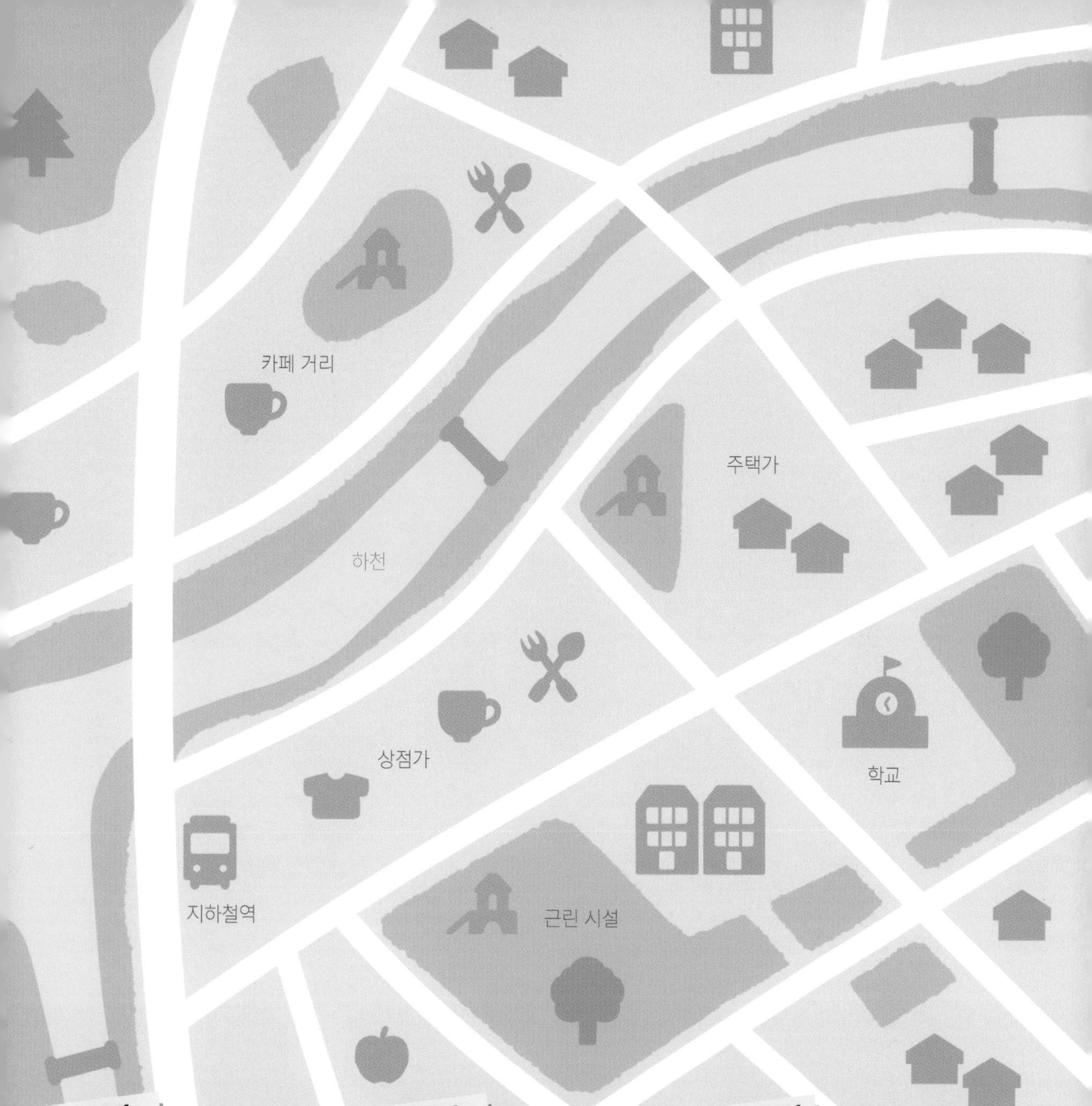

주택가

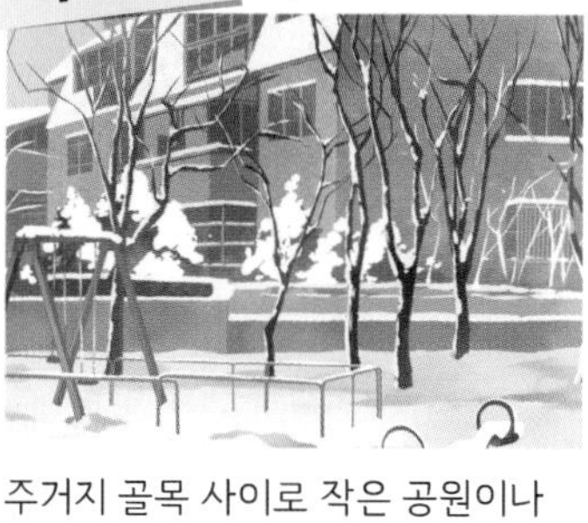

주거지 골목 사이로 작은 공원이나 놀이터가 있다.

상점가

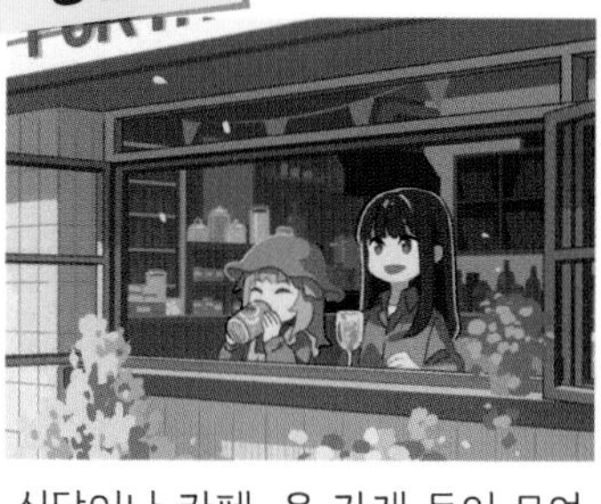

식당이나 카페, 옷 가게 등이 모여 있다. 장소의 모델은 '포터블로프트'로 편안한 분위기의 가게이다.

근린 시설

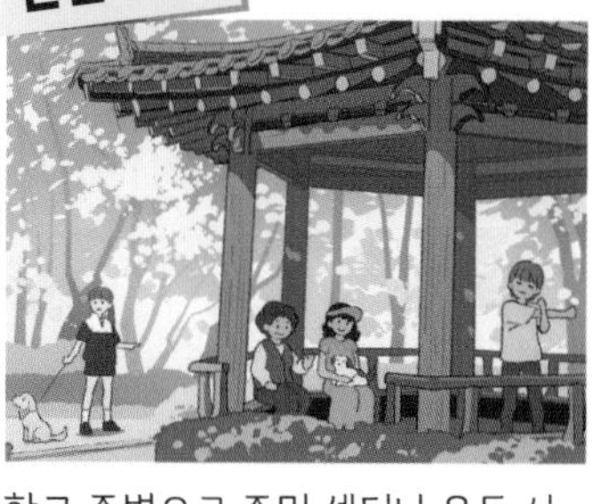

학교 주변으로 주민 센터나 운동 시설, 휴식 공간이 마련되어 있다. 플리 마켓이 열리기도 한다.

Ordinary days

Daily look

Daily living

Flower bloom

Lovely animals

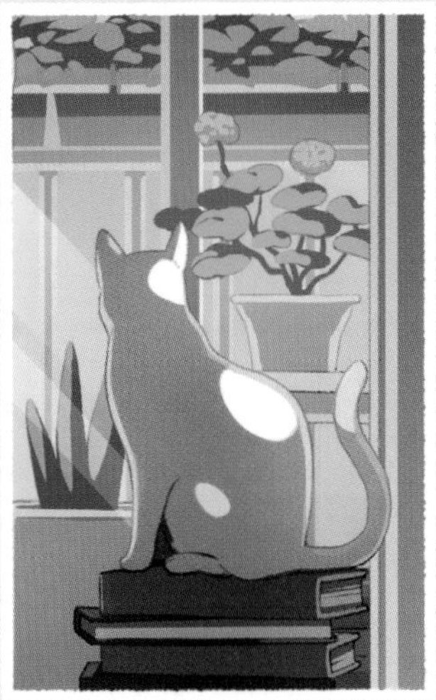

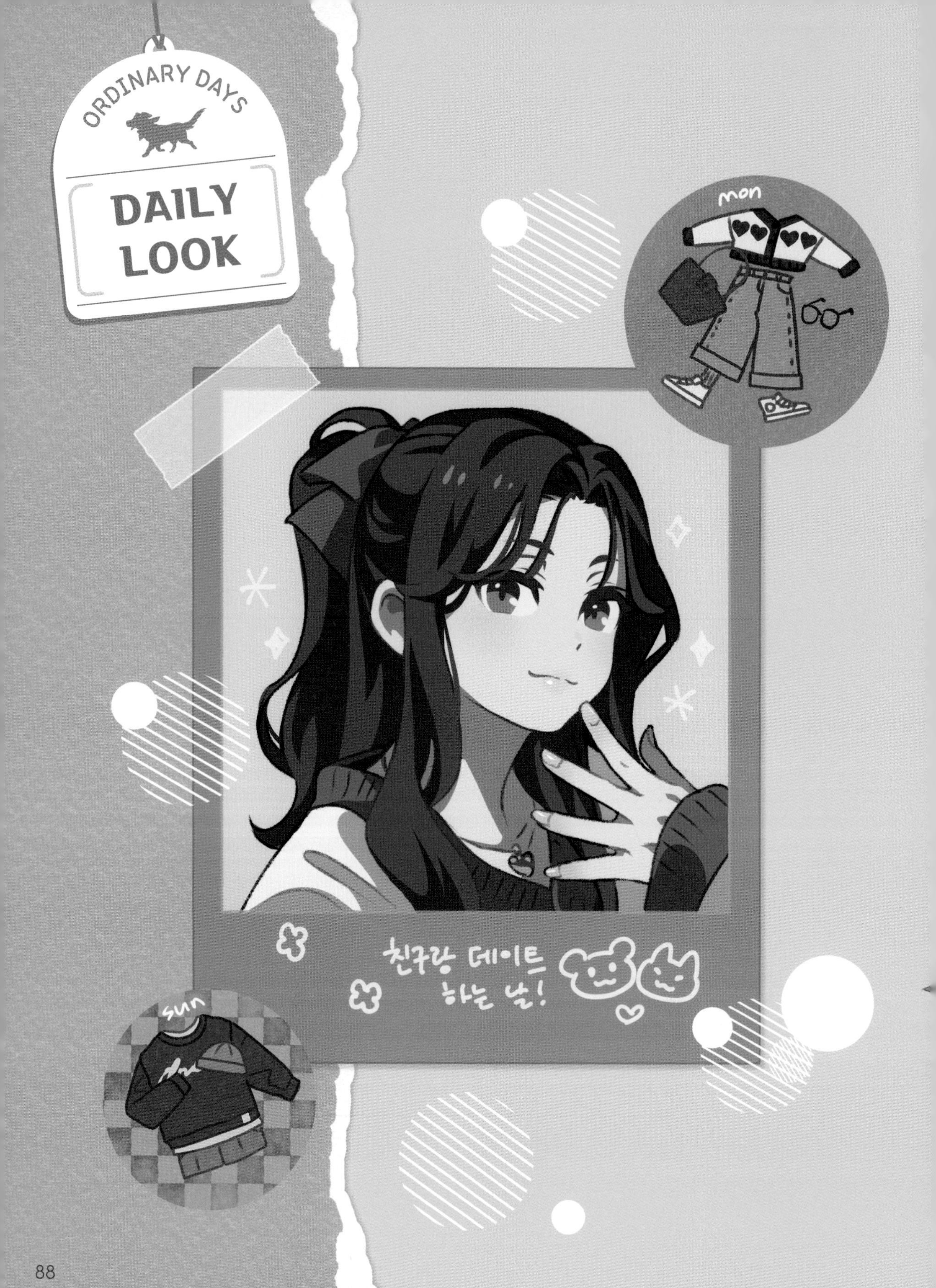
ORDINARY DAYS
DAILY LOOK
mon
친구랑 데이트
하는 날!
sun

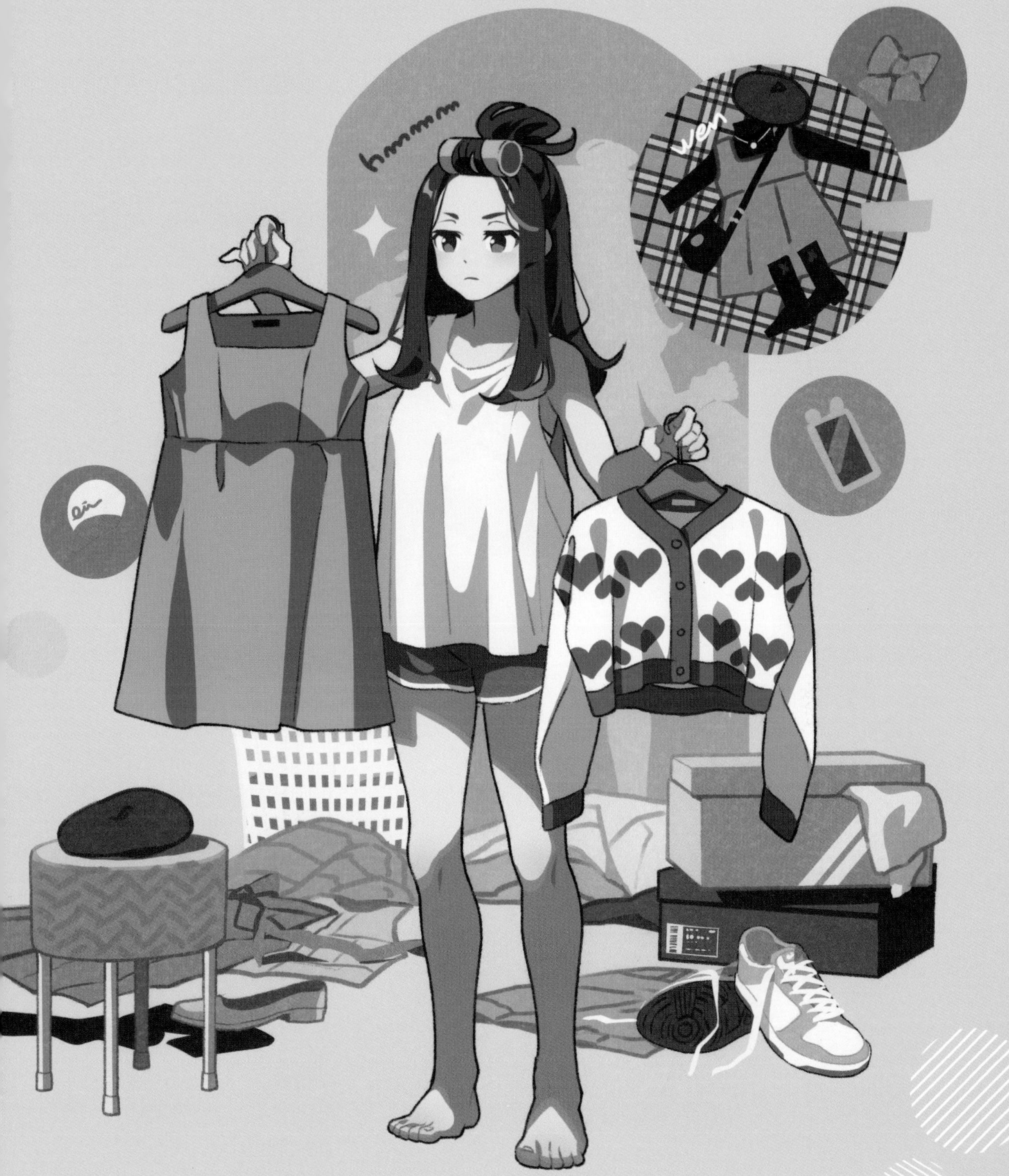
hmmmm

DAILY LOOK

맛집 탐방

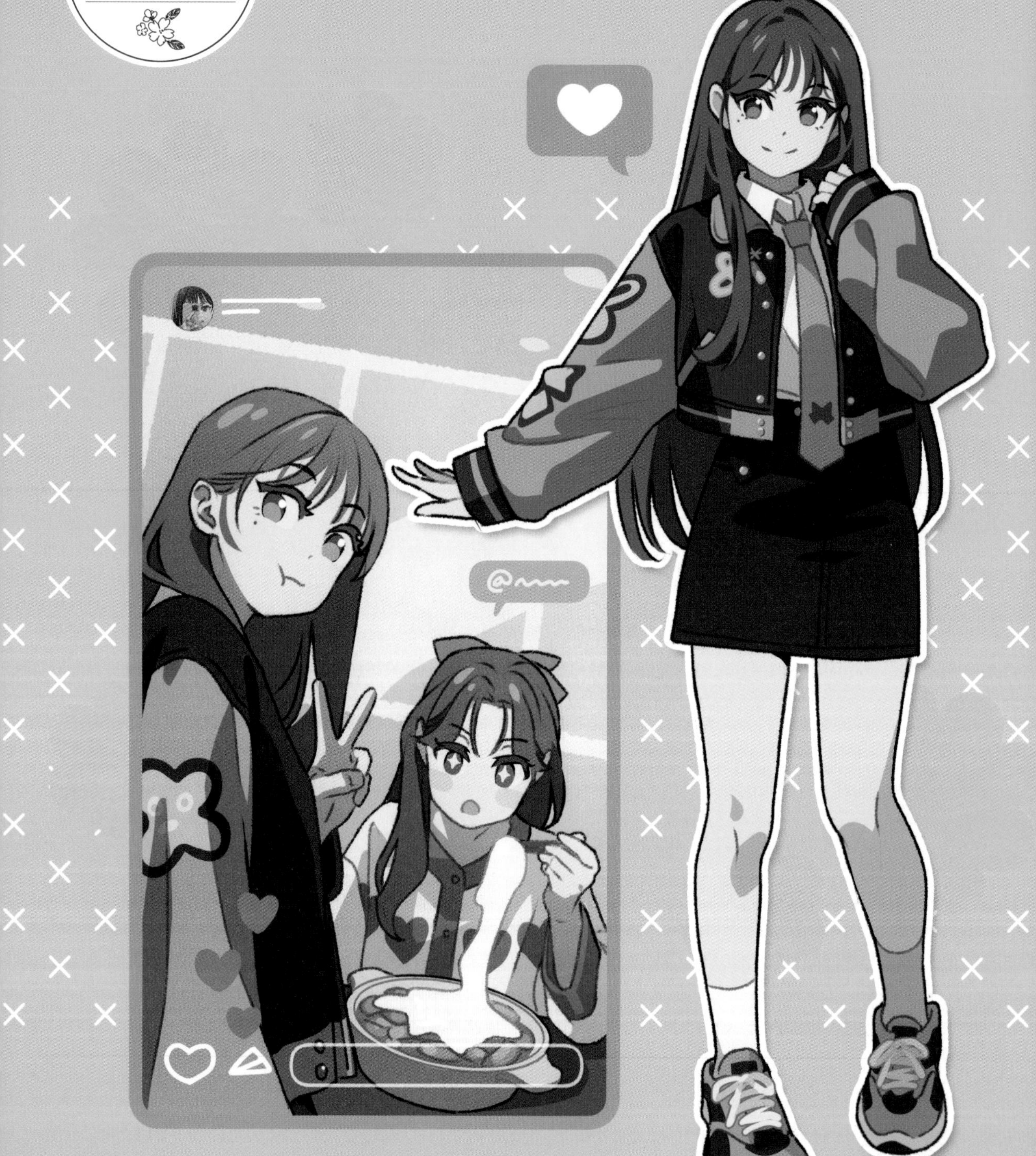

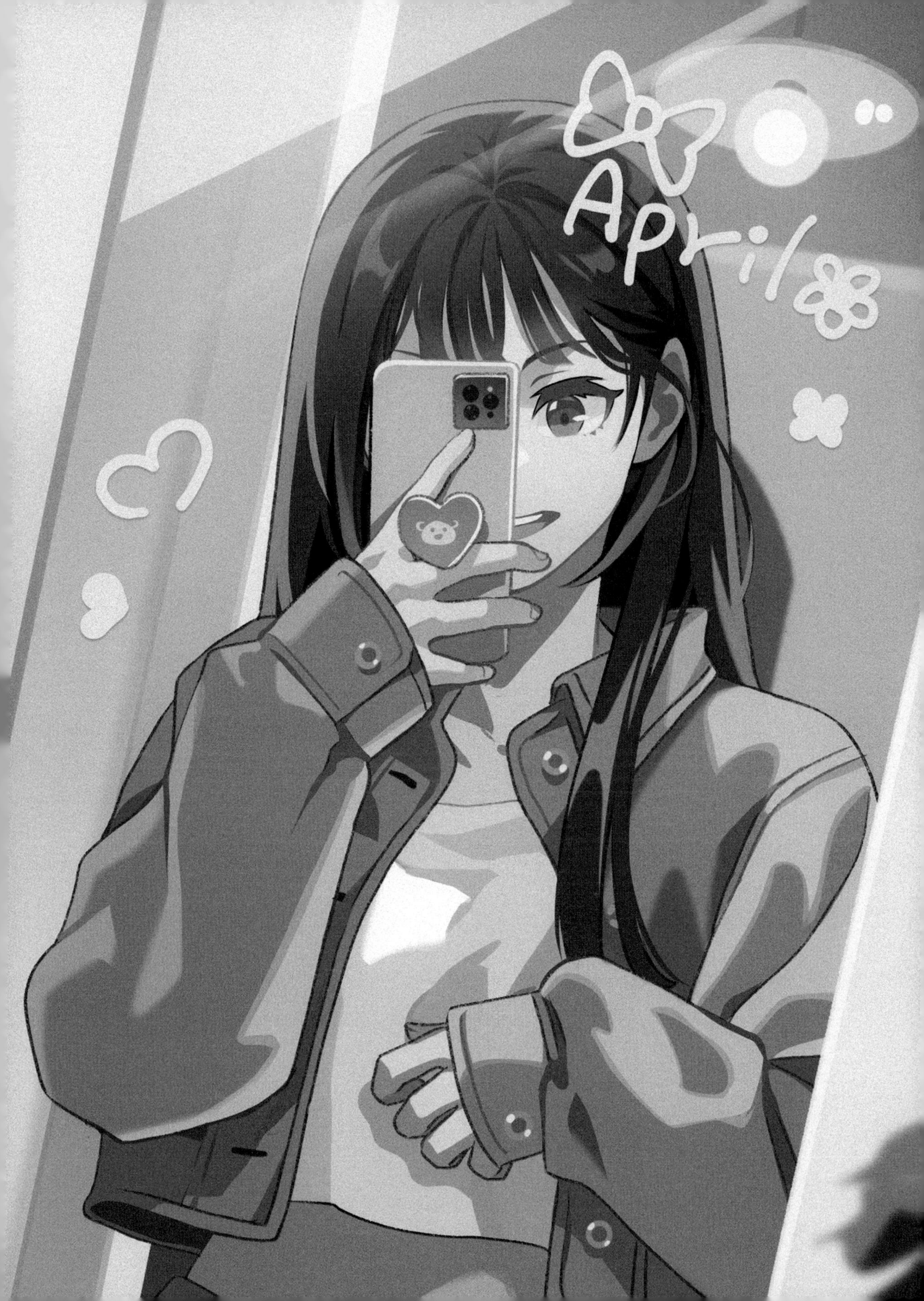
April

DAILY LOOK

보통의 휴식

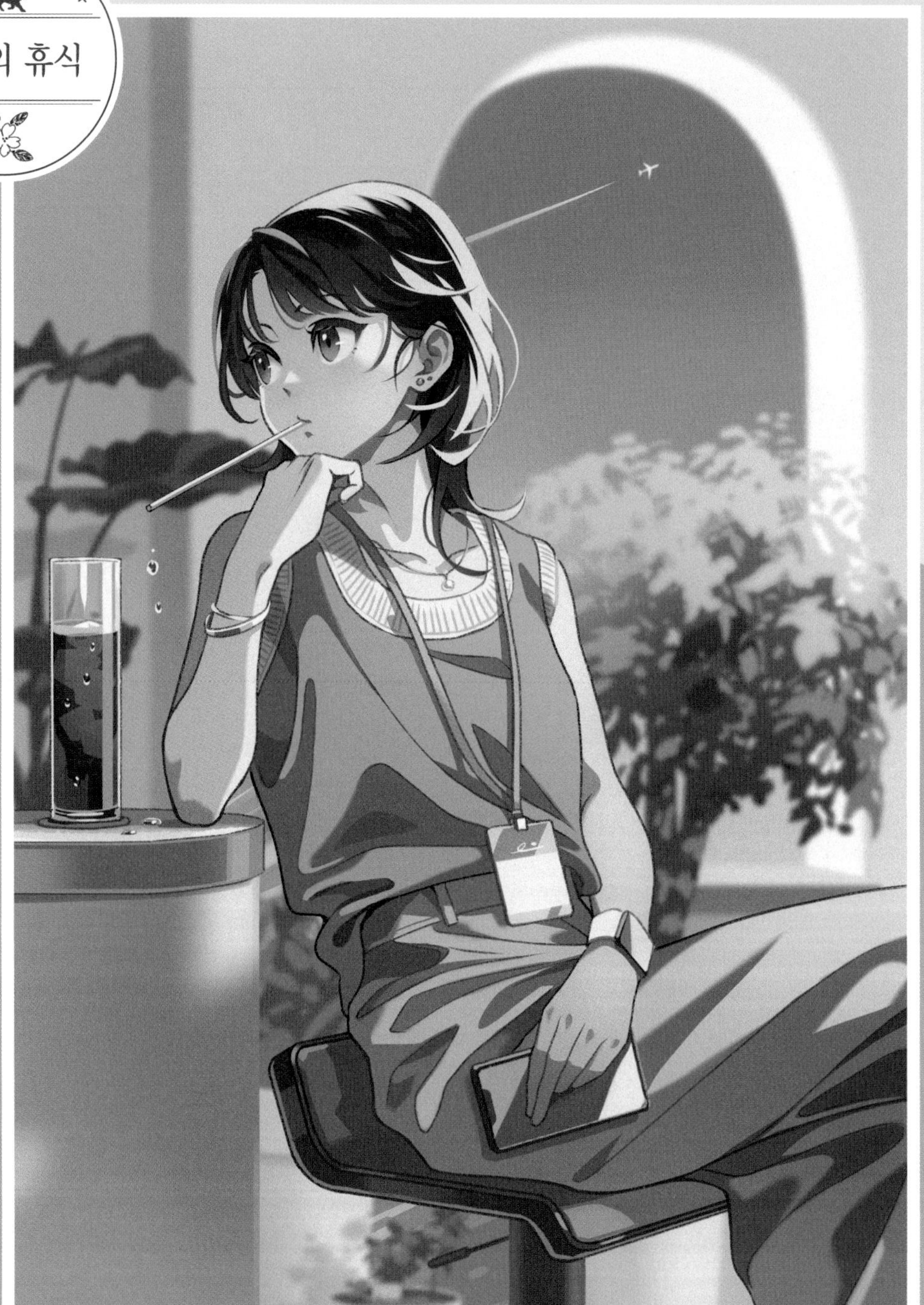

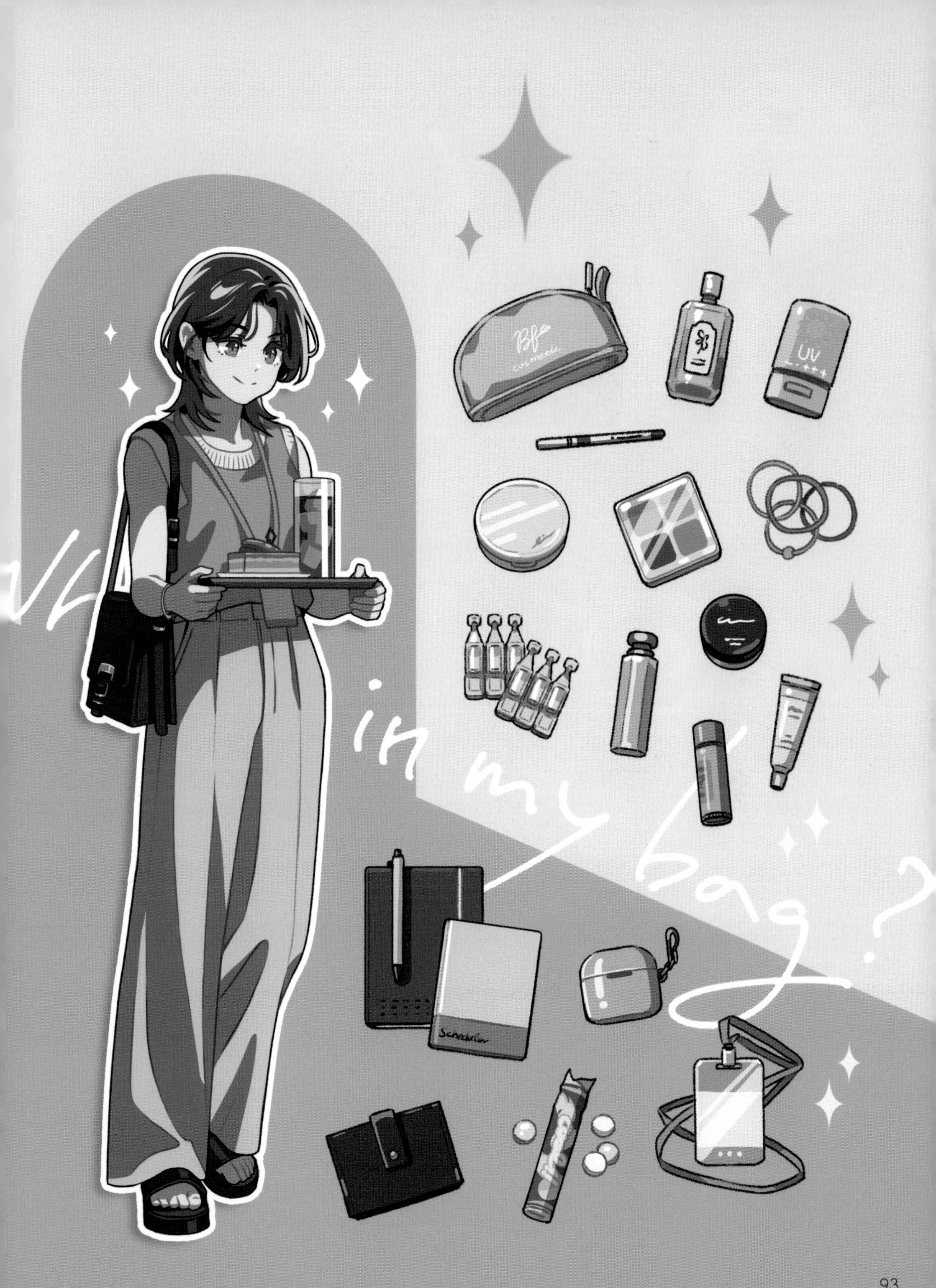
in my bag?
cosmetic
UV

DAILY LOOK

야간 캠핑

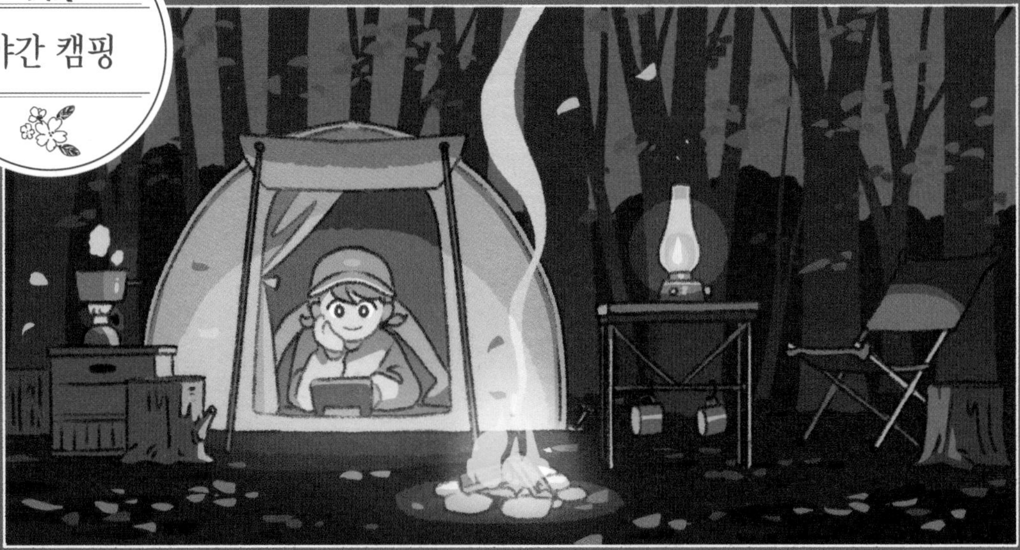

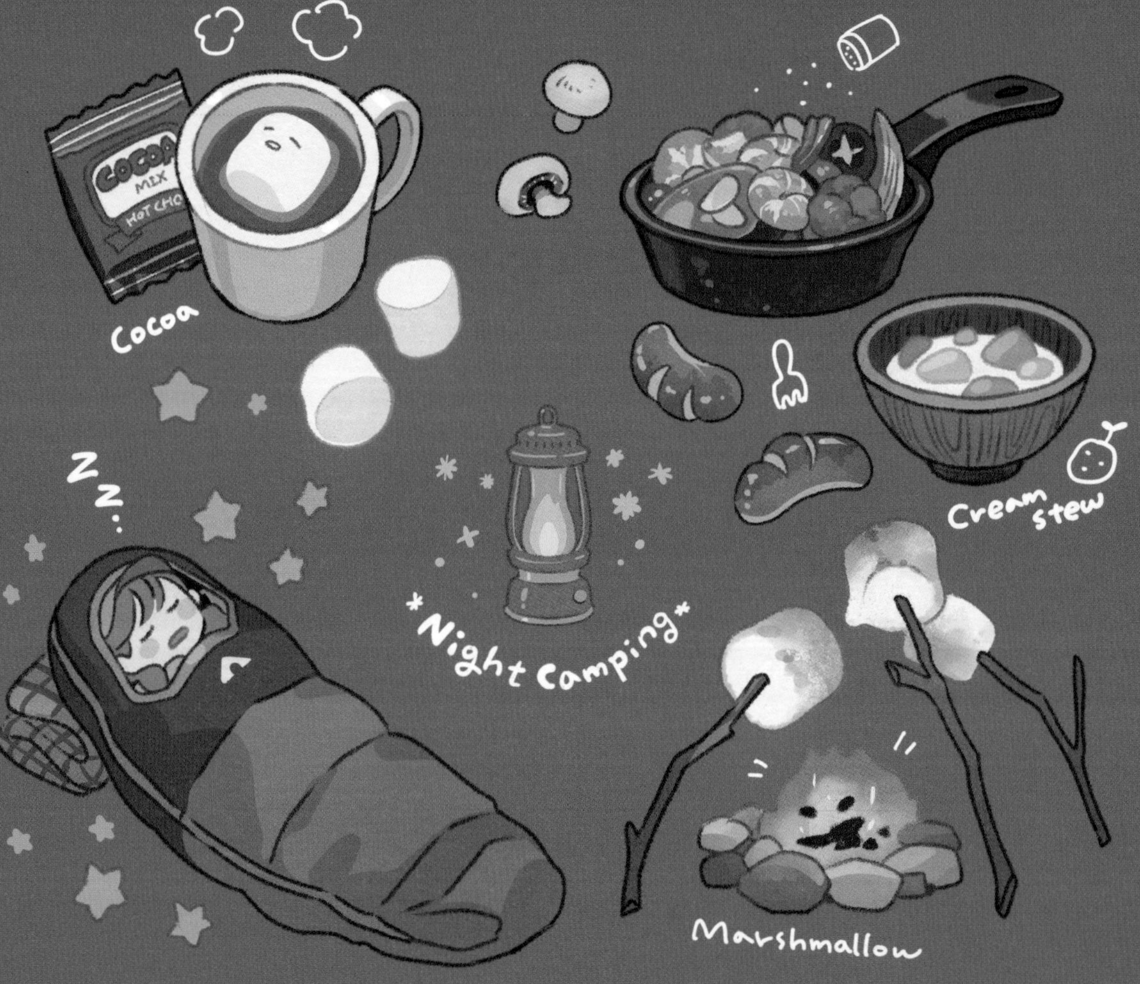

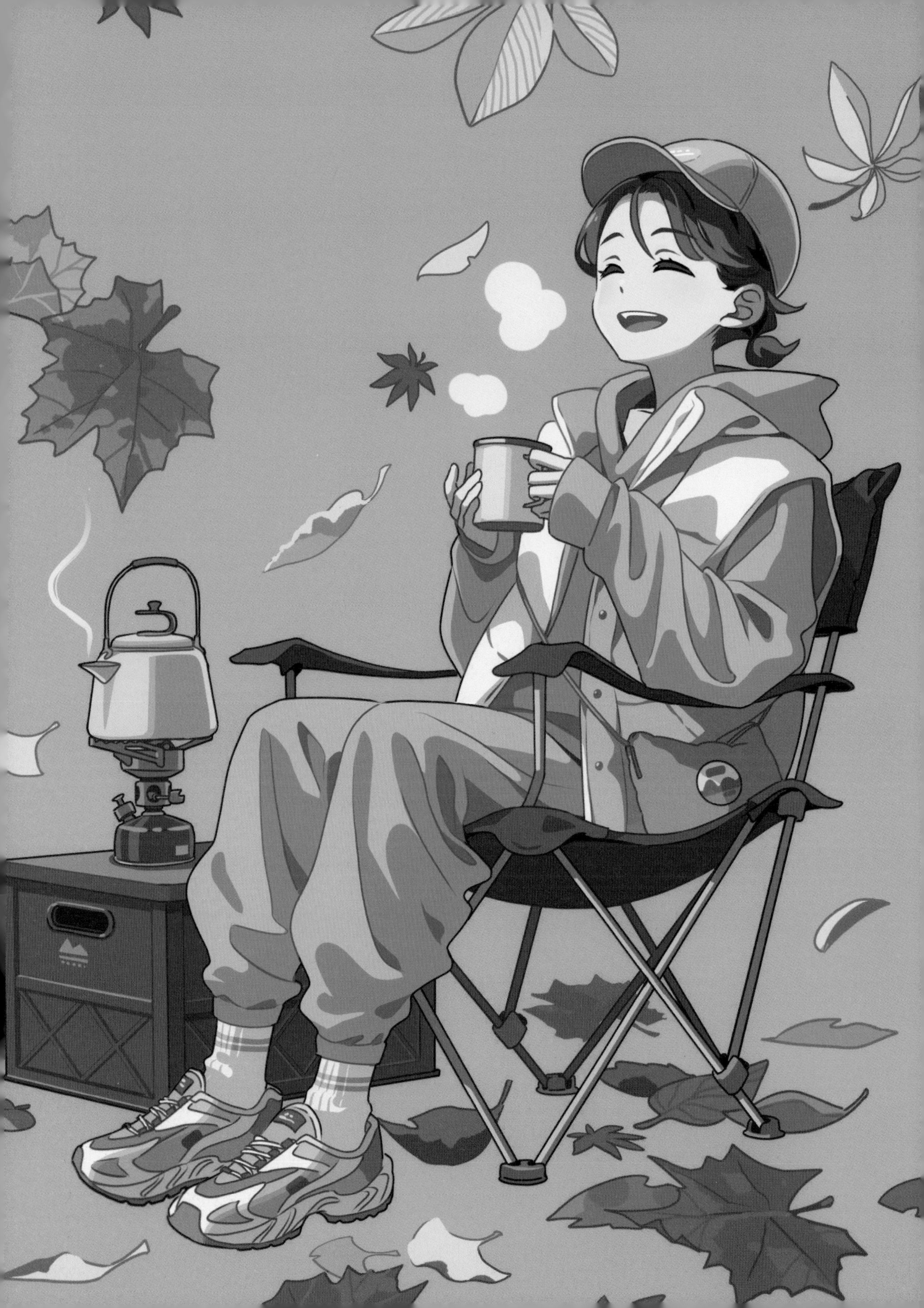

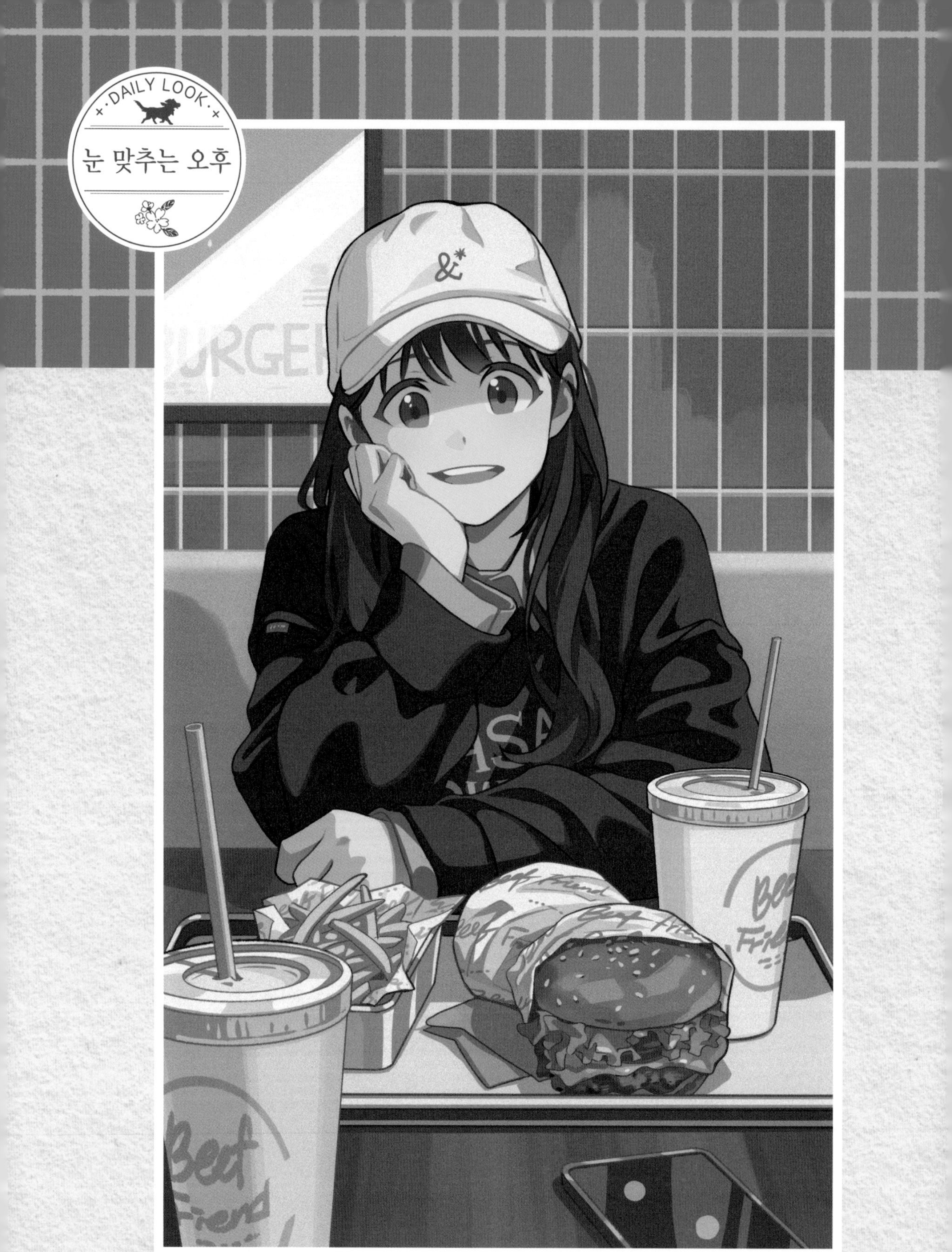
DAILY LOOK
눈 맞추는 오후
Beef Friend

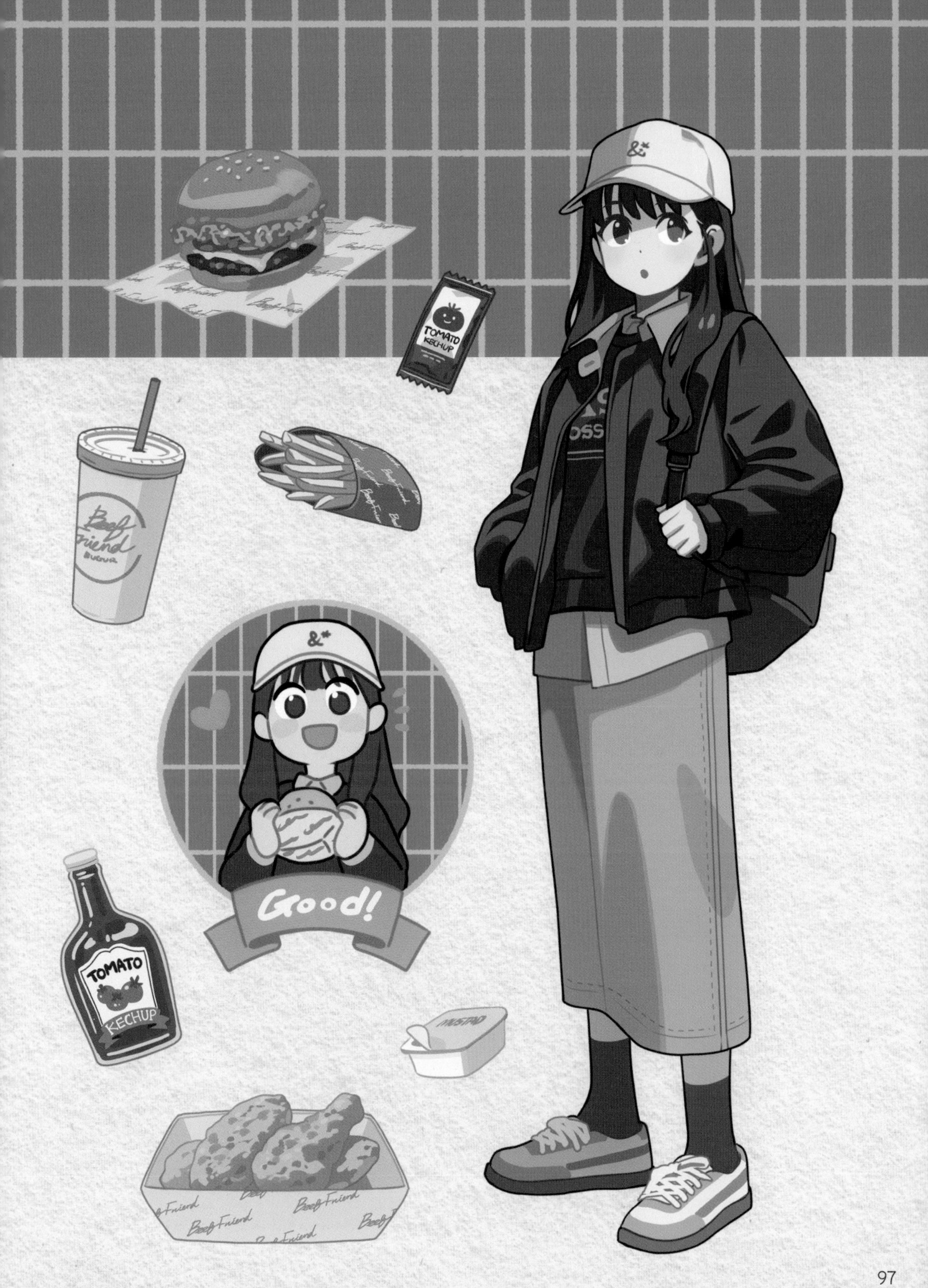
TOMATO
KECHUP
Beef Friend
Good!
TOMATO
KECHUP
MUSTARD

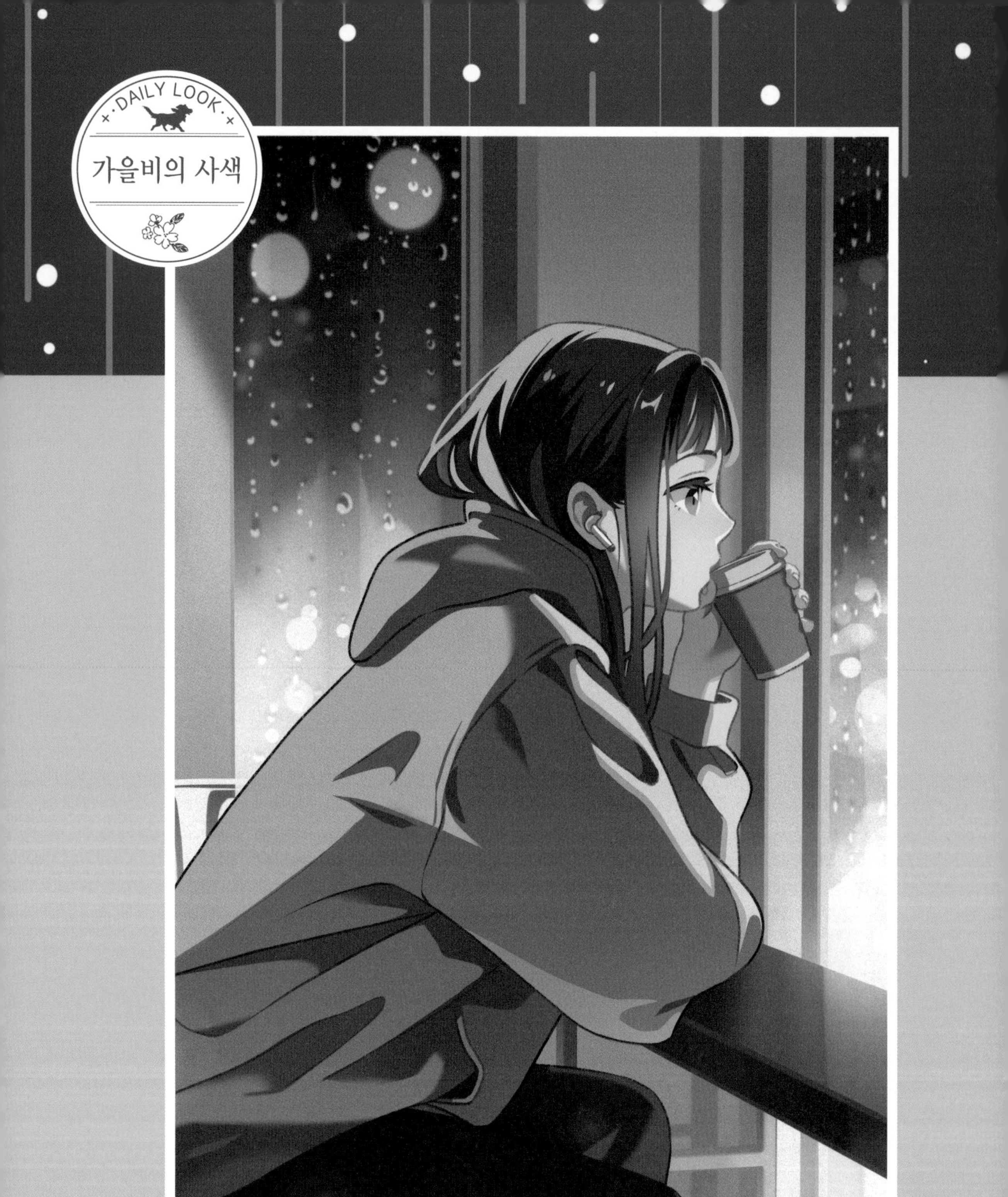
DAILY LOOK
가을비의 사색

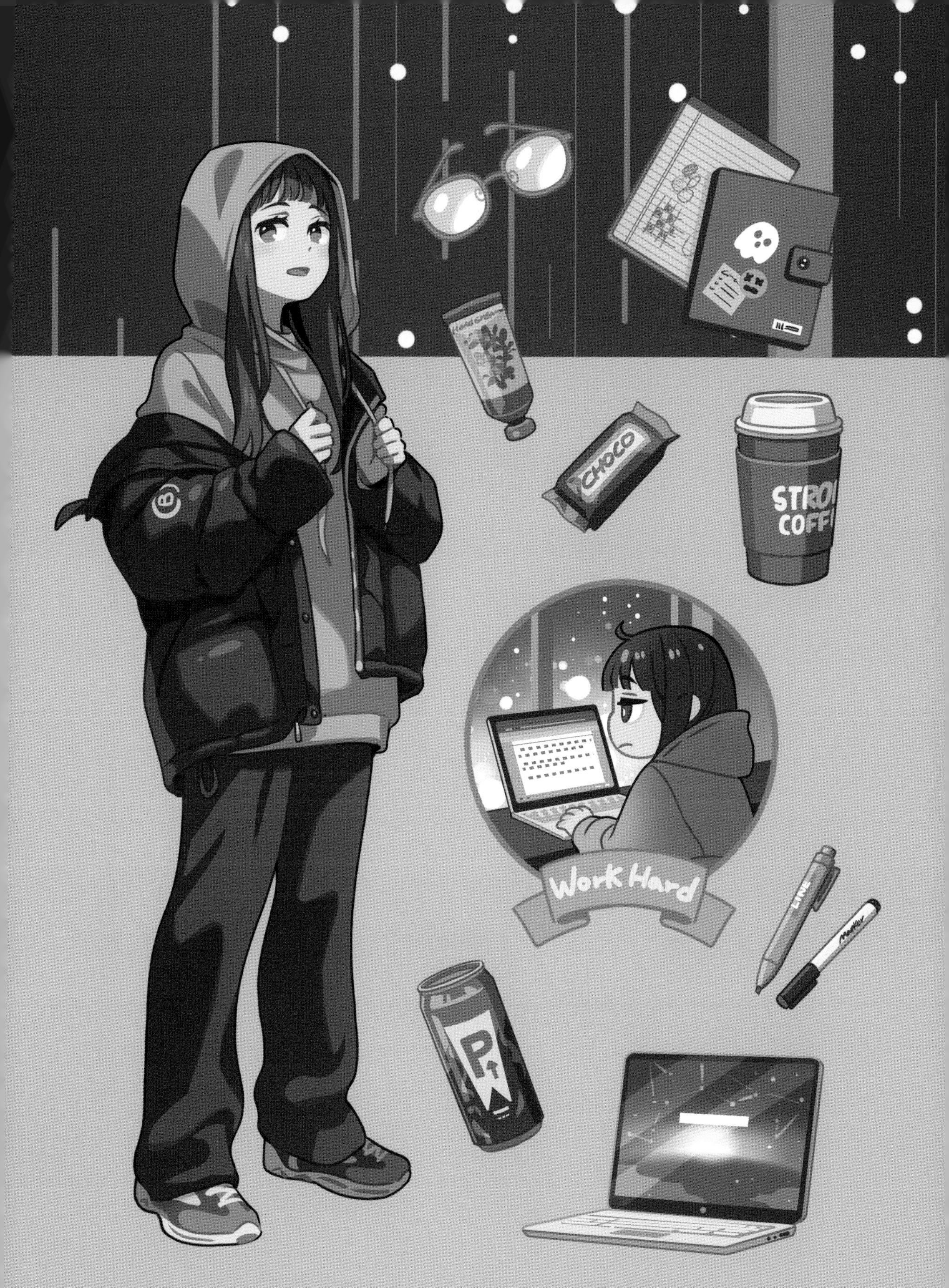
CHOCO
STRO
COFF
Work Hard
LINE
Marker

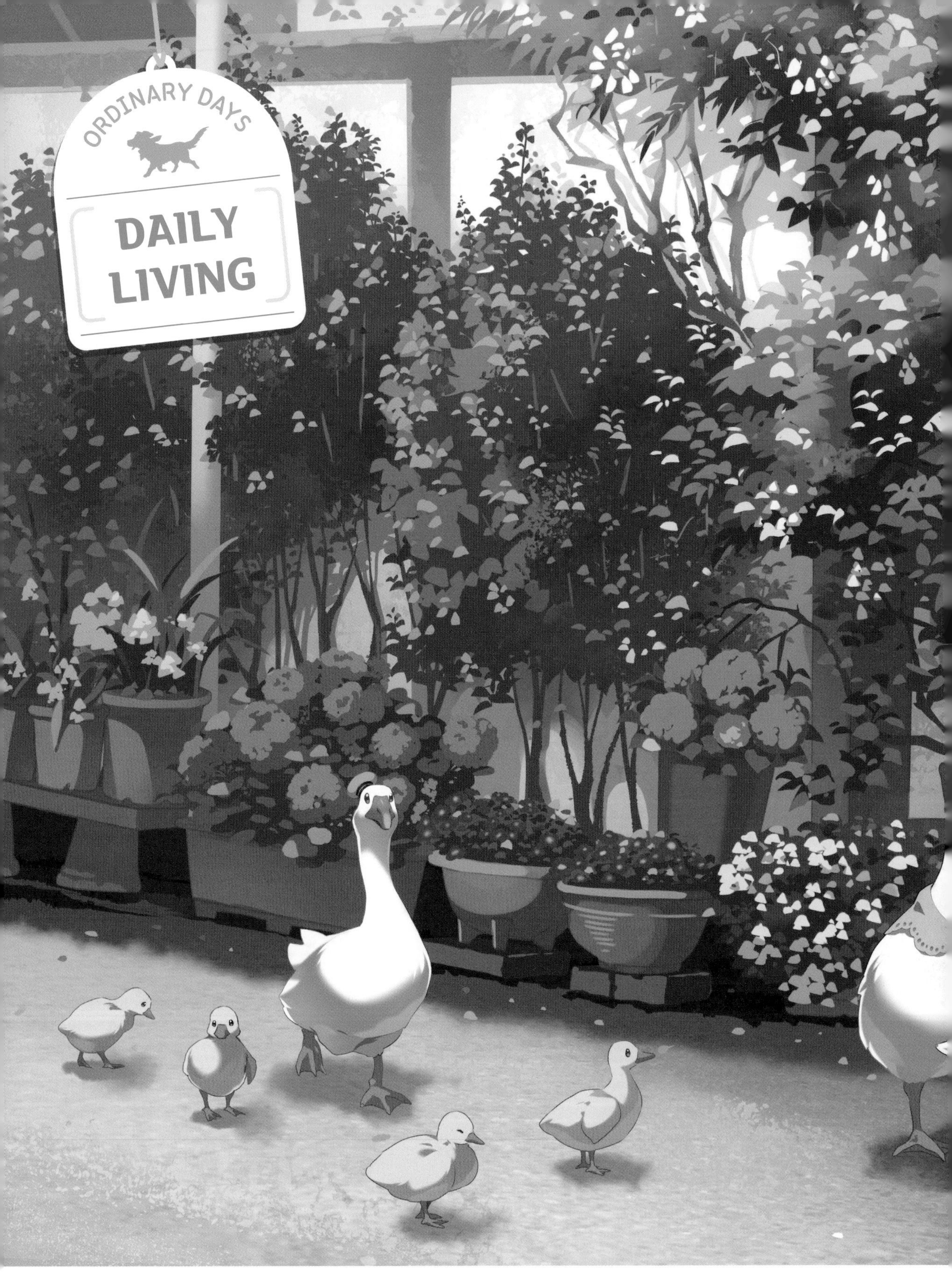
ORDINARY DAYS
DAILY LIVING

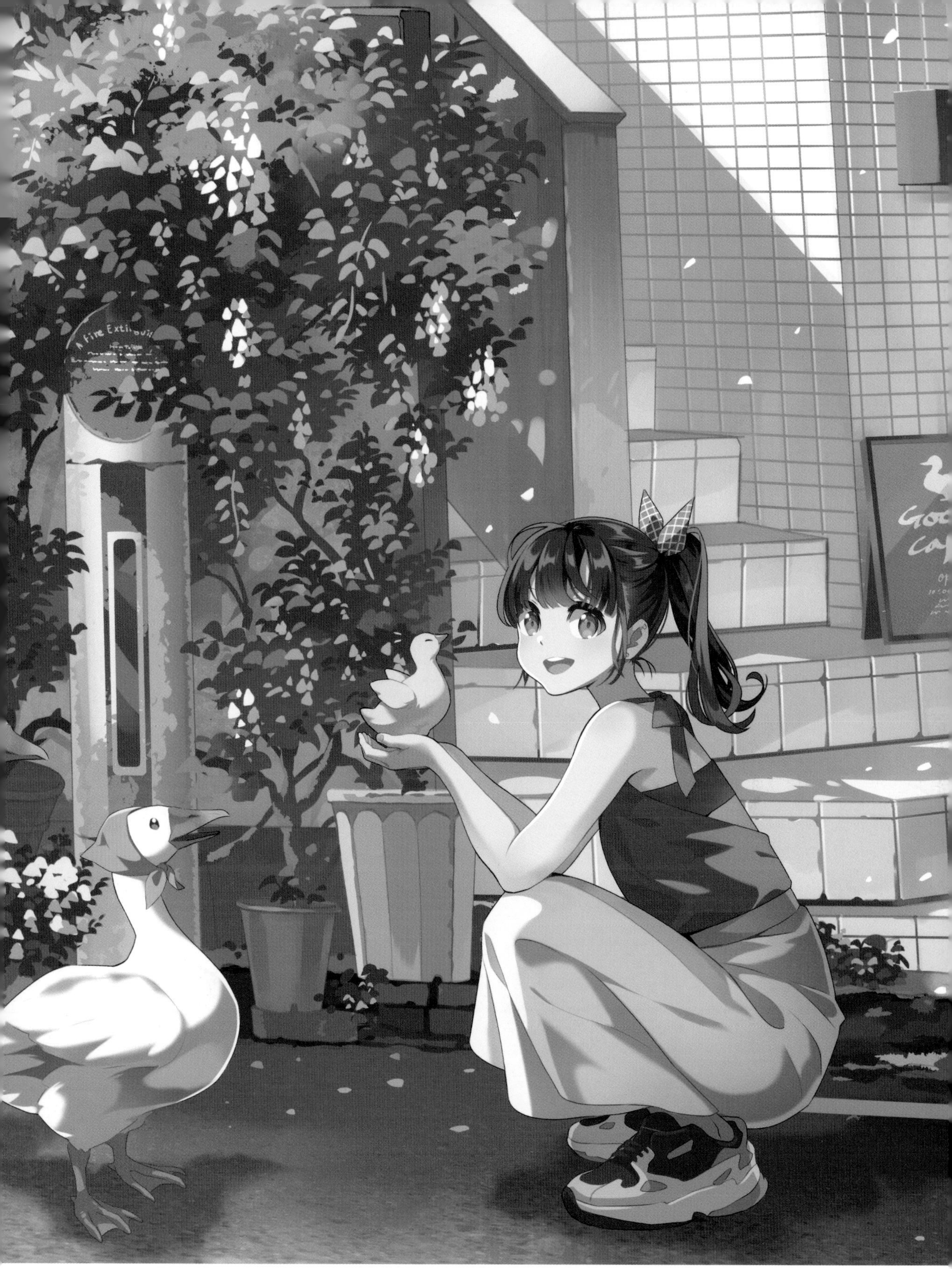

백설 공주

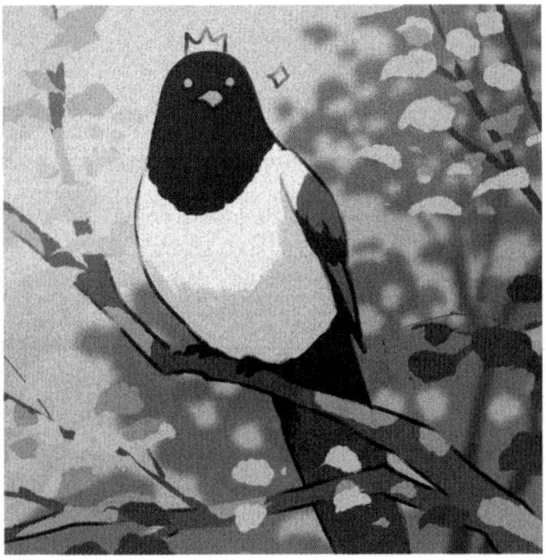

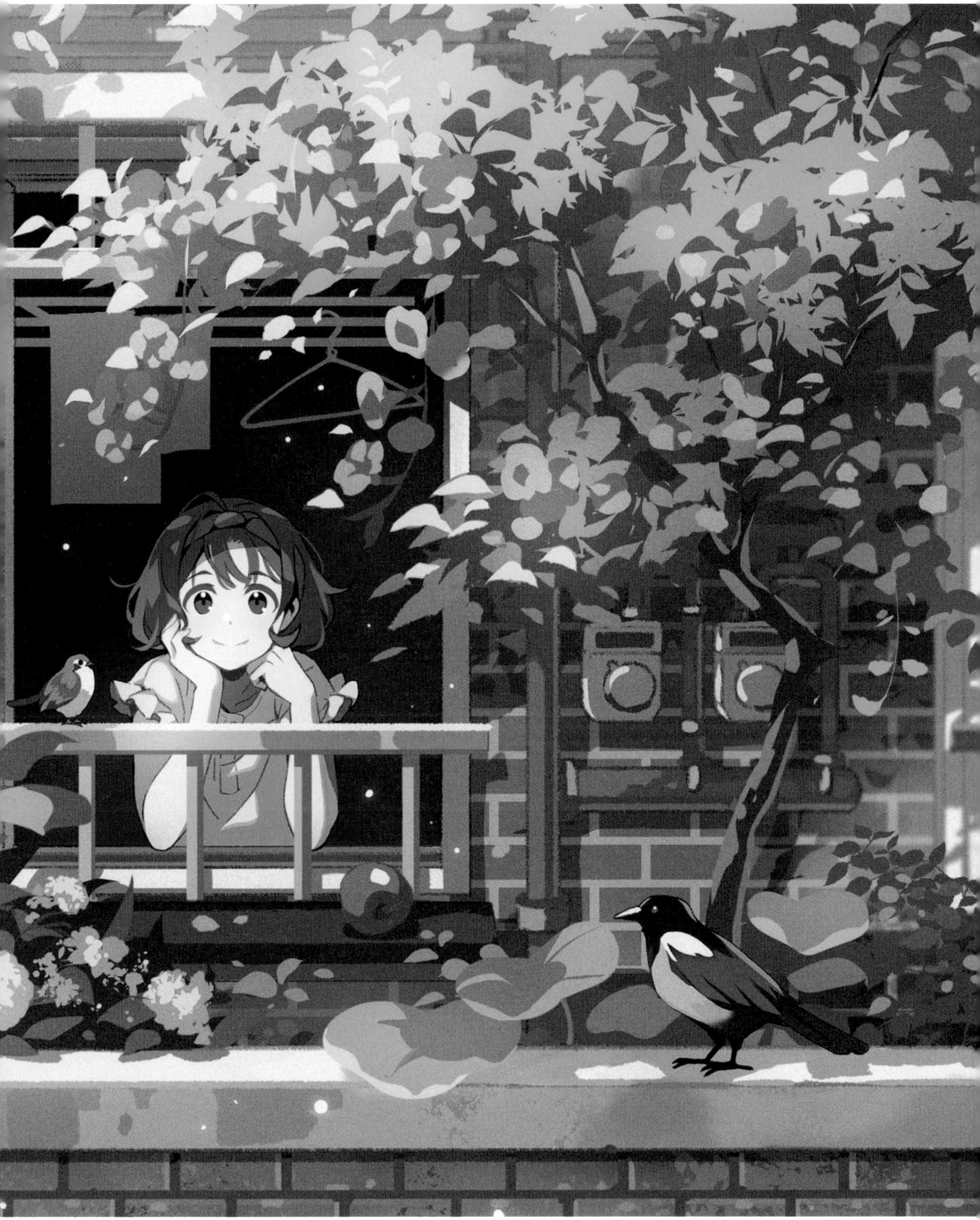

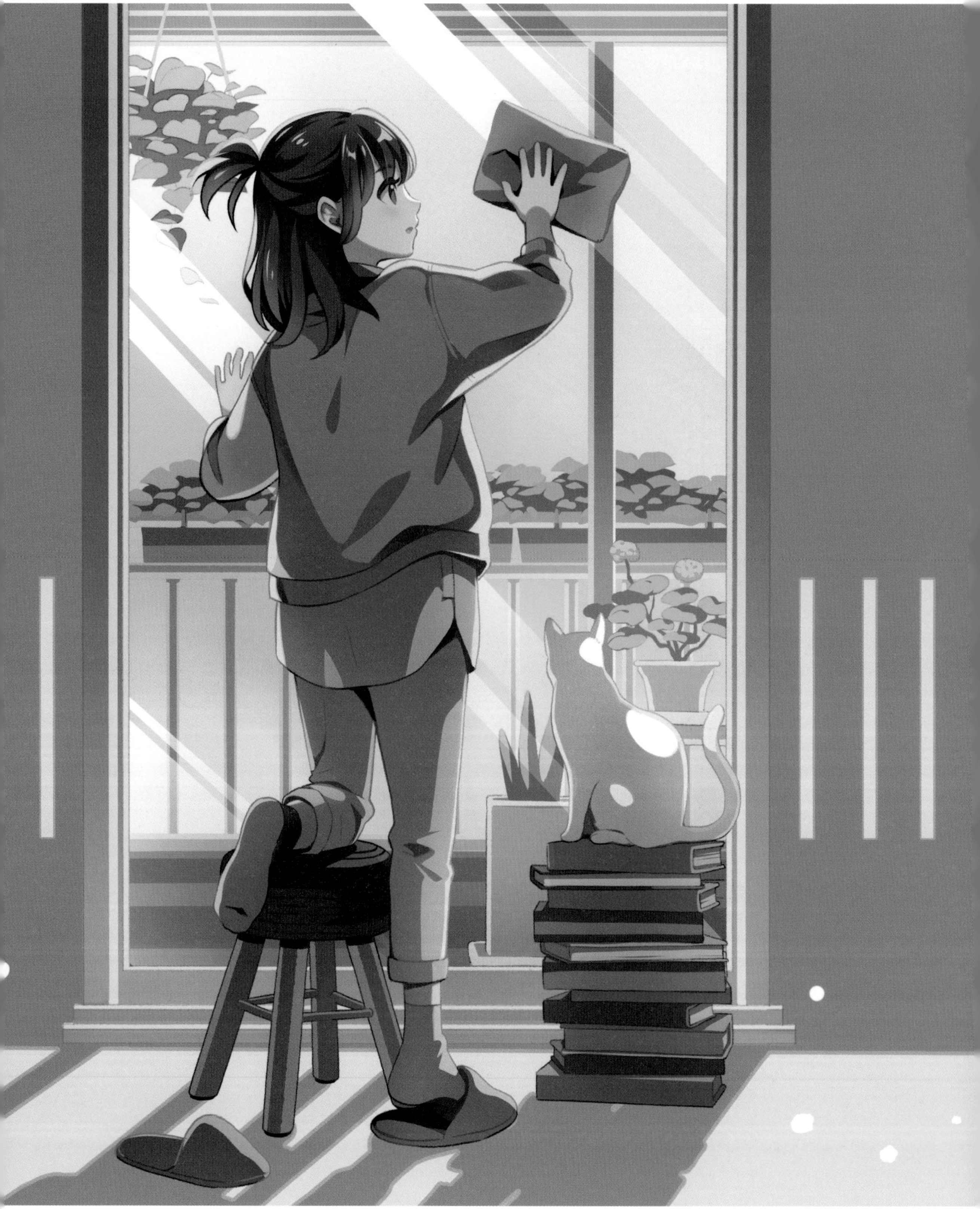

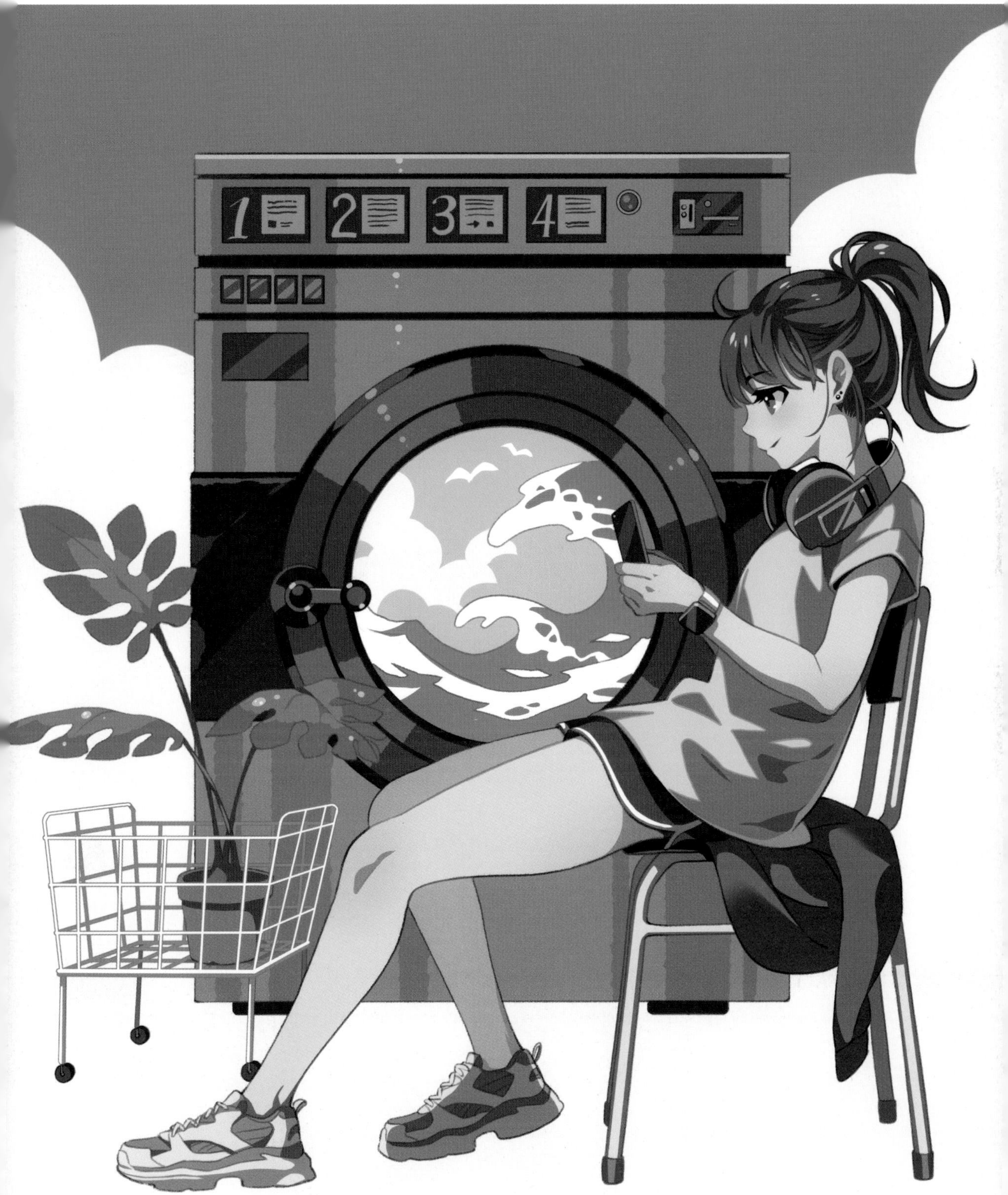
1
2
3
4

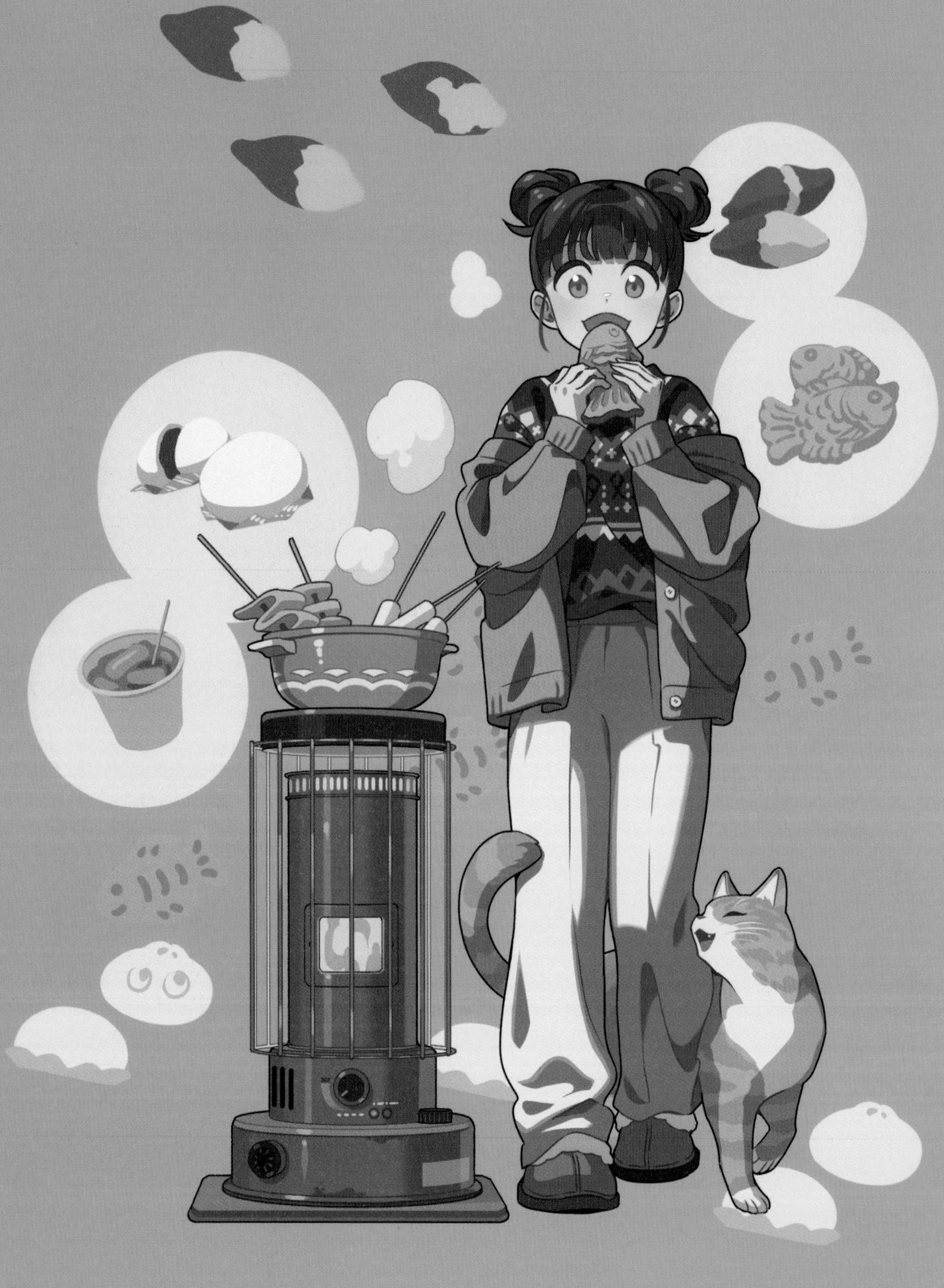

DAILY LIVING

봄바람에 들뜬 라이딩

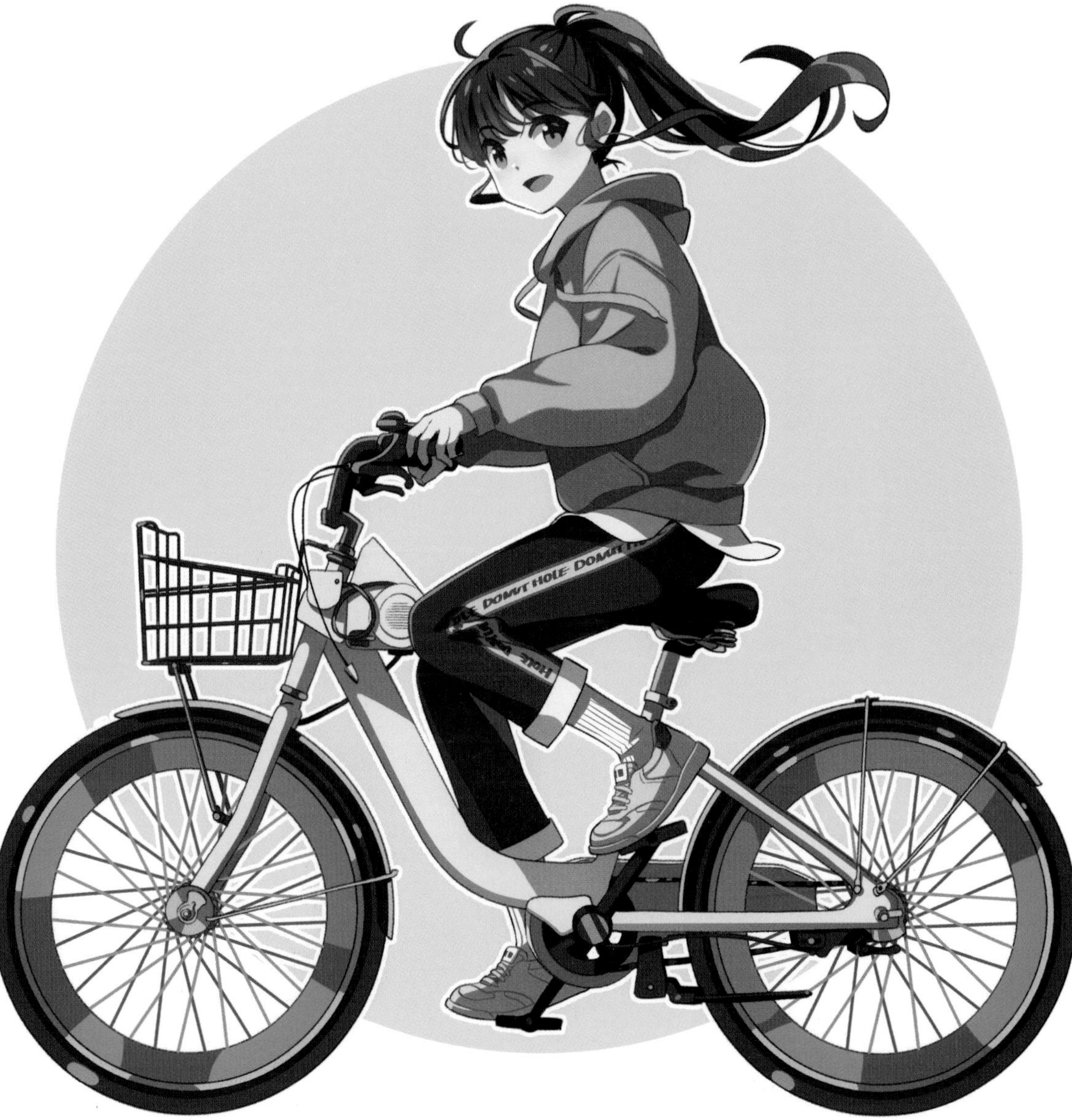

오늘의 운동

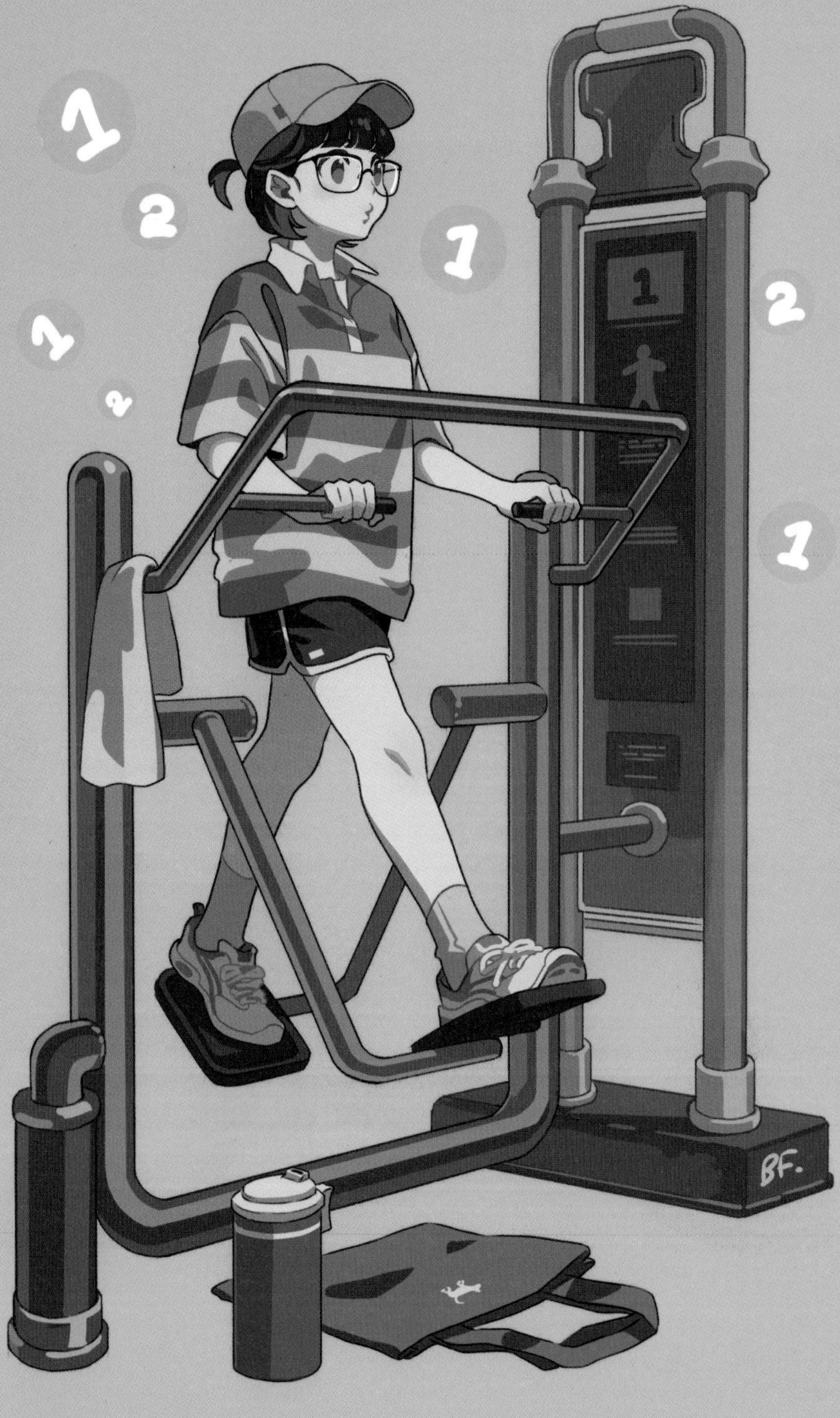

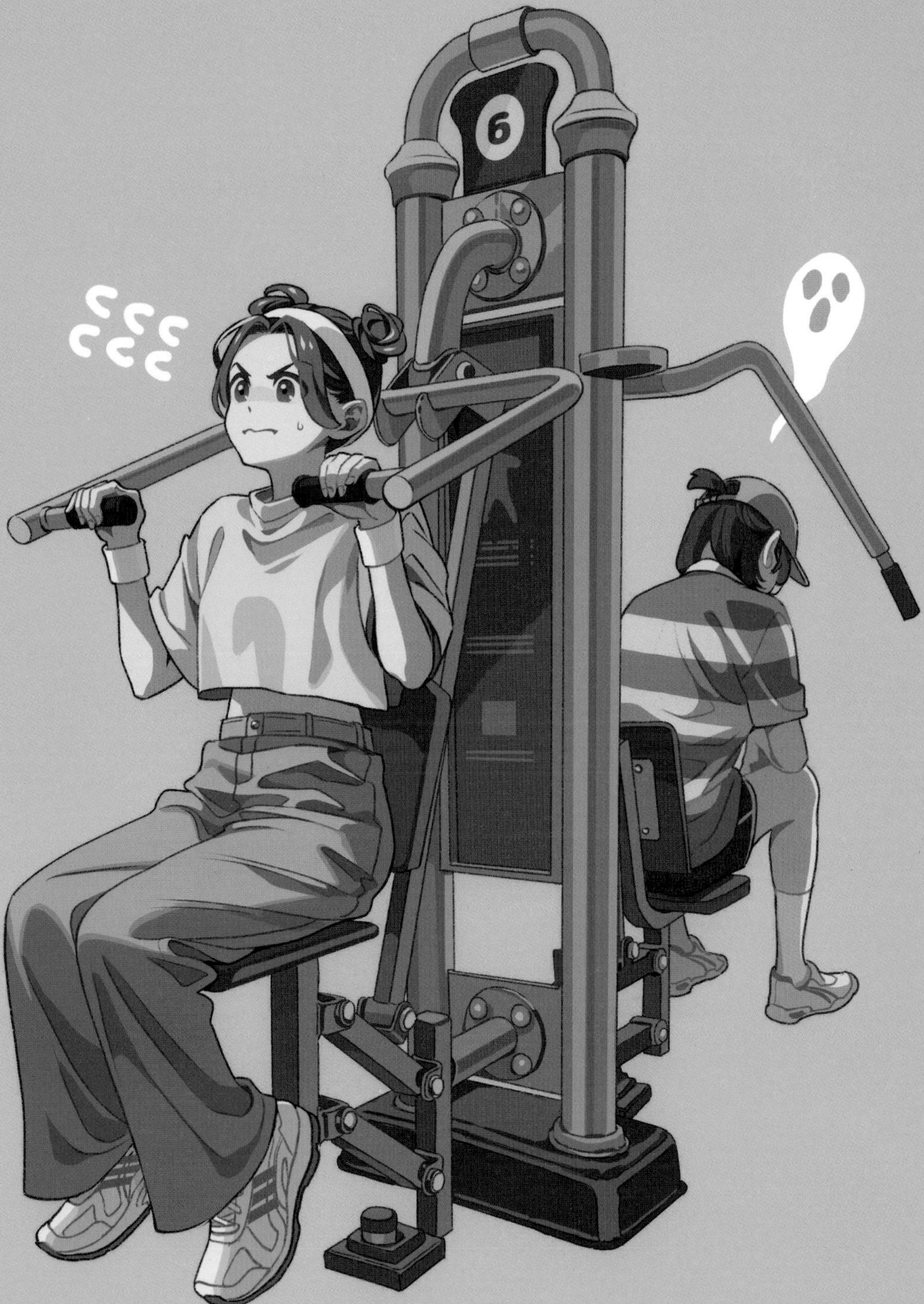
6

DAILY LIVING

고양이와 삼치구이

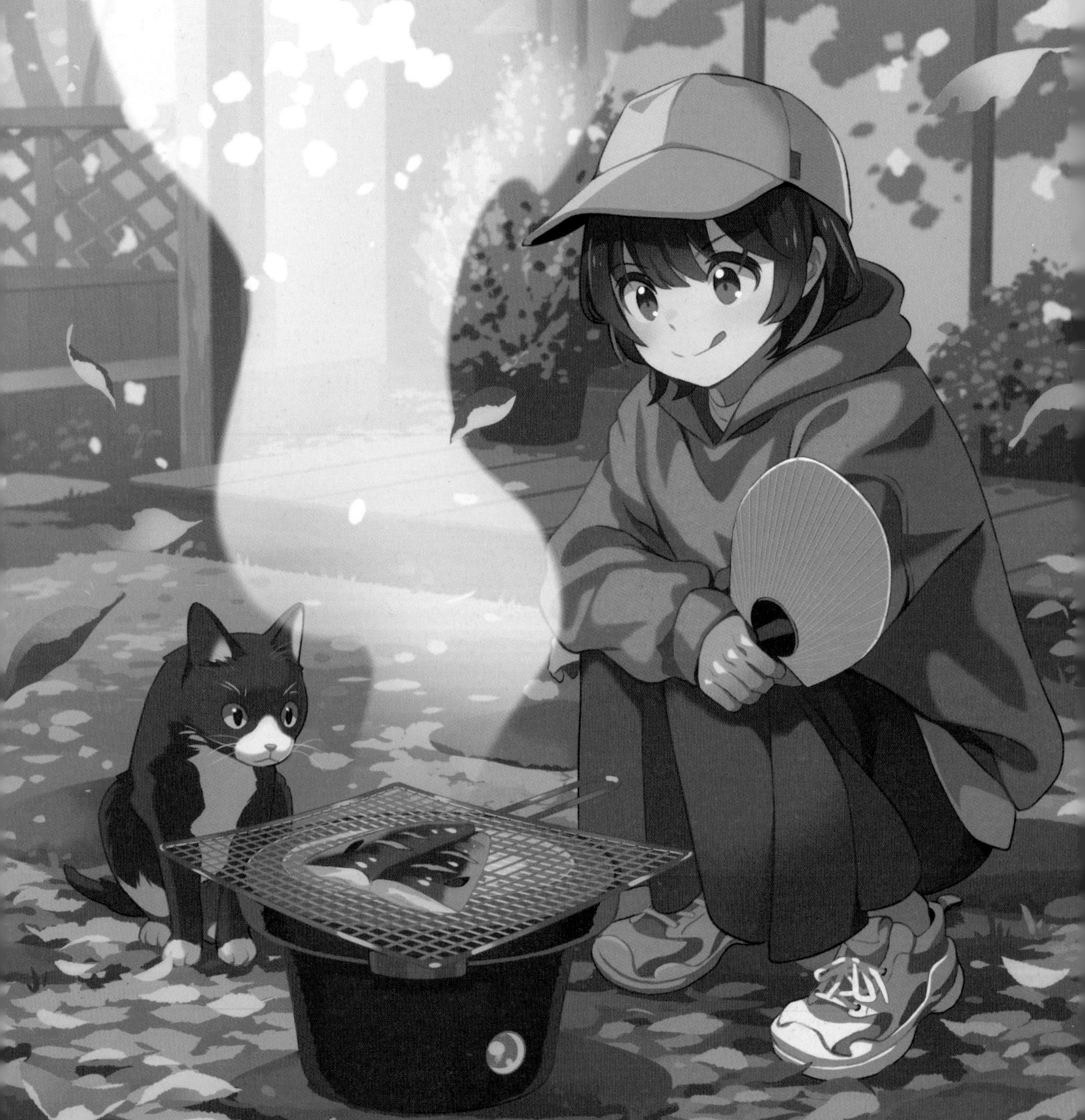

DAILY LIVING

집 밖은 위험해

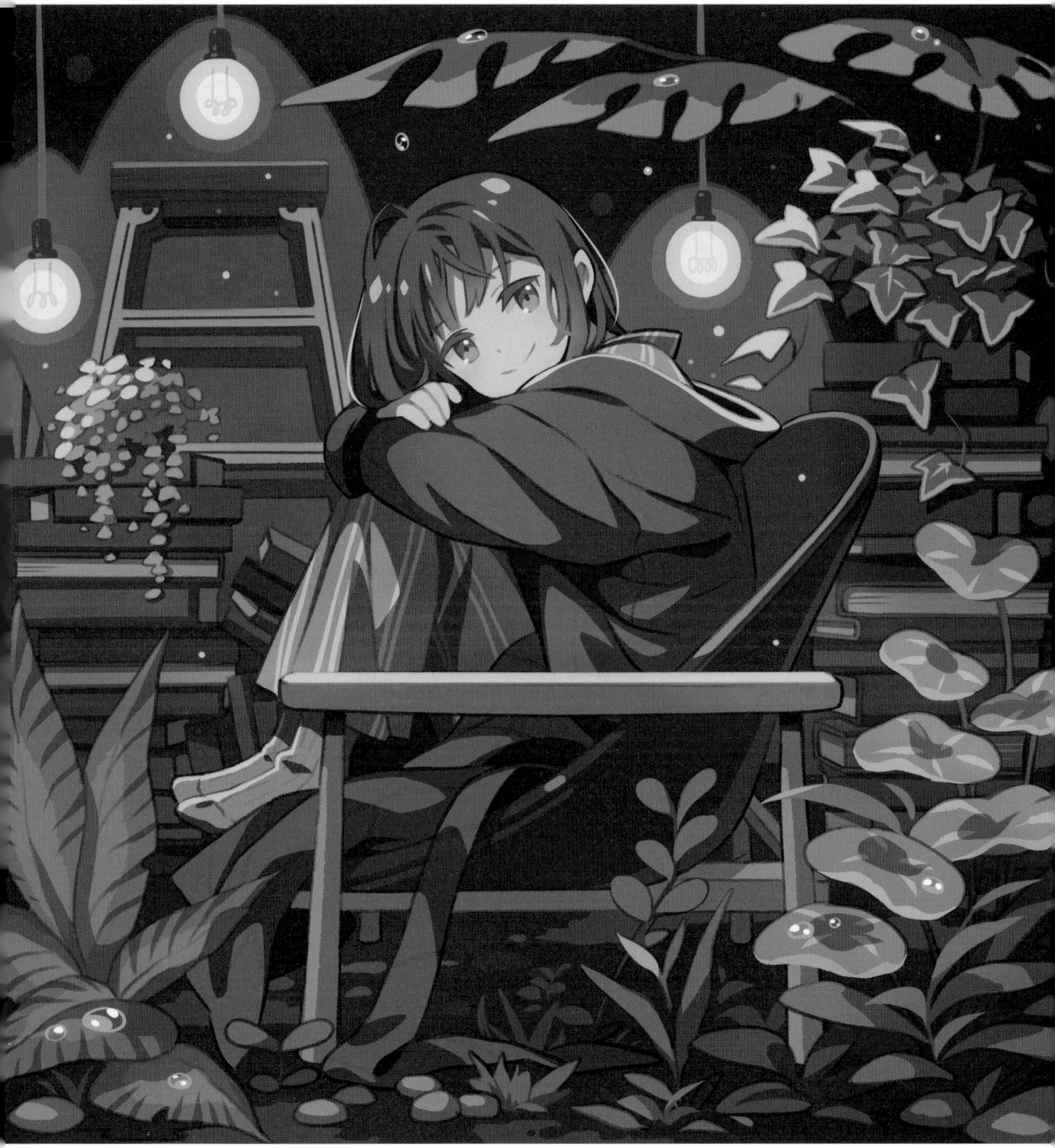

핑크뮬리와 강아지

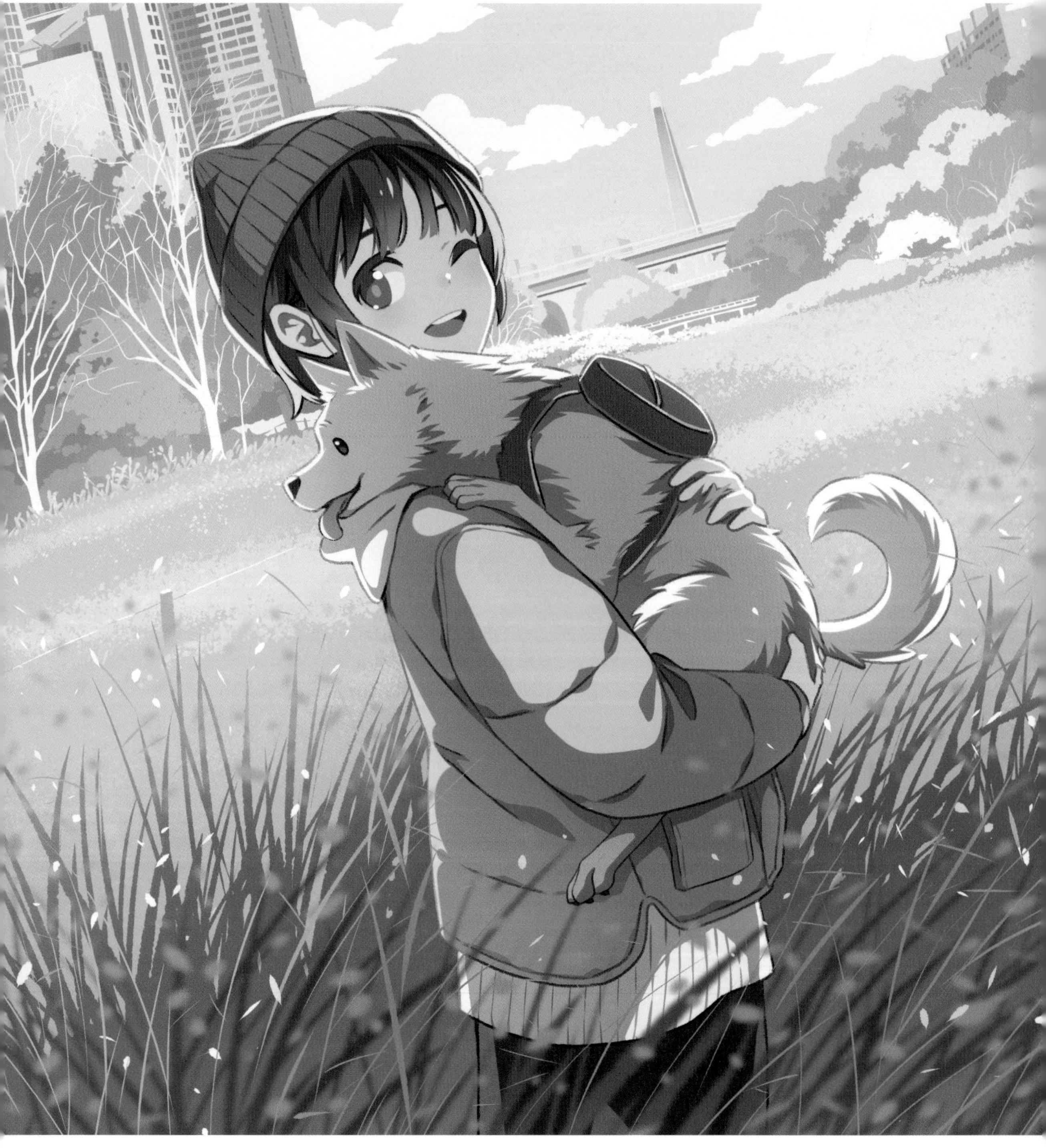

버스 정류장

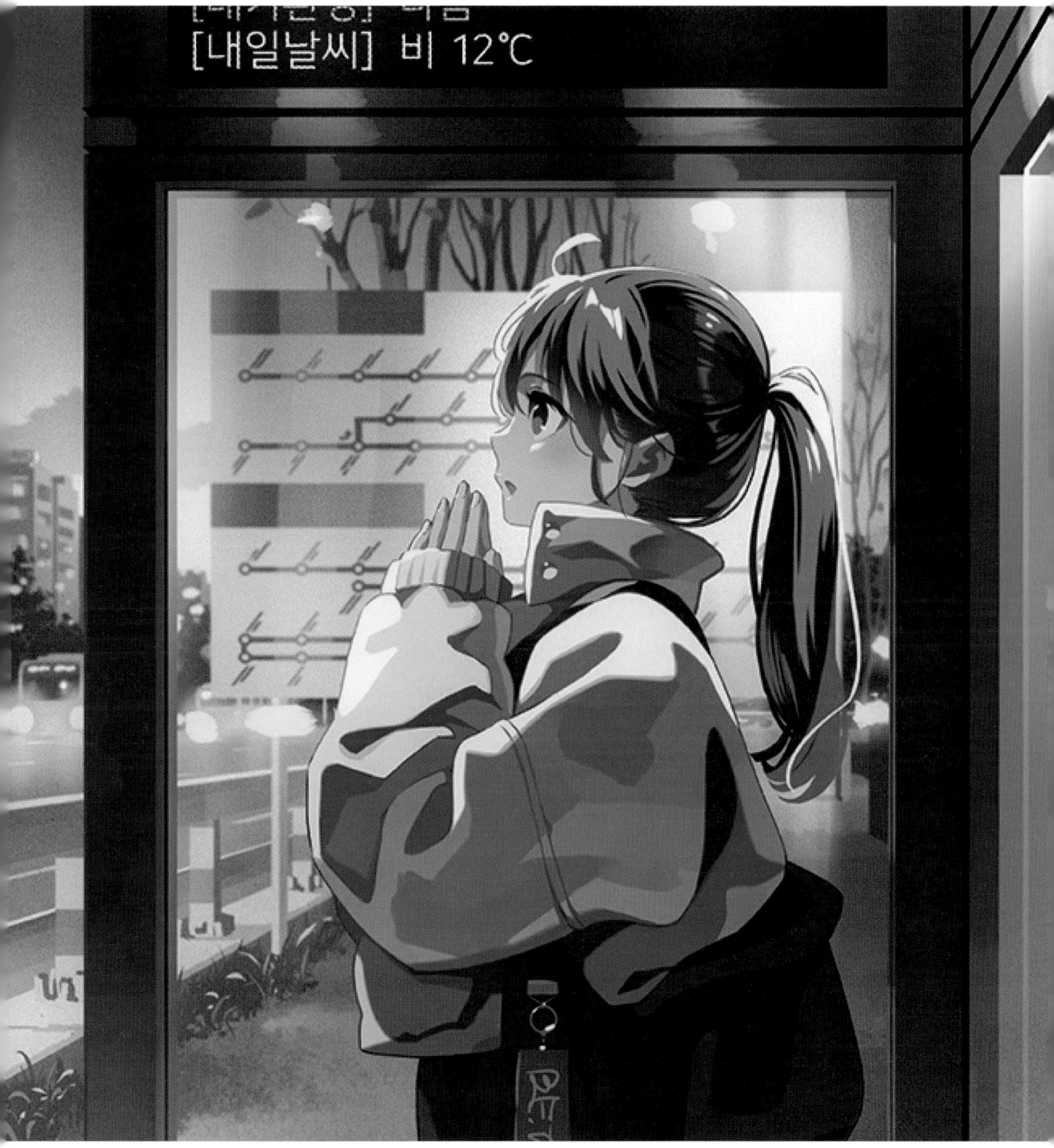

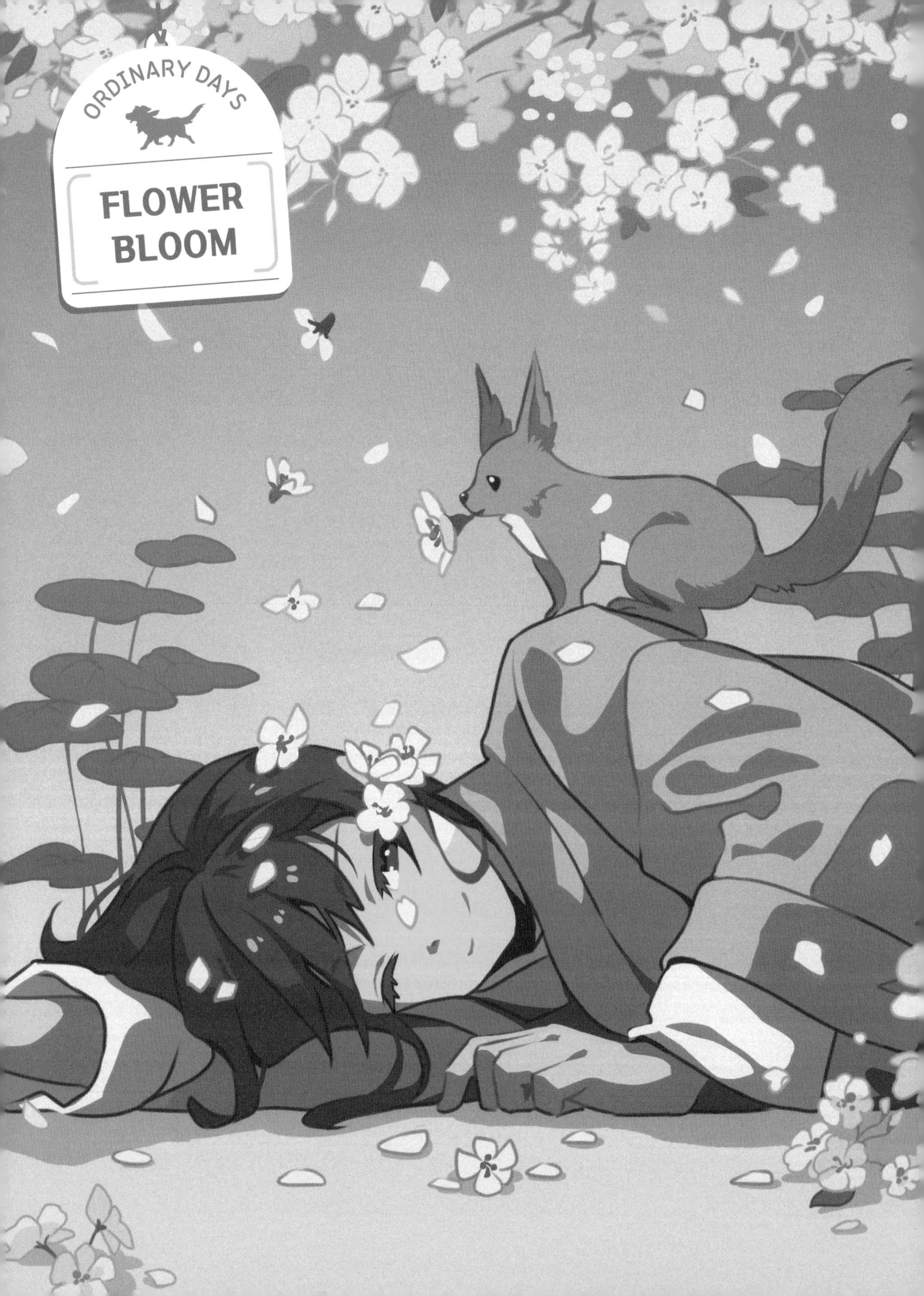
ORDINARY DAYS
FLOWER
BLOOM

FLOWER BLOOM

유채꽃과 나비

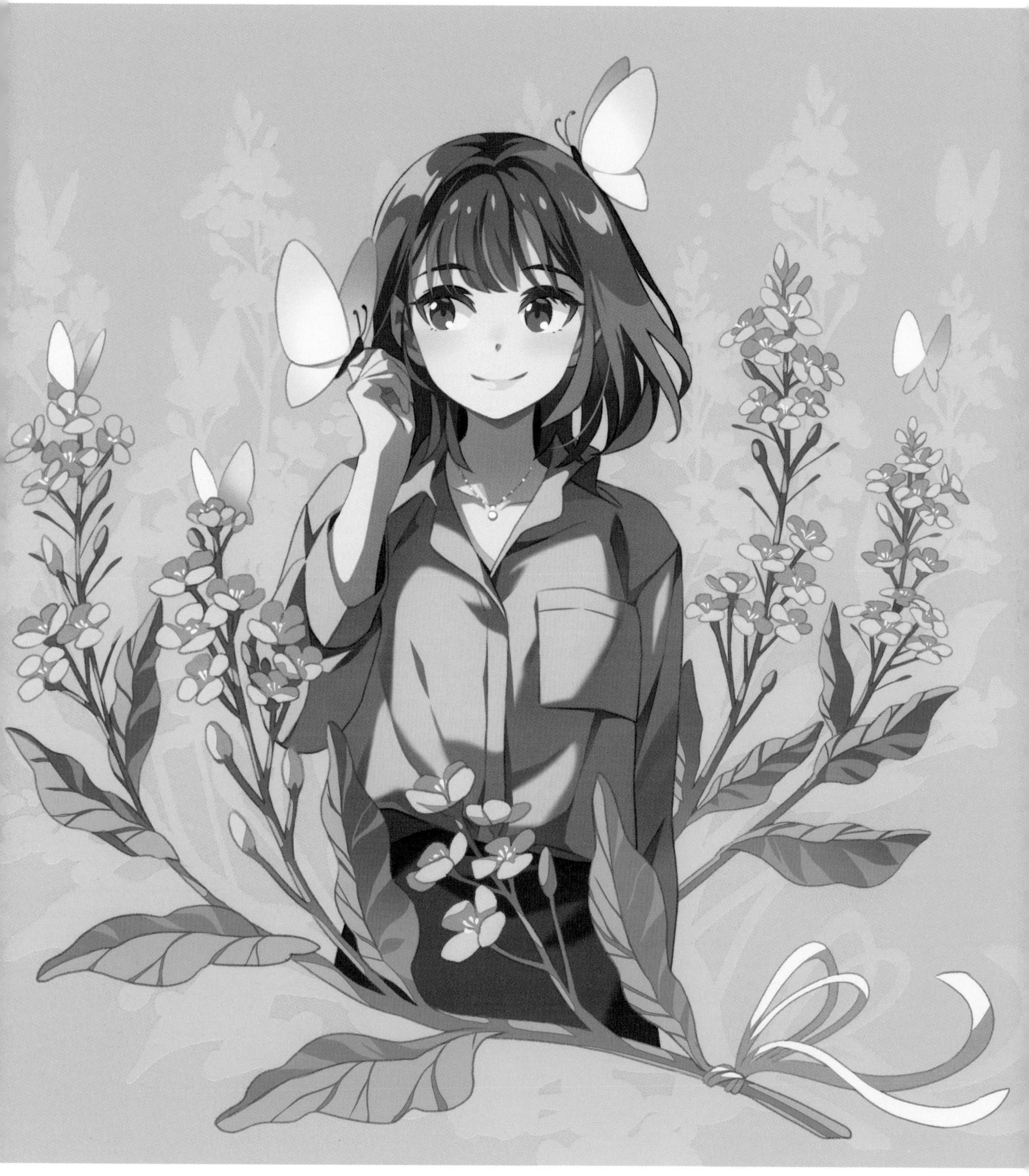

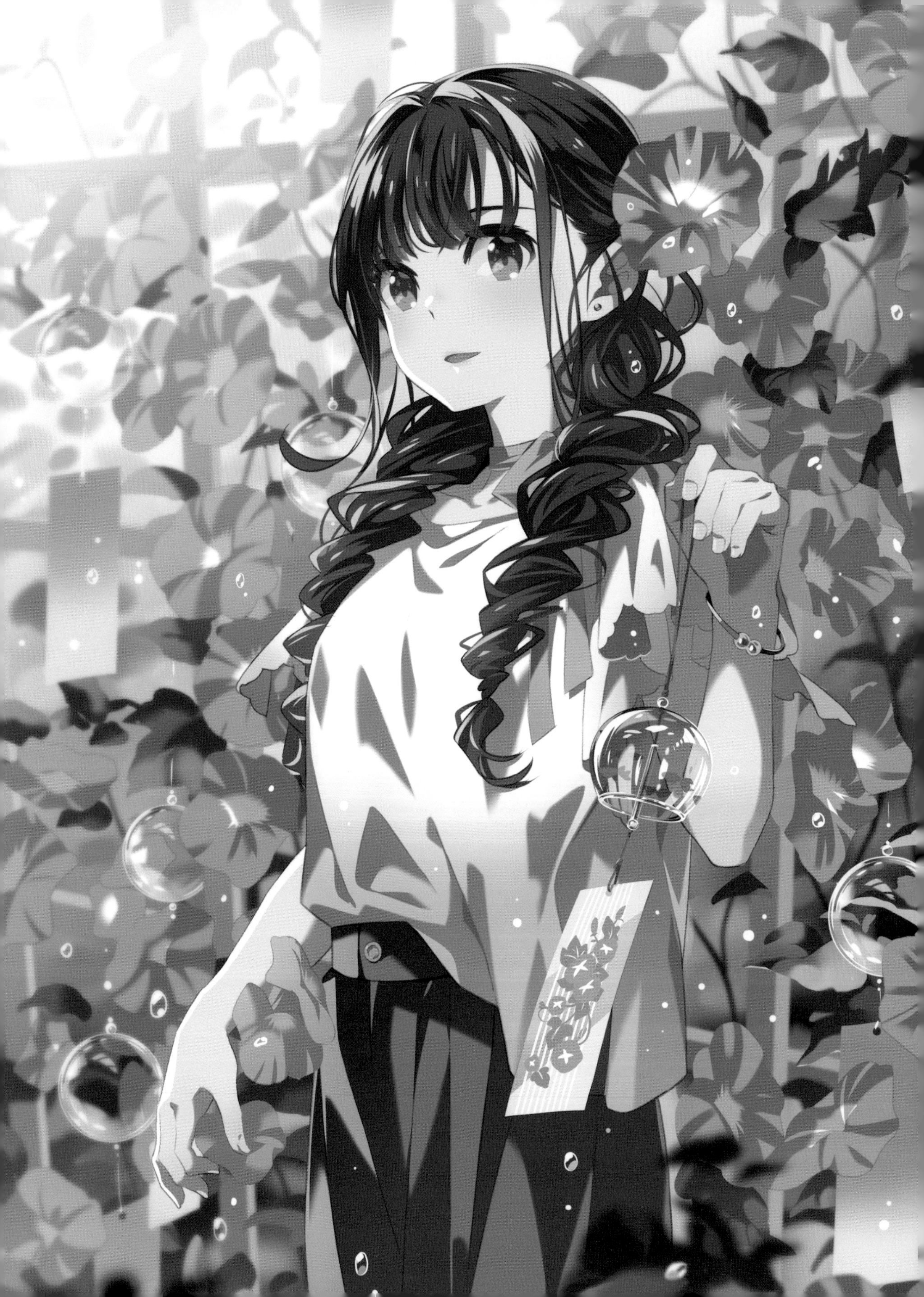

FLOWER BLOOM

라일락 아래서

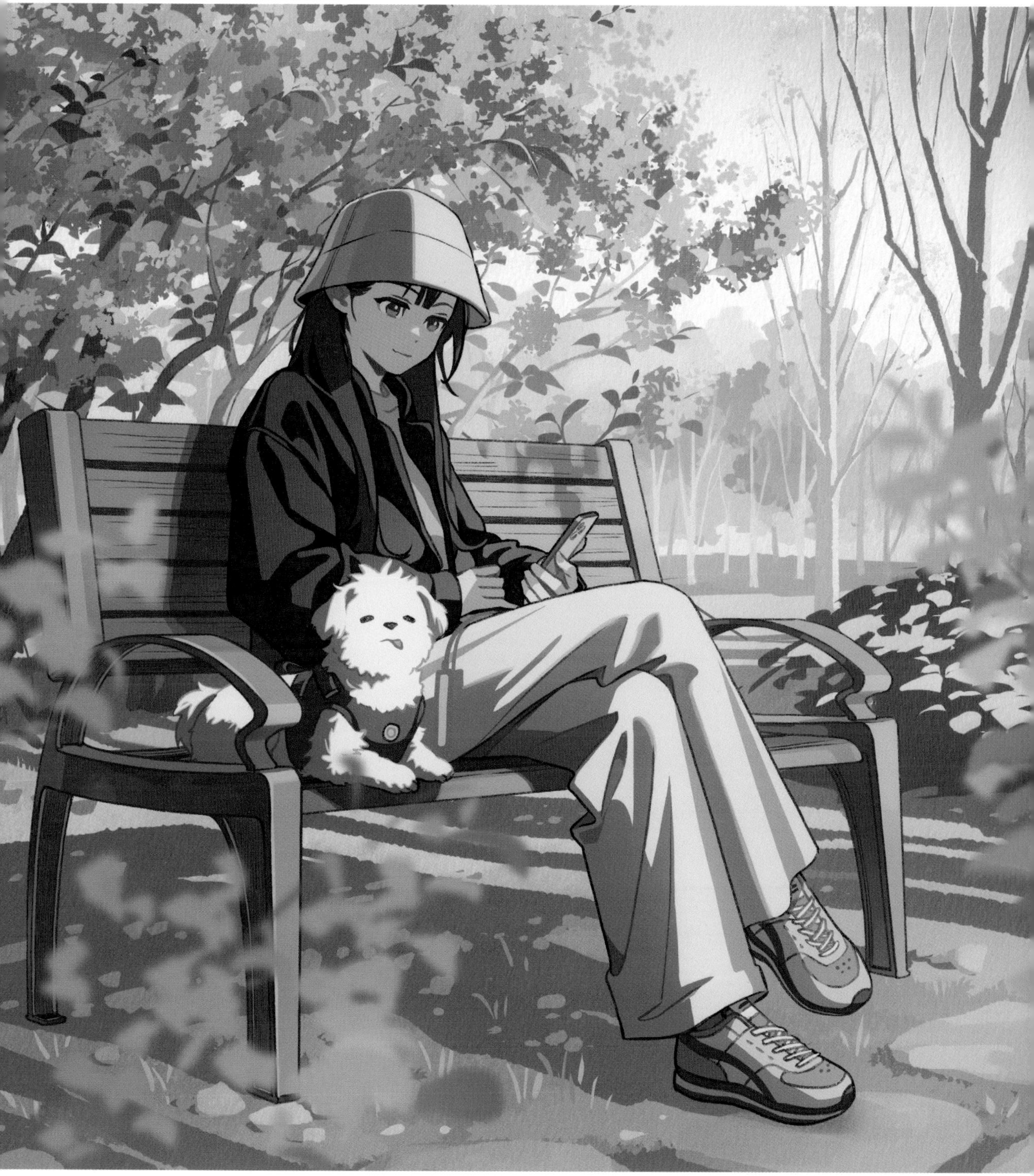

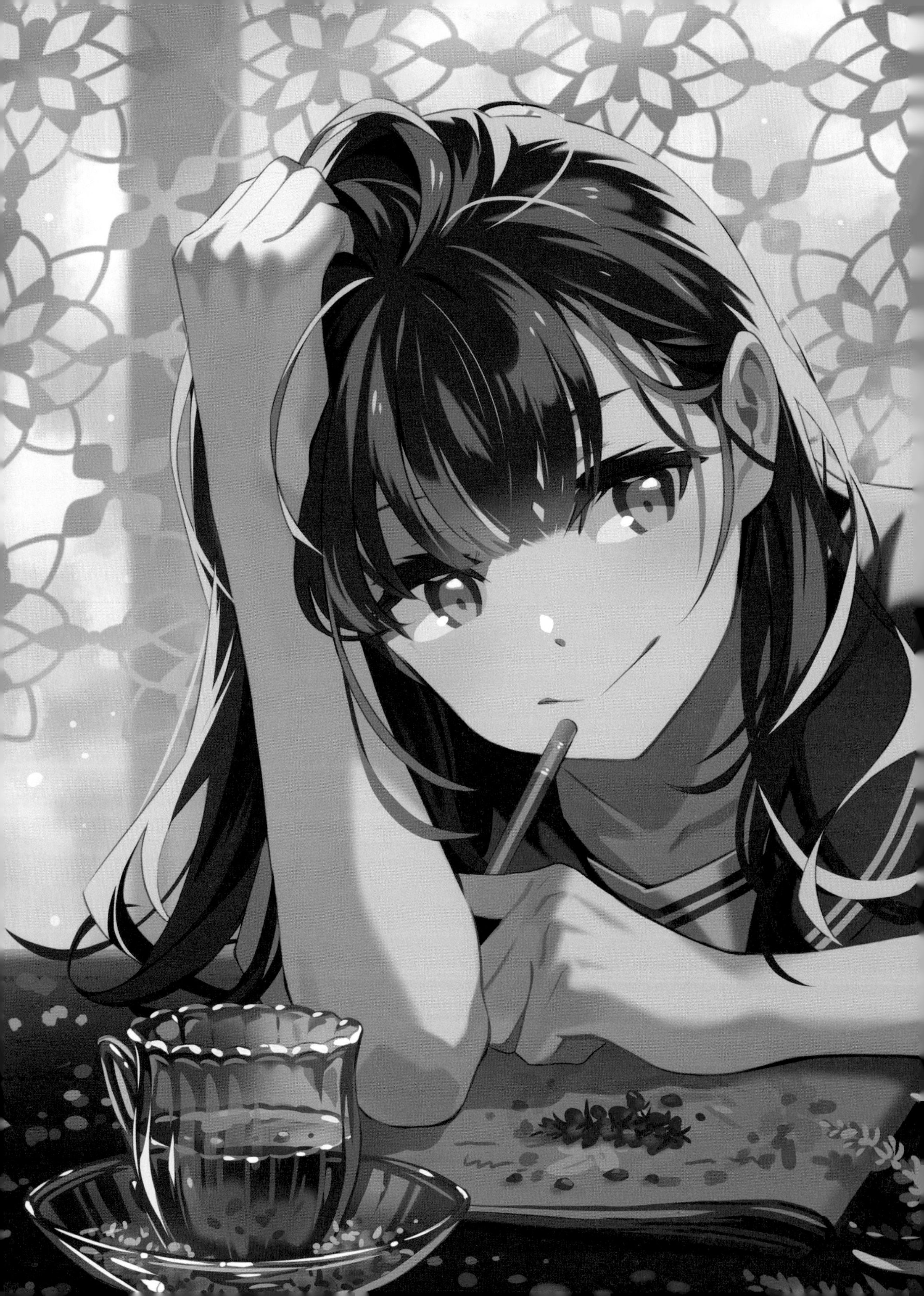

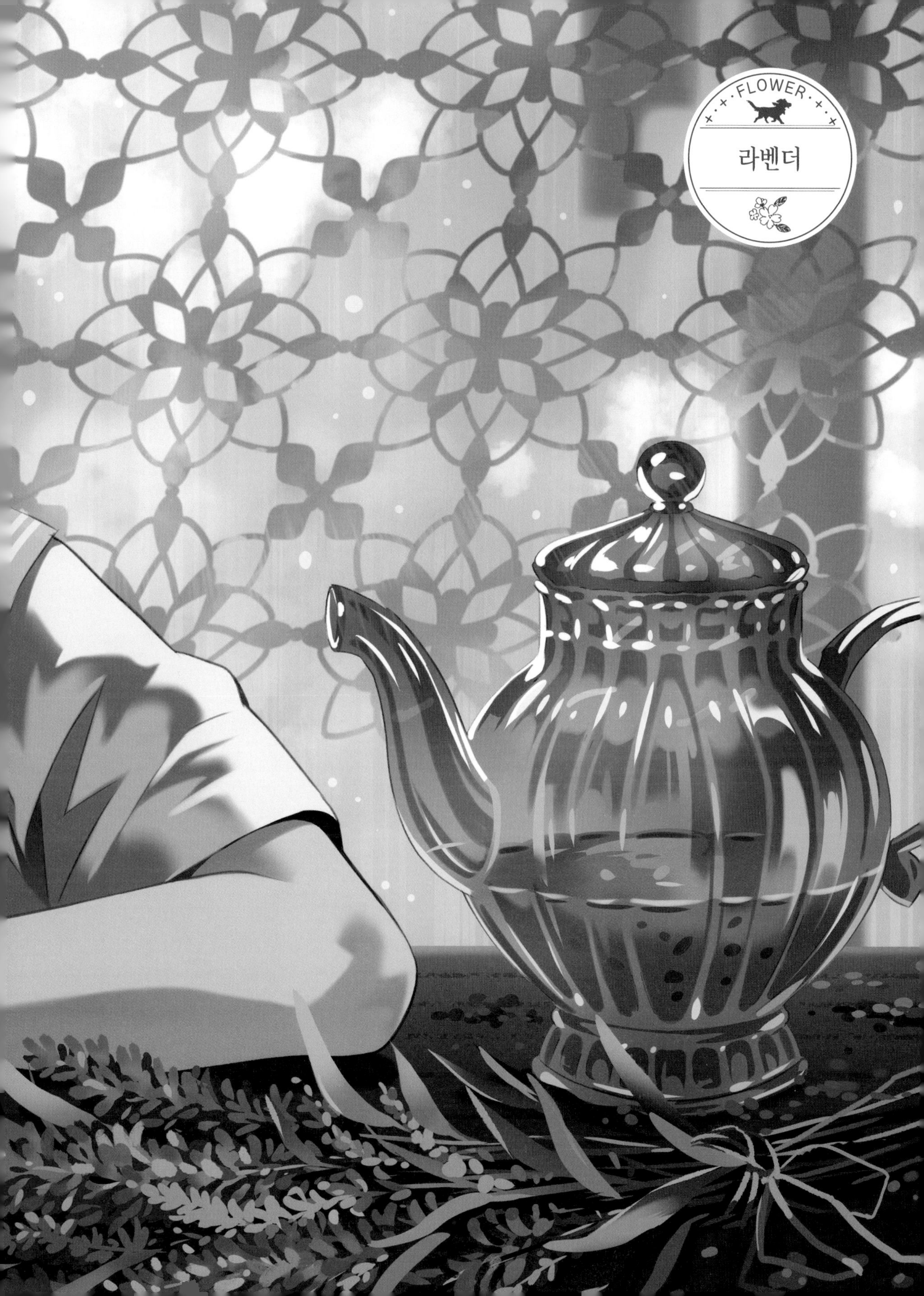
FLOWER
라벤더

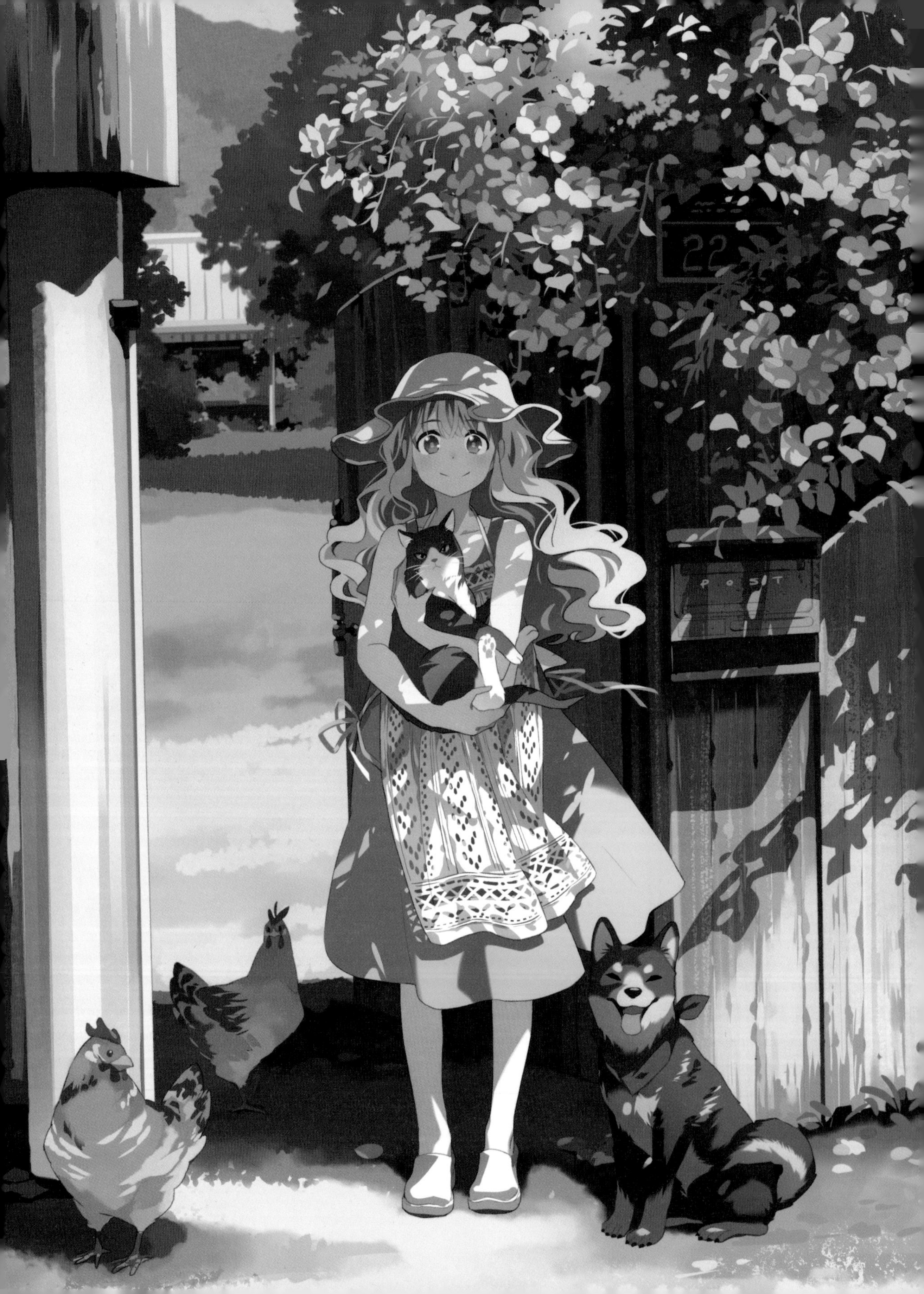
22
POSIT

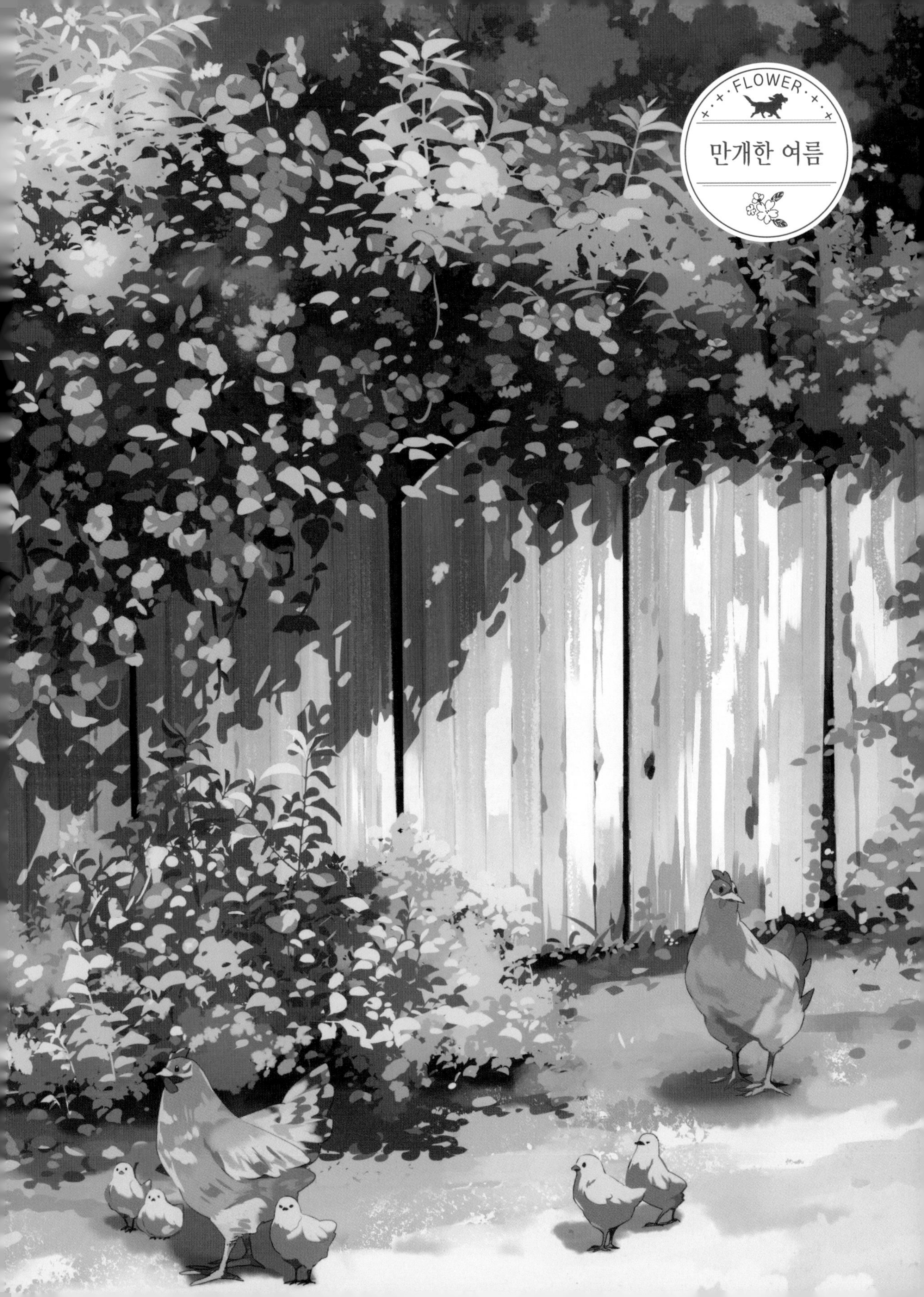
FLOWER
만개한 여름

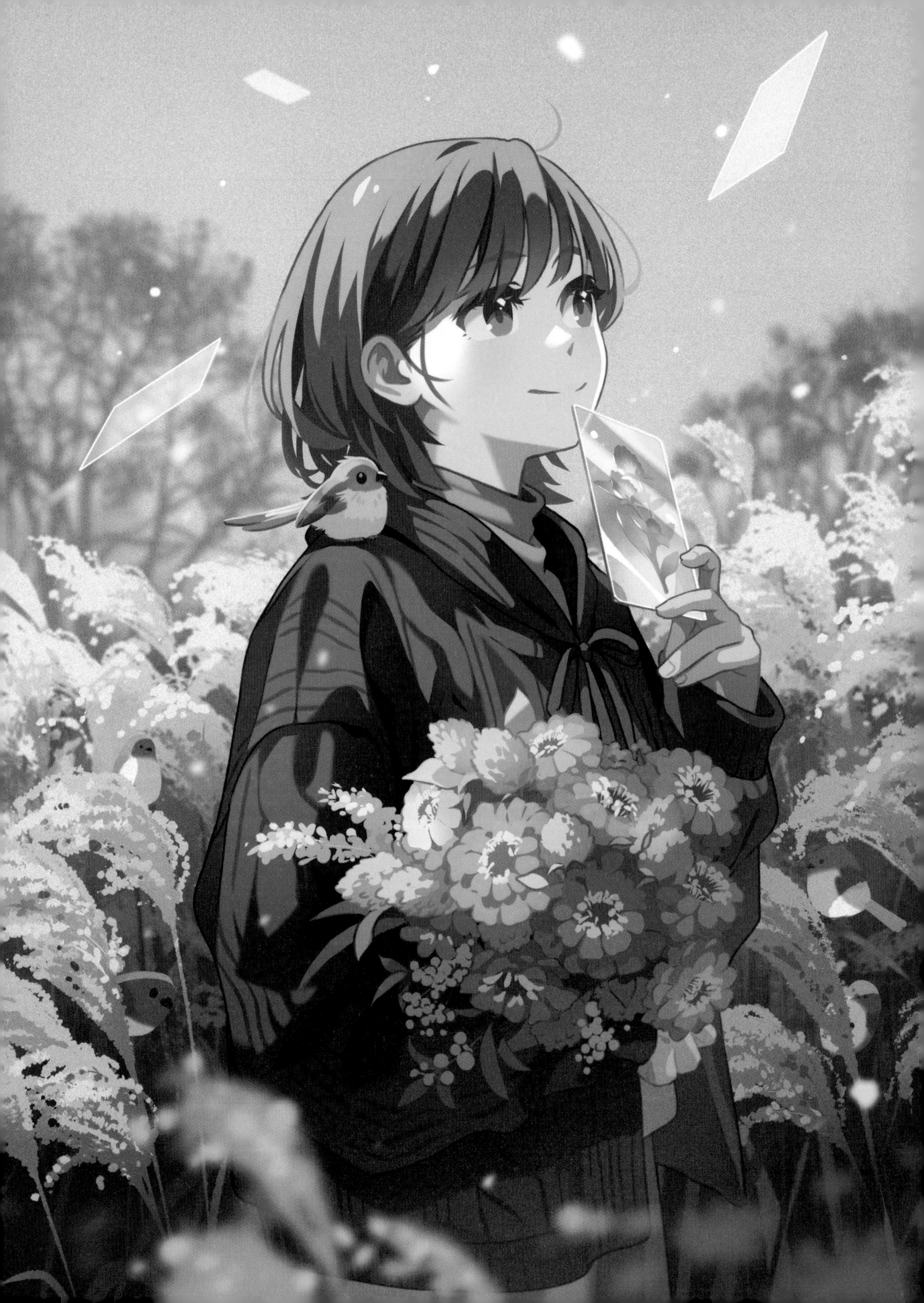

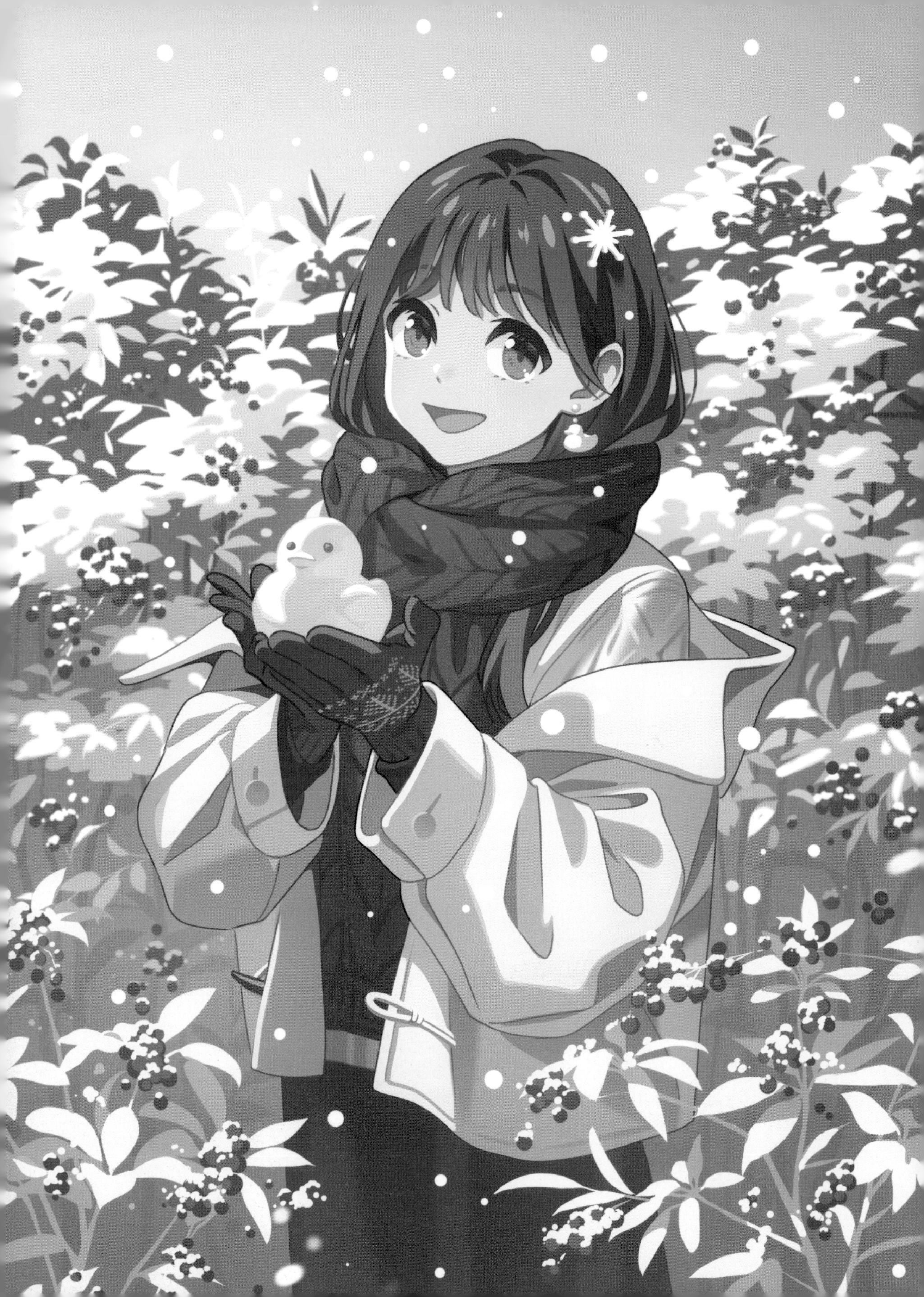

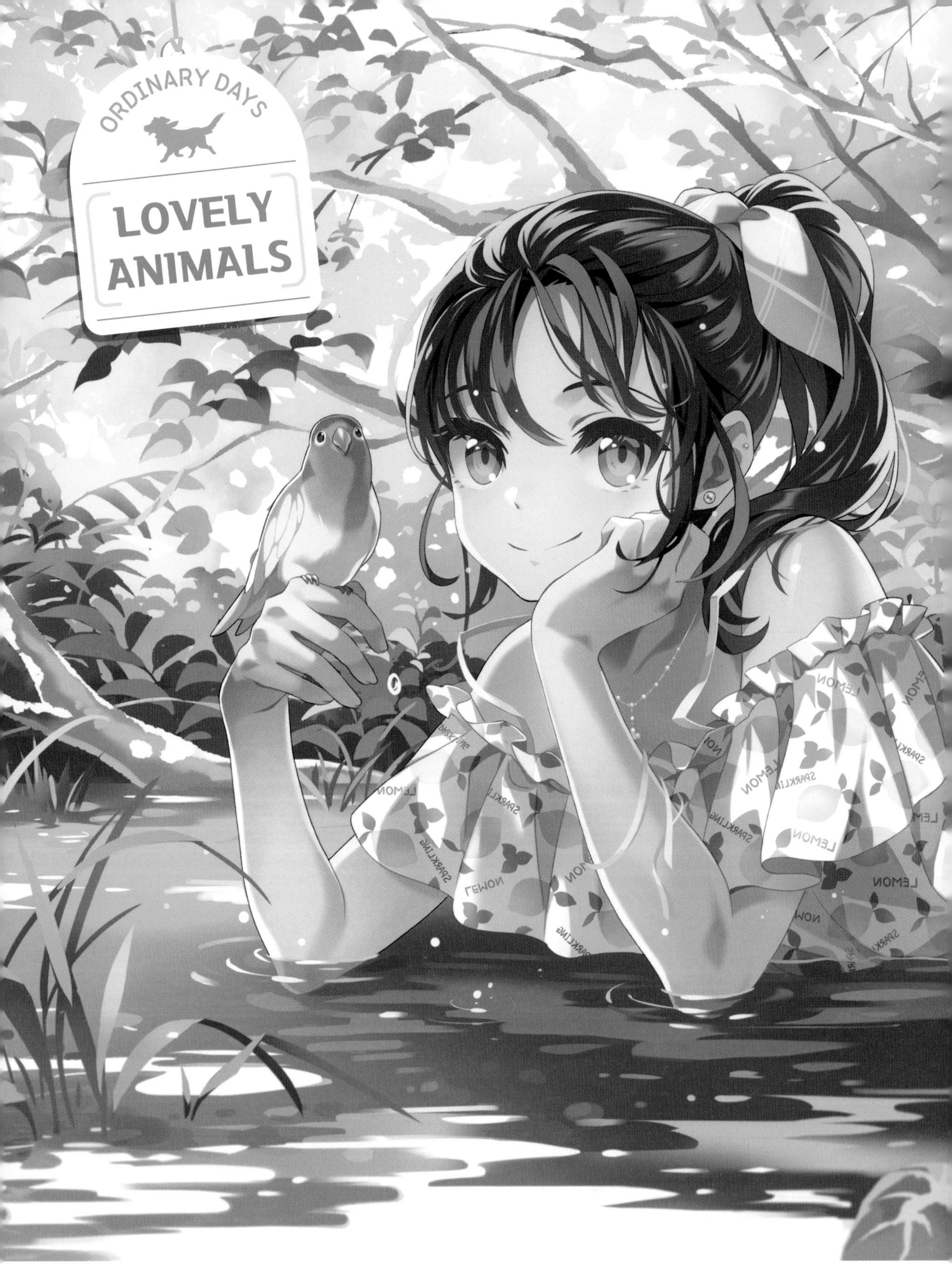
ORDINARY DAYS
LOVELY ANIMALS

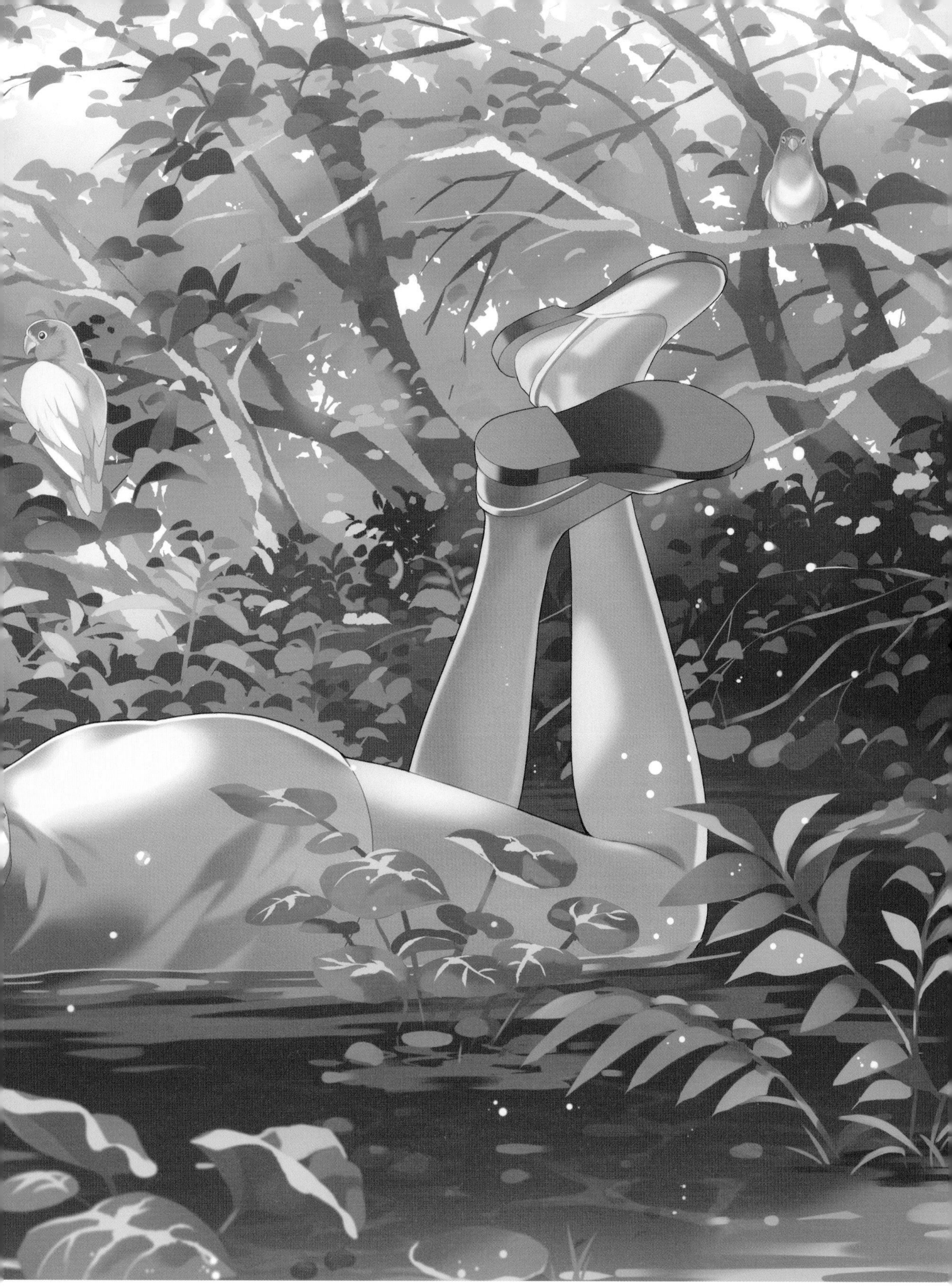

LOVELY ANIMALS

날아오르는 풍경

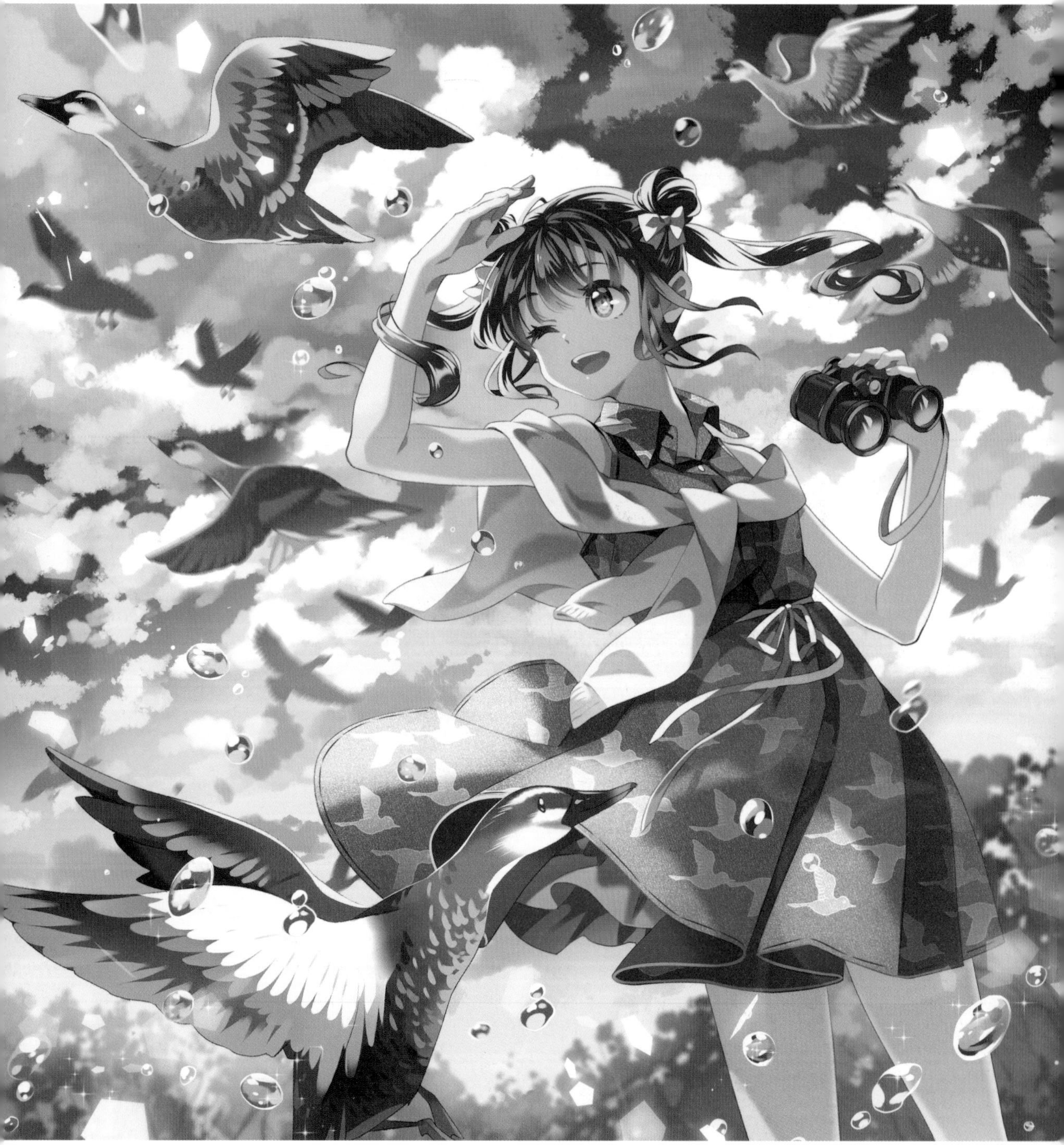

LOVELY ANIMALS

육교에서

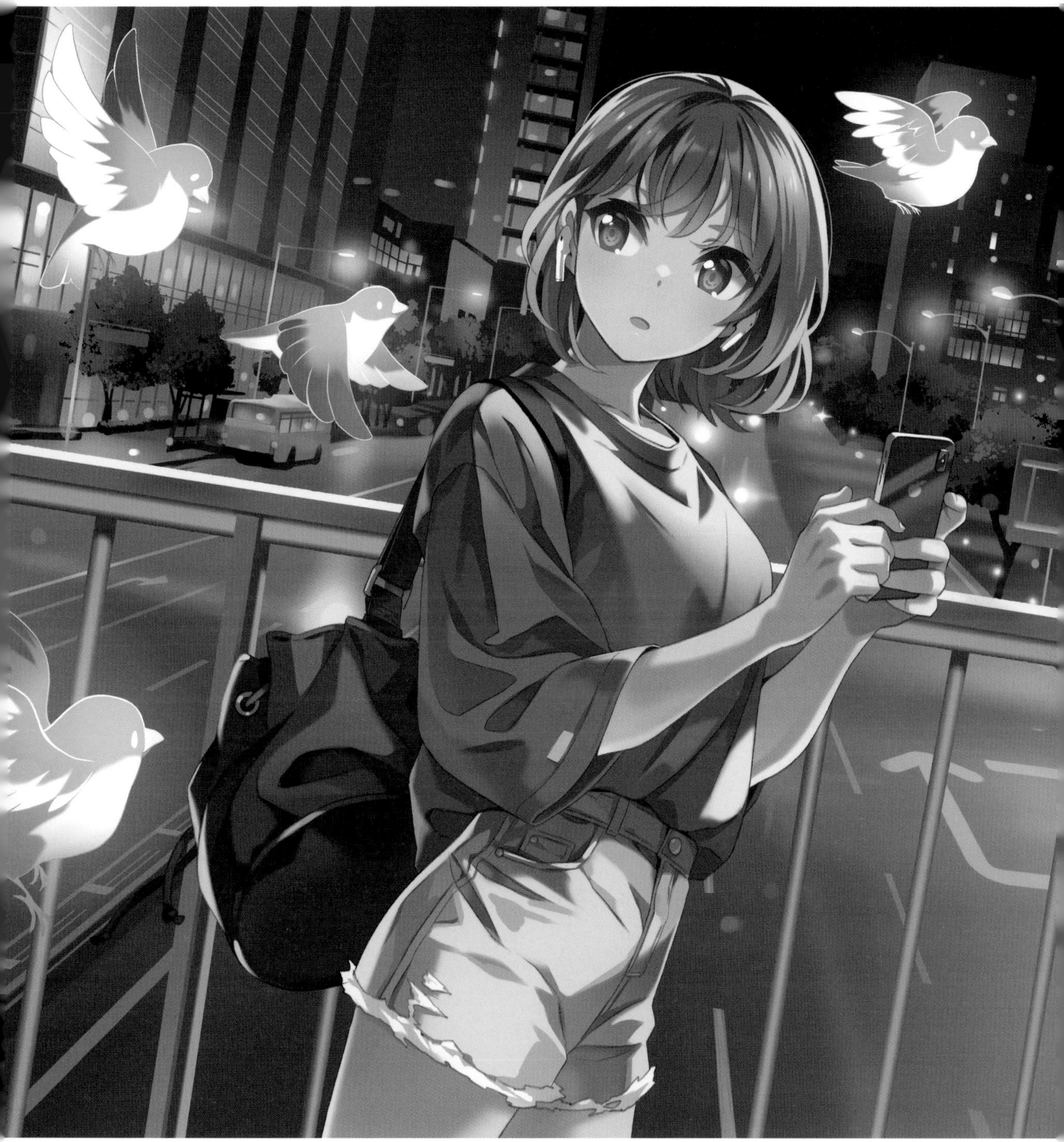

ANIMALS

달나라 정거장

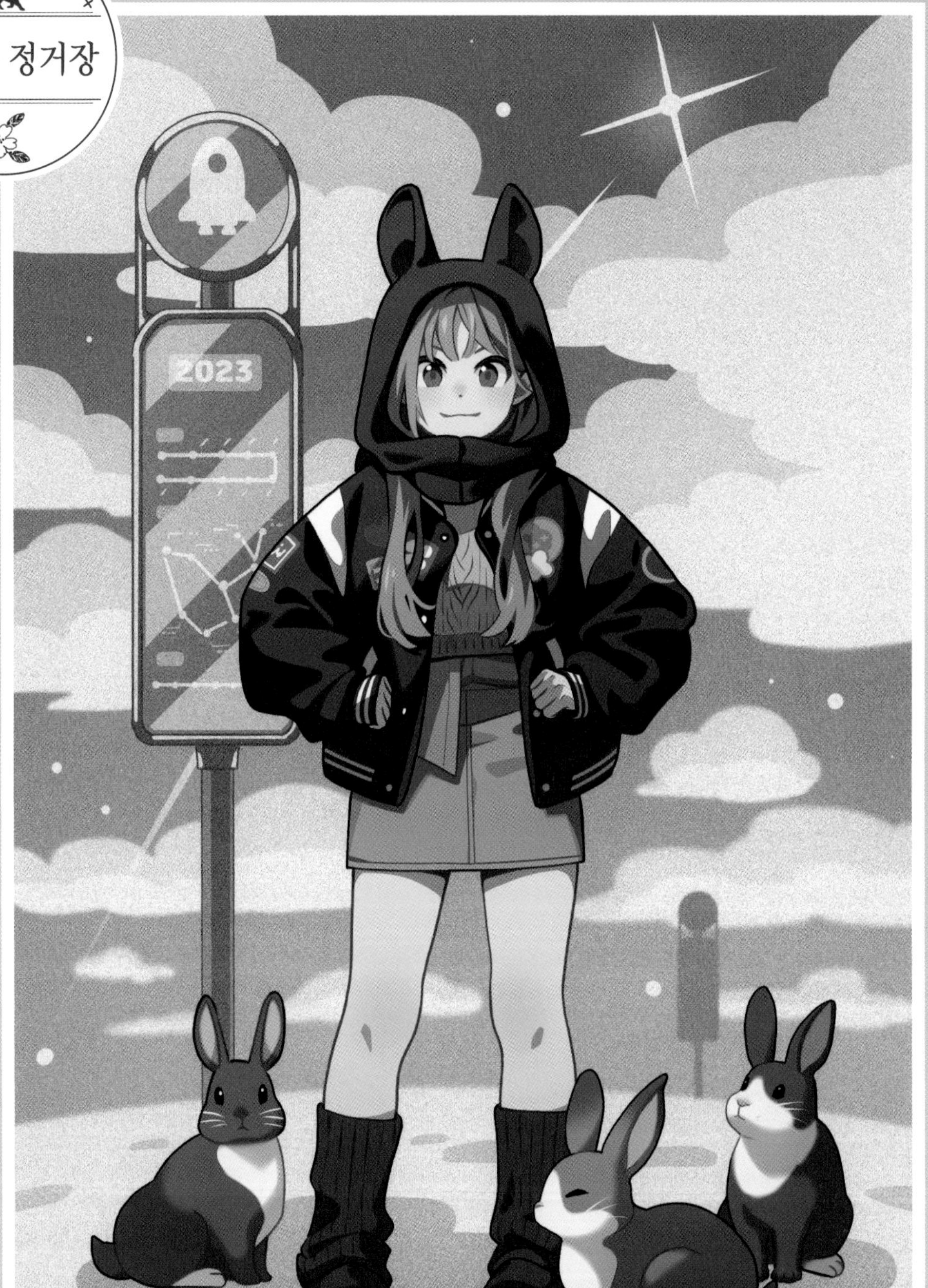

푸른 용

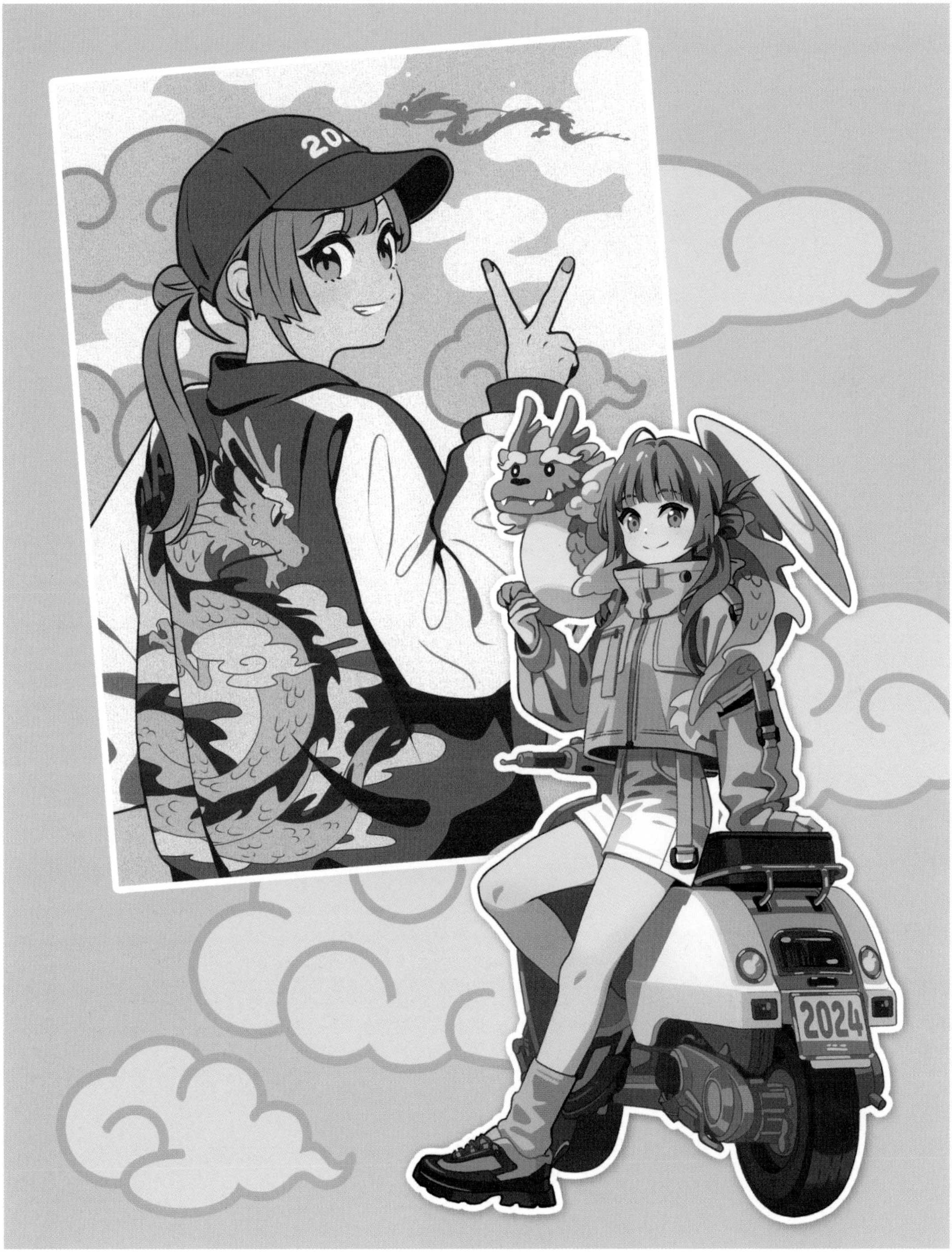

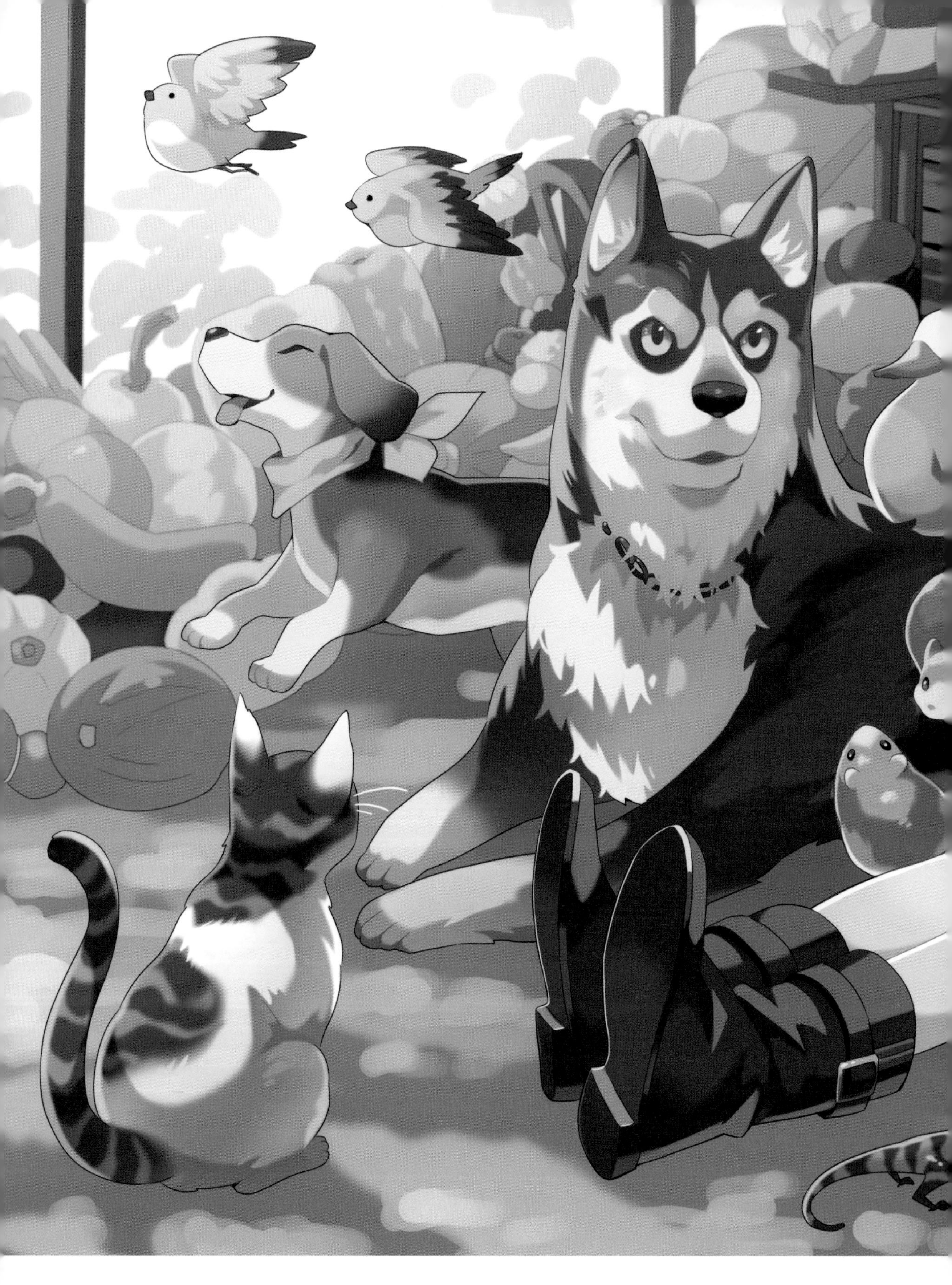

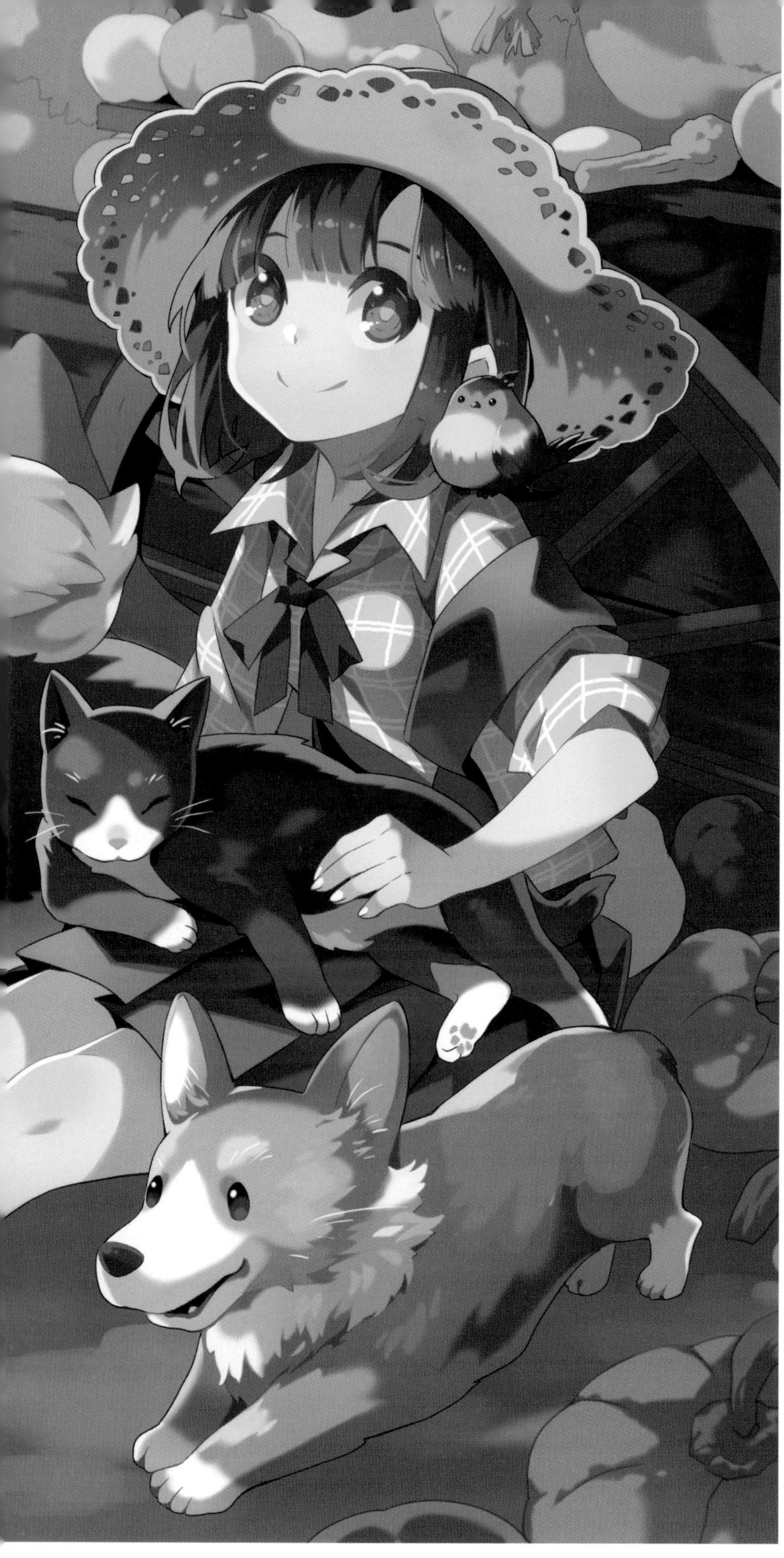

LOVELY ANIMALS

우리들의 기억

Cover Illust making

Sketch

Drawing Lines

Coloring

Finishing Touches

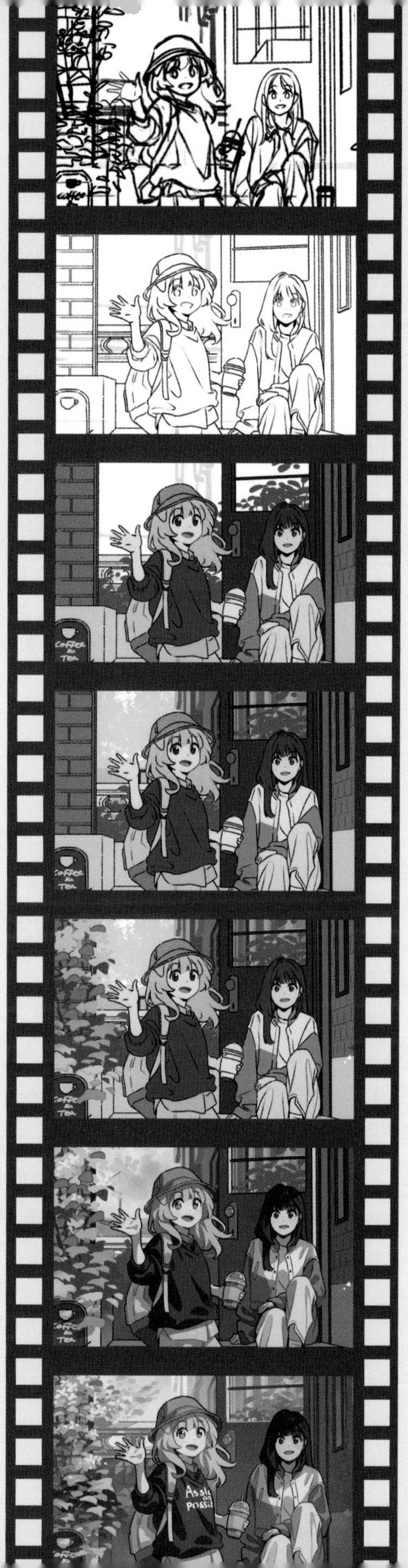
Coffee
Tea

1. 이미지 구상과 스케치

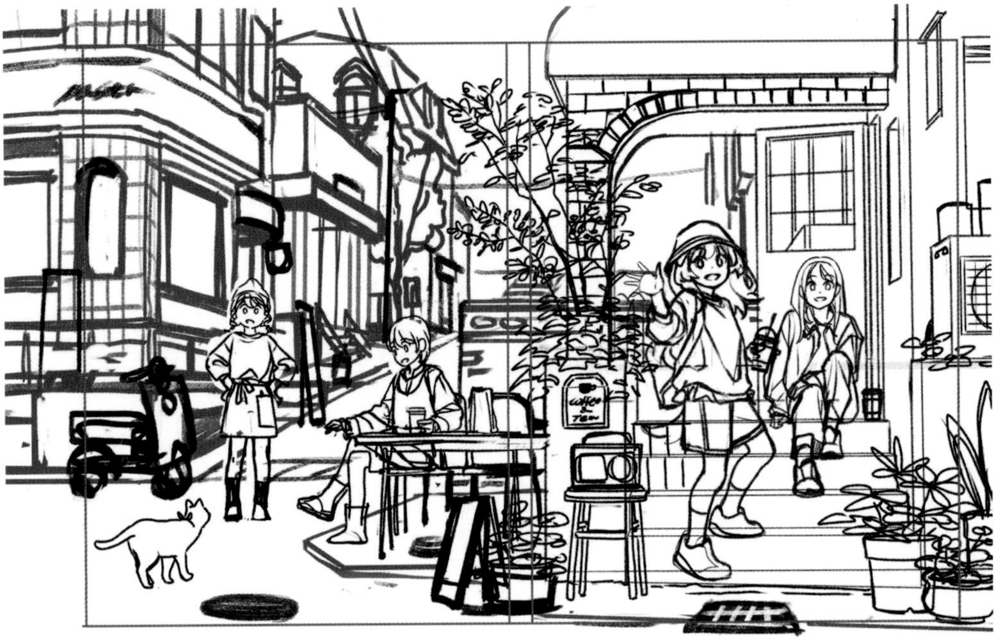

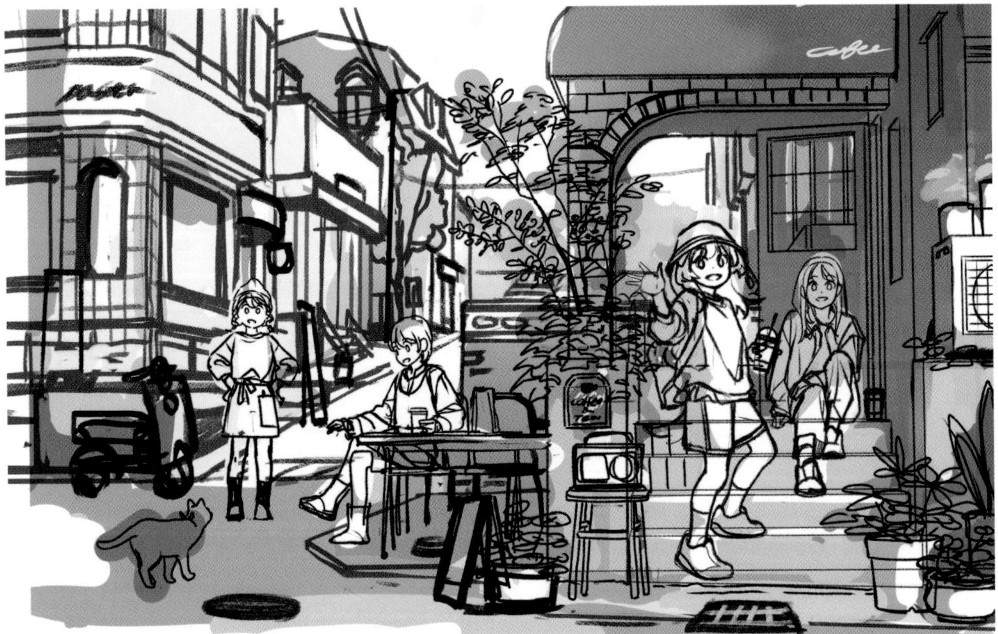

표지 일러스트를 시작할 때 중요하게 생각한 부분은 캐릭터가 잘 보일 것, 동네의 풍경이 익숙하면서도 예쁘게 보였으면 하는 것이었습니다. 가능하면 주변 인물들도 엑스트라처럼 넣고 싶어서 표지의 앞면에는 주요 캐릭터와 벽돌 건물, 식물 등 제가 좋아하는 요소들이 잘 보이도록 배치하고 뒷면에는 동네 주민들과 골목을 그리기로 결정했습니다. 간단하게 색도 칠해 줘서 전체적인 톤을 가늠해 봅니다. 앞표지는 따듯한 색을 배치하여 눈에 잘 띄도록 하고 뒤표지는 비교적 색을 약하게 써서 수채화 같은 느낌을 내보면 어떨까 생각했습니다.

2. 선화 정리

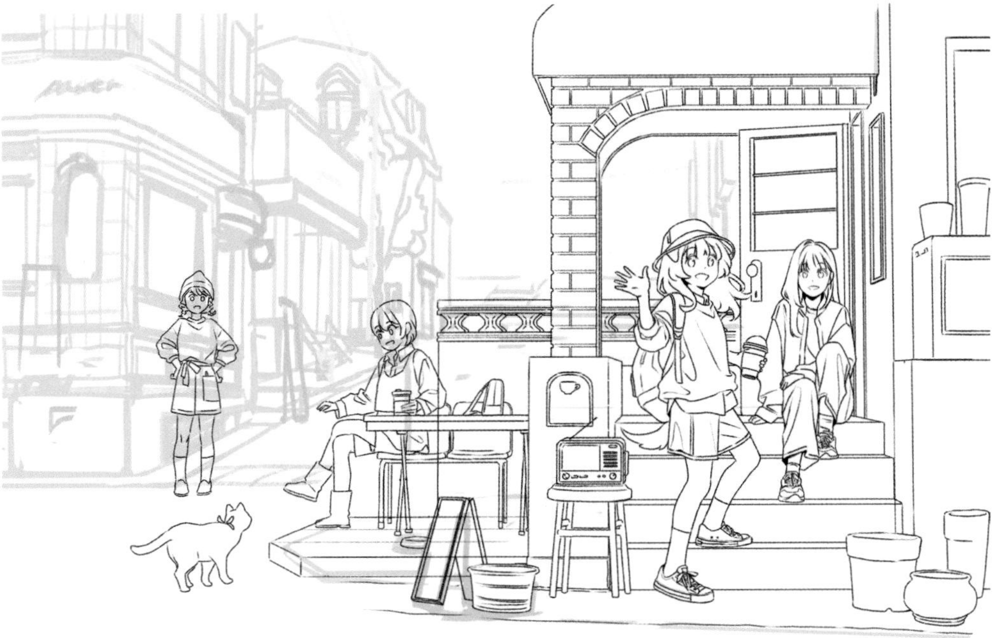

우선 캐릭터와 벽돌집, 화분 등 앞쪽에 배치된 요소들의 선을 정리하여 그려 줍니다. 사용 툴은 클립 스튜디오입니다. 거친 연필 질감의 브러시를 써 보았습니다.

3. 밑색 채우기

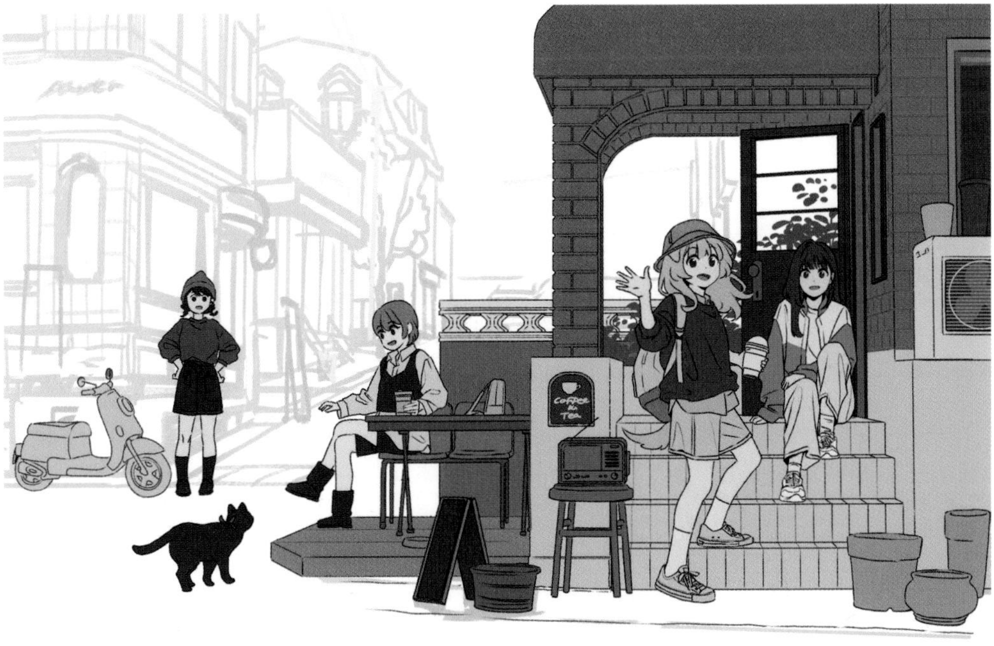

그림자 표현이 없는 기본색을 채워 줍니다. 캐릭터나 건물 등 영역별로 레이어와 폴더를 나누어서 작업하면 크기나 위치, 색감 수정이 편합니다.

4. 식물과 원경의 건물 형태 그리기

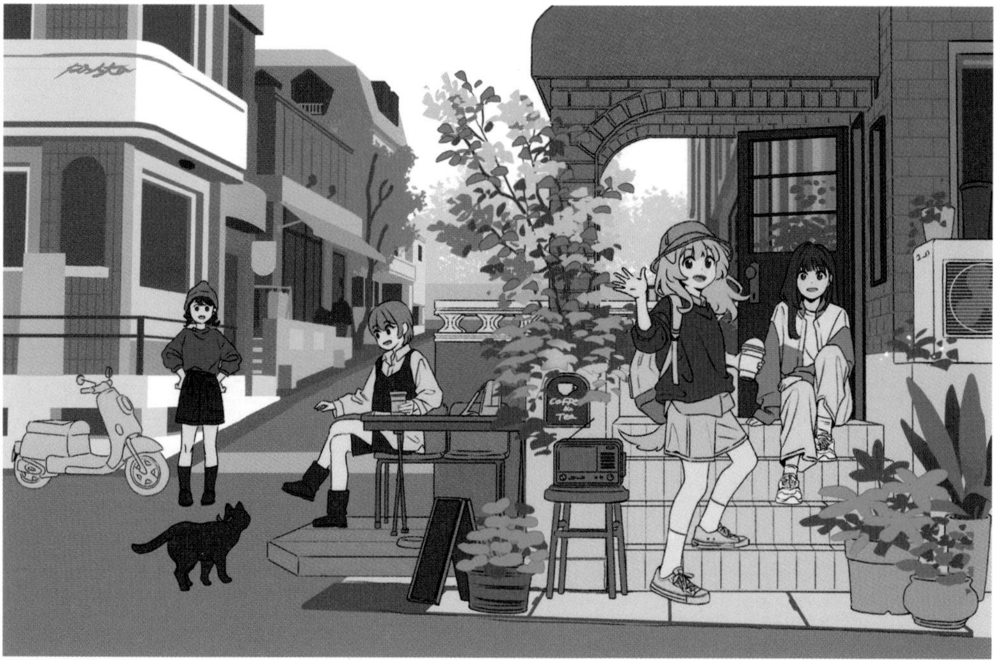

식물과 멀리 있는 건물들은 러프 스케치를 바탕으로 색을 칠하면서 실루엣을 정리합니다. 이 단계에서 어두운 부분과 밝은 부분을 구분해 주면, 구조 파악이 더 쉽습니다. 사실 선을 먼저 그리느냐 나중에 그리느냐는 순서의 차이일 뿐이라 크게 상관은 없지만, 건물은 비교적 멀리 있는 풍경이기 때문에 선을 꼼꼼하게 그리지 않아도 될 듯해서 이런 방식으로 그려 보았습니다. 클립 스튜디오의 퍼스자 도구를 사용하면 설정한 소실점을 향해 직선을 그을 수 있어 편리합니다. 식물도 마찬가지로 밝은 부분과 어두운 부분의 레이어를 따로 두고, 잎과 꽃의 모양이 자연스럽게 보이는지 사진 자료를 찾아보면서 그려 줍니다.

5. 캐릭터 묘사 단계

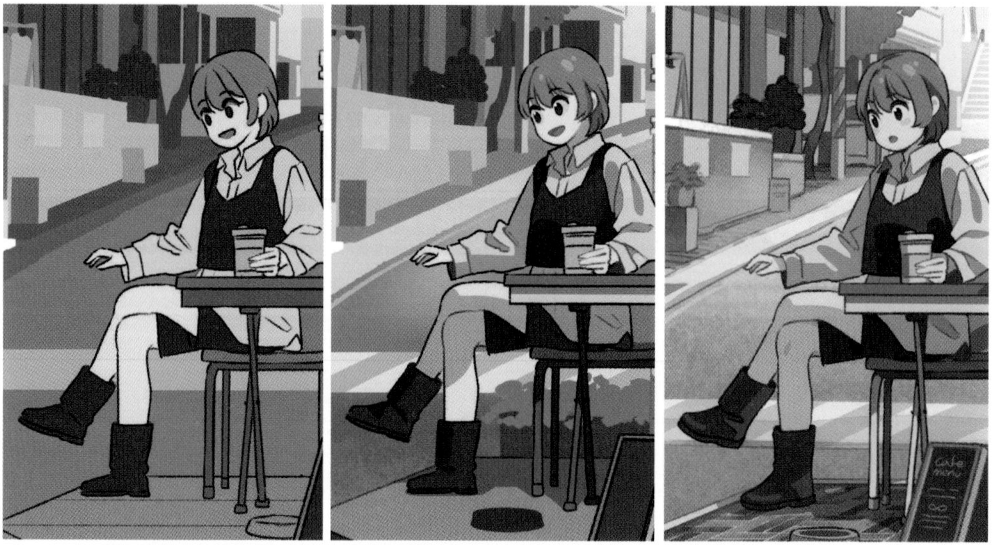

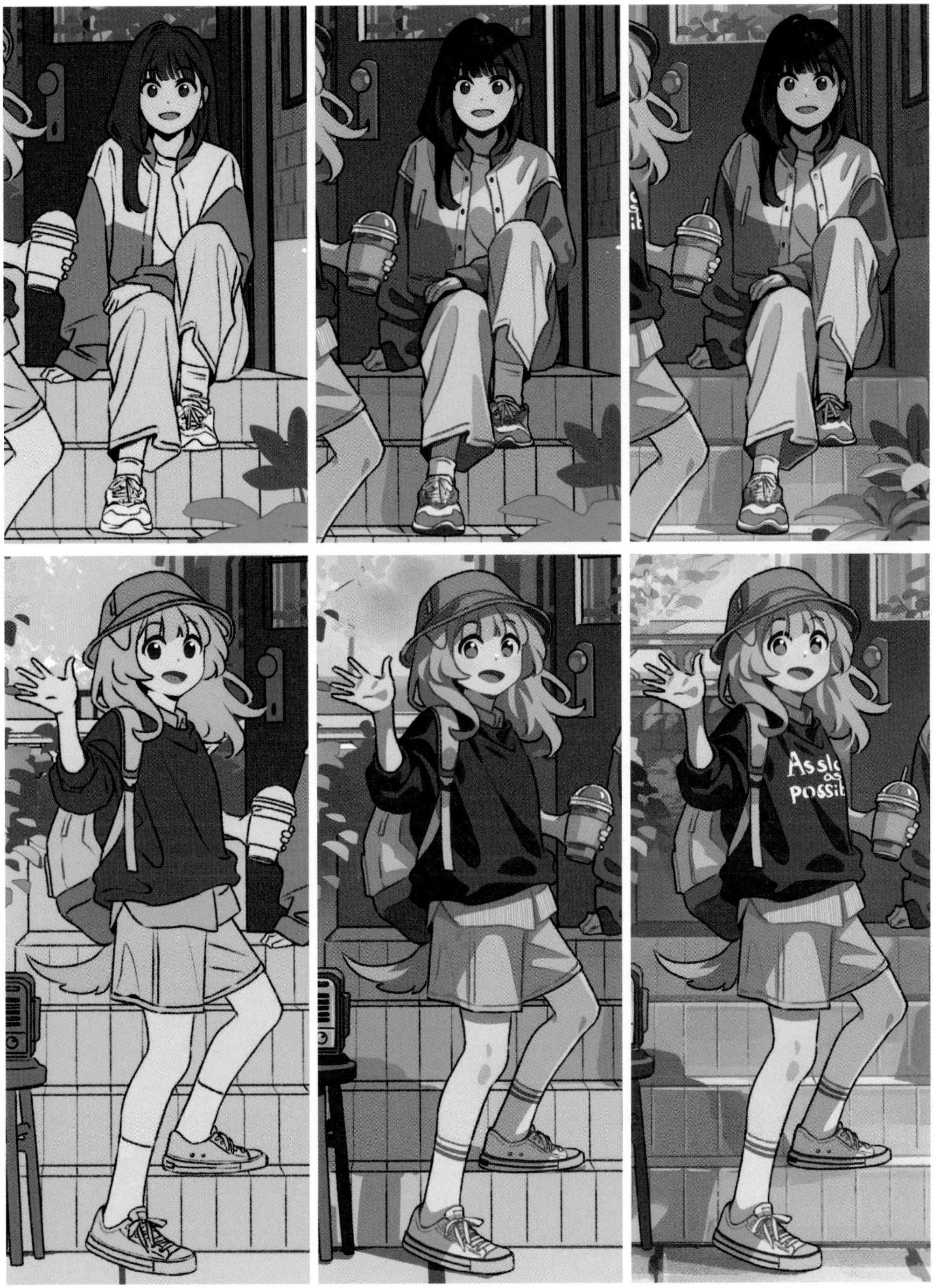

캐릭터의 명암은 3단계 정도로 나누어 채색했습니다. 그림자를 너무 복잡하게 그리면 조잡해 보일 수도 있으므로 밸런스에 주의하고 있습니다. 신경 쓰이는 부분은 계속 고치면서 그리기 때문에 처음과 인상이나 비율이 조금씩 달라지기도 합니다. 명암을 어느 정도 정리한 후에는 하이라이트 표현과 선의 색을 바꾸어 줍니다. 선의 색이 바뀌면 경계가 부드러워지면서 캐릭터의 인상이 더 밝아지는 것 같아요.

6. 벽돌 표현

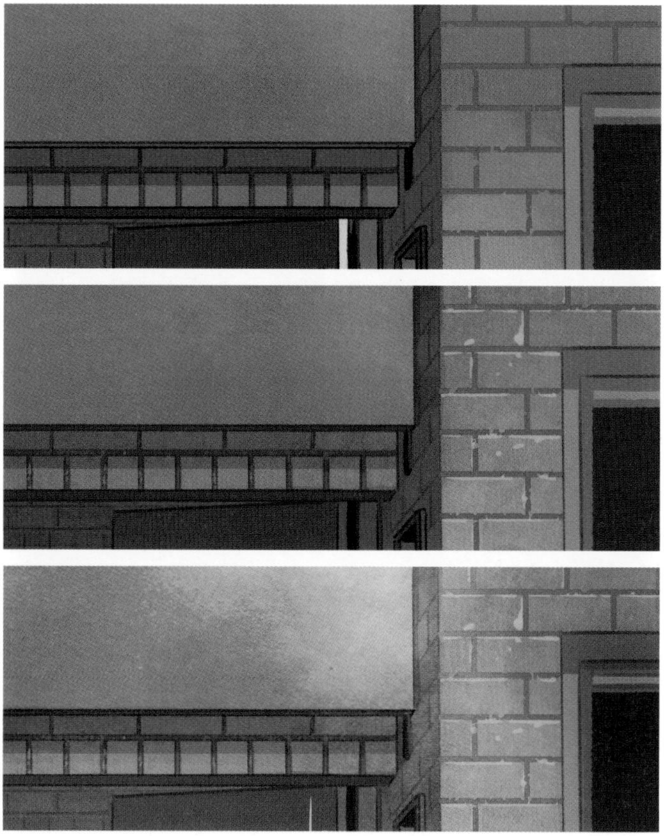

거친 브러시와 텍스처를 사용하여 질감을 표현해 줍니다. 벽돌 사이의 줄눈은 처음에는 반듯하게 그렸지만 낡은 느낌을 표현하기 위해 조금씩 지워 주고, 깨진 부분도 밝은색으로 과하지 않게 추가해 봅니다. 수채화 질감 텍스처를 합성하여 더 풍성한 색감이 된 것 같아요.

7. 식물 표현

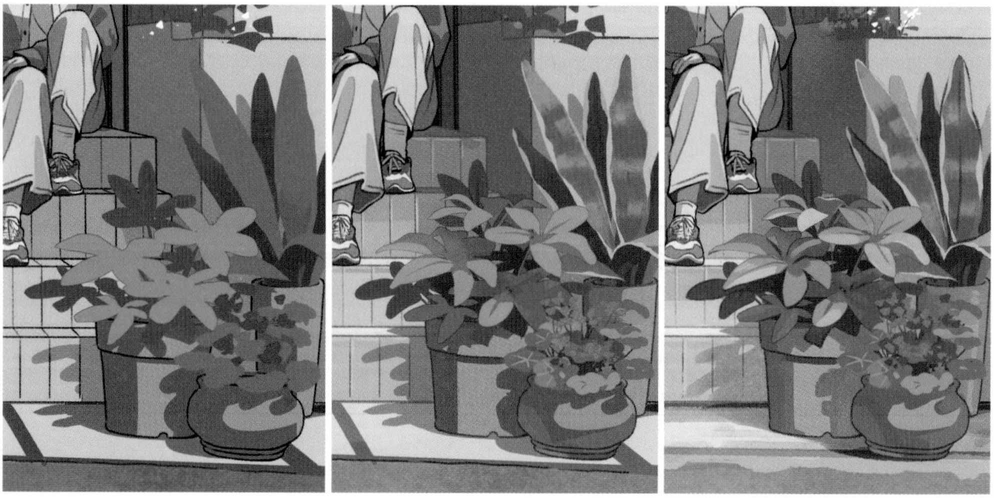

잎의 실루엣과 명암을 더 깔끔하게 정리해 줍니다. 밝은 곳이나 잎의 무늬 등 디테일한 부분들도 추가합니다. 부분적으로 외곽선도 덧그려 주면 더 자연스럽게 마무리할 수 있습니다.

8. 원경 묘사

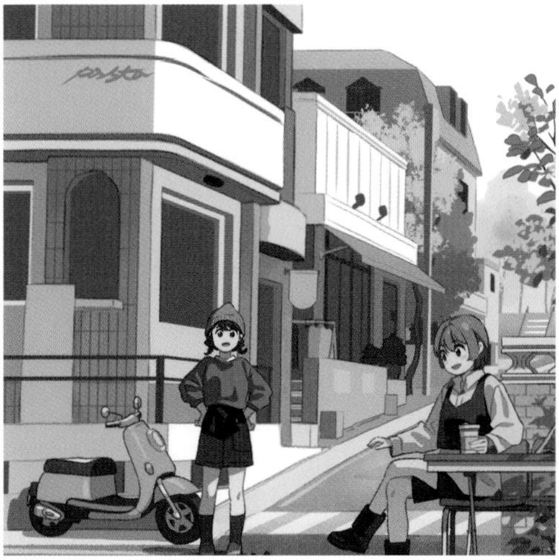

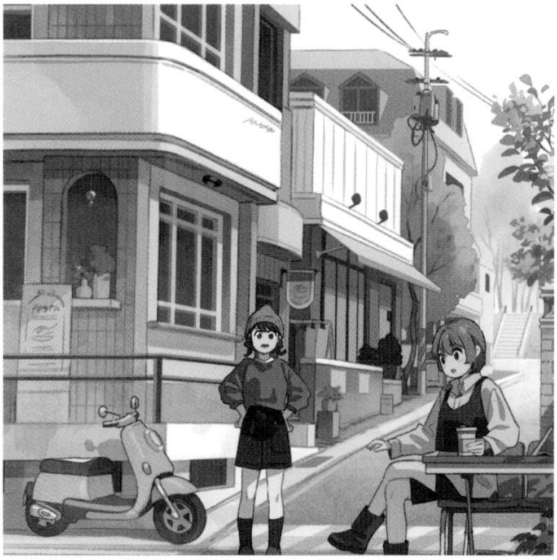

건물들은 앞서 정리한 부분이 많았기에 창틀이나 화분처럼 자잘한 요소와 질감 표현, 색감 수정을 합니다. 후에 연필선을 덧그려 주었는데, 반듯한 선보다는 자연스러운 편이 나을 것 같아 드문드문 연하게 그어 주었습니다. 나무나 면적이 넓은 지면 등에는 수채 브러시와 종이 질감의 텍스처를 사용했습니다.

9. 완성

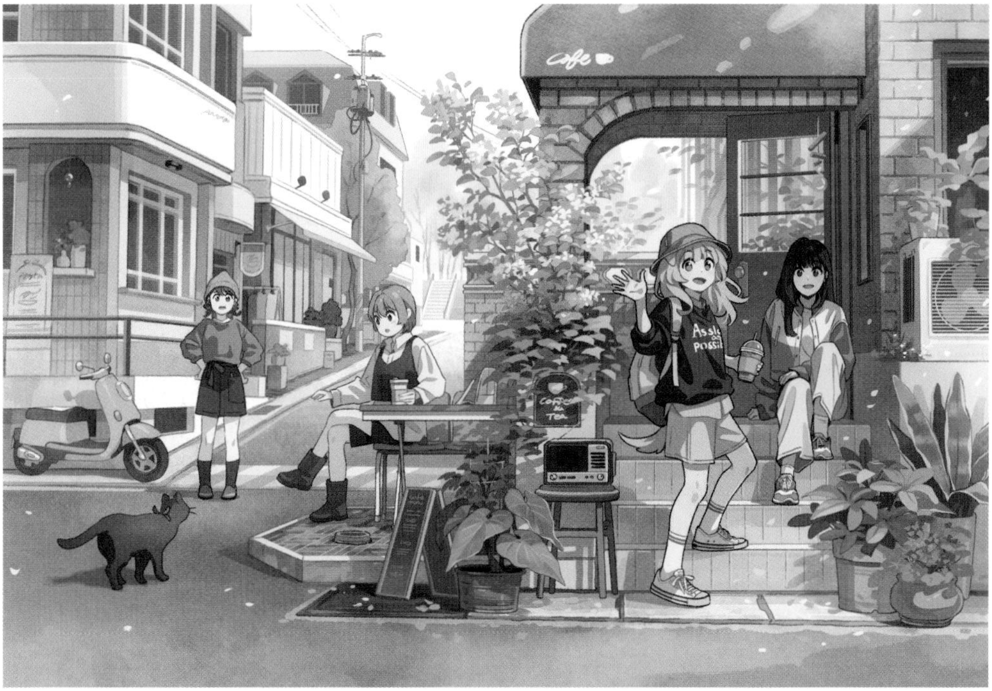

신경 쓰이는 부분들은 수정하고, 전체적인 밸런스를 보면서 밝기와 텍스처의 농도를 조정하여 마무리합니다. 욕심이 많아 완성까지 어려웠던 그림이었지만 고민하며 그린 만큼 애착이 가네요. 일단 열심히 그렸으니 마무리합니다. 다음에는 더 나은 그림을 그릴 수 있길 바라며….

BF.Artbook
Walk

2024년 4월 20일 제1판 1쇄 인쇄
2024년 4월 30일 제1판 1쇄 발행

글·그림 | BF. 김혜린

발행인 | 오태엽
편집국장 | 강우식
편집 | 박진영
라이츠사업팀 | 이은선, 조은지, 김수영, 정선주, 신주은, 박유진
전략마케팅팀 | 김정훈, 이강희, 정누리
경영기획팀 / 제작 | 박석주

발행처 | ㈜서울미디어코믹스
등록일 | 2018년 3월 12일
등록번호 | 제2018-000021
주소 | 서울특별시 용산구 만리재로 192
전화 | (02) 2198-1656 (편집), (02) 2198-1732 (마케팅)
FAX | (02) 2198-1699 (편집)
디자인 | 김지현
인쇄처 | (주) 한산프린팅

ISBN 979-11-367-8586-2 (13650)